池田輝政・松本浩司 編
Terumasa Ikeda & Koji Matsumoto

The Learning
Community
for Creating
Active Learning
Practices

アクティブラーニングを創るまなびのコミュニティ

大学教育を変える
教育サロンの挑戦

ナカニシヤ出版

まえがき

「授業を語れば，教育は変わる」

これが教育サロンのコンセプトです。そして，本書のコンセプトでもあります。

1 教育サロンがめざすこと

　教育サロンは，大学教員をはじめとする教育にかかわる人びとが，教育改革の主体となるべく，所属や立場，経歴，専門分野，授業内容，向きあう学生，それらのさまざまな違いをこえて，教育についてざっくばらんに語りあう場です。全国各地で定期的に開催しています。「常連さん」はいますが，会員制ではありません。参加したい方々が自分の意志で自由に参加する開放的な集まりです。「教育改革をめざす対面型の草の根ネットワーク」といったところでしょうか。
　教育改革を成し遂げるために，教育サロンは授業に焦点をあてています。学校教育の大部分が授業で成り立っていることに加え，教師一人の力でも変えられる部分が大きいことにその理由があります。
　その授業を構想し，実践し，反省するという，教師が行う「授業づくり」の営みは，人格など教師がもつありとあらゆるものを総動員した表現の一つの形式です。そこには，教師のライフストーリーがおのずと垣間見えてきます。
　つまり，授業とは，教師がそれぞれのストーリーをもって主体的かつ創造的に行うものです。教師の積極的な関与なくしてその改善を進めることはできません。教育において学習者のモチベーションや主体性が重要であるならば，教師の成長も同じはずです。教育サロンが参加者の主体性を強調するのは，このためです。
　もっとも，授業は教師によってのみ創られるのではありません。授業を受ける学生，授業や教育の運営を支援する職員，ステークホルダーとしての保護者・父母，職業・企業人，行政官もまた，それぞれの立場から授業を語ることを通して，授業づくりに参画することができます。そこには，教師の場合と同じように，その人のライフストーリーも透けてみえてきます。
　授業をめぐるそのような多様な人びとのストーリーを語りあい，聞きあう場が，教育サロンです。そこから，独力ではもたらされない気づきやアイデアが生じます。それらが，授業が変わり，教育が変わるきっかけになります。また，そこには共感

や相互理解が生じ，授業を中心とした教育改革に向けた連帯感が生まれます。

そのうえで，私たち自身の学びや成長なくして，授業改善や教育改革の主体にはなれませんから，教育サロンは，なによりもまず，参加者自身が互いに成長する場，すなわち「まなびのコミュニティ」であることを大切にしています。第10章で述べるとおり，ここでは，教育改革の理念のひとつであるアクティブラーニングを創るために，参加者自身がアクティブラーニングを実践し学んでいます。

2　本書の目的と構成

このような教育サロンの成果を記録するとともに，読者のみなさまを教育サロンへ誘う「招待状」として，本書は制作されました。

本書の構成は，以下の通りです。

第1章では，教育サロンが誕生した経緯，その理念や活動の成果について，創立にかかわったメンバーが述べます。語りあいを重んじる教育サロンですので，ここでは対談を通して語ってもらいます。そこでは，彼ら自身に大きな学びが生じたことが，「自分が変わった」という言葉でゆたかに語られています。

第1部（第2-8章）では，実際に教育サロンに参加している7名の大学教職員が，授業（教育）改善を通して「授業（教育）を変える」という難問に大学の内側からあえて挑み，「個立」（個として自立）して活動するそれぞれのストーリーを語ります。「個立」しているといっても，ここに登場するのは，超人などでは決してなく，悩み，試行錯誤しながら授業（教育）改善に向きあってきた人たちです。

7人のストーリーを読み比べますと，対立する見解を述べているところがあります。「5つのやくそく」（第1章参照）にあるように，違いを楽しむことが教育サロンのスタンスですから，そのまま収録しています。読者自身のストーリーとも比べながらお読みください。

第1部を通して，彼／彼女ら自身にも読者にも新しい気づきや考えが生まれることを期待しています。また，今後の教育サロンで彼／彼女らと実際に会って話して，その方々のストーリーをより身近に感じていただきたいと思います。

第2部では，編者を中心に，山口（第9章）は自身の大学におけるサロン活動も展開した創立メンバー，松本（第10章）は教授・学習開発学，池田（第11章）は高等教育学，それぞれの立場から，少し格調高く学術的に，本書の成果を含めたこれまでの教育サロン活動を総括するとともに，教育サロンの今後を展望します。

本書を通して，あたかも教育サロンに参加されたかのように，読者のみなさまに

その雰囲気を感じていただきたいと思います。

　これから，より多様な人びとと授業を語りあい，学びあうことを通して，大学教職員を中心とした現在の教育サロンを，大学から広がる多彩な学びを共創していく場として発展させていきたいと考えています。

　本書をきっかけに，「まなびのコミュニティ」としての教育サロンに多くの方々が集い，それぞれのストーリーをゆたかに響かせあいながら，共に成長することを通して，授業が変わり，教育が変わっていくことを願います。

　　　　　　　　　　　　　　　　　　　　　教育サロン参加者の思いを代表して
　　　　　　　　　　　　　　　　　　　　　　　　　　　　　　松本浩司

目次

まえがき　*i*

01　教育サロンのこれまで ——— *1*
対談でふりかえる教育サロンの誕生と成果

池田輝政・山口住夫・本田貴継・熊谷太郎・松本浩司

1　教育サロン創設のきっかけ　*1*
2　第1回教育サロンに向かって　*6*
3　第1回教育サロンをふりかえって　*10*
4　「学びの欲求」に向き合う，ルビコン川を渡る　*14*
5　第1回合宿でできた「5つのやくそく」　*19*
6　教育サロンのこれまでの成果　*23*
7　これからの教育サロンについての思い　*27*

第1部　授業改善・教育改革に取り組む「個立」する大学教職員のストーリー

02　自分が変われば授業と学生が変わる ——— *32*
賽は投げられた

熊谷太郎

1　はじめに：ルビコン川を渡るまで　*32*
2　出会いとときづき　*34*
3　「経済政策論」の大改革：ルビコン川を渡る　*38*
4　ルビコン川を渡り終えて　*46*
5　さらに歩みを進めるために　*47*

目次　v

03　職員として学生の学びにかかわる喜び ―― 49
小山由美子

1　大学職員になって　49
2　教育学習センターの業務　52
3　教育サロンとのかかわり　57
4　FD は隠さないことから　59
5　知るとはかかわること　61
6　学生支援課として再出発　62
7　おわりに　65

04　学習態度を刺激する授業改善 ―― 66
本田直也

1　はじめに　66
2　対象授業と学習環境について　67
3　積極的な学習姿勢を目指して　69
4　こなすだけの学習にならないために　72
5　教育サロンと関わって　77
6　コースパケットの導入　79
7　おわりに　82

05　「自分」が変われば「教育」が変わる ―― 84
「教員」という鎧を脱いではじめて「教員」になった
川島美保

1　はじめに　84
2　看護教員としての土台　85
3　教育観の原点　89
4　真の教員として再出発する　91
5　教育サロンとは「個立する自分」をみつける場　97
6　「個立」した私の教育とは　98
7　おわりに　100

06 授業するって楽しい ———— 101
大学教師，30年目の実り
滝澤　昇

1　はじめに　*101*
2　大学教員になって：マス化する大学のなかで　*102*
3　ユニバーサル化が進む大学のなかで　*104*
4　「基礎化学」の授業改革に取り組む　*106*
5　反転授業の導入　*109*
6　教育サロン　*117*
7　授業するのは楽しい　*118*

07 還暦を過ぎて授業を変える!? ———— 120
大学での「漢文入門」の授業改善
門脇廣文

1　これまでの工夫　*120*
2　私の心に火を点けた三つの「出来事」　*124*
3　決断できなかった最初の授業　*125*
4　新たな授業方法　*125*
5　改善の成果　*136*
6　前期の課題，そして後期になって前期とは変わったところ　*137*

08 日本の大学入試を今一度せんたくいたし申候 ———— 139
一人ひとりと向き合う「育成型」入試への挑戦
志村知美

1　はじめに　*139*
2　私にとっての教育サロン　*140*
3　「選抜型」入試から「育成型」入試への転換　*141*
4　アサーティブプログラム，アサーティブ入試の誕生　*145*
5　今後の課題（AP科目生との出会い）　*152*
6　おわりに　*155*

第2部　これからの教育サロンを展望する

09 「学びの空間」に足りなかったものを探しながら ——————158
教育サロンに予感する未知のなにか　　　　　　　　　山口住夫

1. 教育サロンの生い立ち　*159*
2. 大学ってなに？　何を教える？　*162*
3. 「教育サロン」が果たしている役割　*167*
4. 「教育サロン」のこれから　*170*
5. やっと少しわかってきました　*173*
6. 努力は限りなく　*174*

10 まなびのコミュニティとしての教育サロンで参加者の学びを眺める ——————175
参加者ときおり傍観者として学習論の観点から　　　　松本浩司

1. はじめに　*175*
2. 教育学者としての私の立ち位置　*176*
3. 教育サロンの学習論的特徴とそこから生じる参加者の学びのすがた　*181*
4. まなびのコミュニティとしての教育サロンにおけるアクティブラーニング　*187*
5. これからの教育サロンに示唆すること　*187*
6. おわりに　*189*

11 学びと教育を変える教育サロンの動きを展望する ——— 193

池田輝政

1 はじめに　*193*
2 大学でも共有すべき学びと指導のペダゴジー原理　*196*
3 実践のコミュニティ原理からみた「教育サロン」　*199*
4 実践のコミュニティの進化モデル　*201*

あとがき　*205*

【付録】教育サロンの軌跡（開催記録）　*208*

01 教育サロンのこれまで
対談でふりかえる教育サロンの誕生と成果

池田輝政・山口住夫・本田貴継・熊谷太郎・松本浩司

> 本章では，教育サロンの創設に関わりの深い4名が，そのいきさつやこれまでの成果について対談形式で語ります。くわえて，編者である松本も進行役として参加しました。収録は，2015年5月に行いました。
> 　毎回の教育サロンで行われているグループディスカッションでも，このような活発な議論がなされています。そのことを想像しながらお読みいただけたらと思います。

1 教育サロン創設のきっかけ

松本　それでは対談を始めていきたいと思います。私は，途中から教育サロンにかかわったので，教育サロン創設のいきさつがまったくわかりません。まずはそのあたりのことからお伺いしたいと思います。

　最初に，教育サロンができるまでの経緯について，事前に伺った限りでは，本田

松本浩司：名古屋学院大学経済学部准教授
博士（教育学）。2008年3月名古屋大学大学院教育発達科学研究科博士課程満期退学。2011年4月名古屋学院大学経済学部講師。2014年4月より現職。
専門は教授・学習開発学。「まなびクリエーター」として，学びの多様なかたちを理論・実践両面から追究する。現在は学びにおける芸術や表現の意義を研究し，演劇・ドラマ，身近な芸術的表現としてのおしゃれなどに関心を寄せる。また，「ティーチングマインド」を核とした，多様な学びを創造できる教師の育成や発達のあり方も追究する。

本田貴継：(株)ラーニングバリュー常務取締役
1991年3月関西学院大学経済学部卒。(株)リクルートに入社し，学び事業部中四国ゼネラルマネジャー，ホットペッパー広島版・名古屋版編集長などを歴任。2006年4月(株)ラーニングバリューの設立に参画し，現職。
自己理解を深める体験を他者の力を借りることで実現する『自己の探求』プログラムを様々な大学でコーディネートしている。また，学生と教員，教員相互の関係性向上を狙いとしたFDも数多く実践し，その成果を学生募集活動へ繋げることにも挑戦中。2012年9月からは教育サロン事務局としても全国を飛び回っている。

さんの直感がきっかけではないかという話でしたけれどもいかがでしょうか。

本田 あれは2012年だったと思います。ちょうど，当社（ラーニングバリュー）が，「大学トップセミナー」というのをやっていました。その講師を池田先生にお願いしたときがあって，そのときは，「学びの欲求」やペダゴジー（教授学）についてお話しいただいたと記憶しています。その前くらいから池田先生のところにお邪魔するようになって，いろいろと情報交換をさせていただきました。

ちょうどそのころに，教育サロン創設につながる想いが二つありました。

一つは，僕たちは「大学が元気になれば社会は元気になる」と考えて仕事をしているのですけれども，セミナーみたいに一方向で物事を伝えていくのはちょっと難しいなとだんだんと感じはじめていました。例えば，「こういう改革をされている教育機関があるからやりませんか」と提示しても，あたりまえですけど，やるのは大学の方なので，我々がお手伝いをしようとしてもなかなか動かない，難しいなあと。

もう一つは，僕がそういう想いでいろいろ活動しているなかで，いろいろな大学の先生方と知り合うことになり，その先生方がご一緒できる場ができればいいなと思っていました。

たまたまその当時は，福岡大学さんの教育開発支援機構ができて，僕がお世話になっていた教務部事務部長さんがそこの課長を兼務されるというつながりが生まれて，そこにしばしば行くようになりました。あるとき，たまたまそこにいた職員の方が「工学部に山口先生っていうものすごくおもしろい先生がいるから紹介するわ」っておっしゃって。「えっ，どんな先生ですか」って僕が言ったら，「いやいや，会ったらまずびっくりするよ。まず容姿からびっくりする。髪の毛くぐって……」みたいな話をされました。どんな先生かなと思いながら，連絡していただくと，ちょうどすぐに会ってくださるということになりました。それが山口先生との出会い

です。

　で，行ってみたら，山口先生の研究室のなかが非常におもしろくて，まずいっぱいハンコがありました。「線はまっすぐ」とか 100 個くらい。「これ何ですか」って聞いたら，「いや，これね」っておっしゃって，学生が書いたレポートを見せてくれて，それにそのハンコが押してありました。そのレポートには，すべてに目を通してあって，直筆で書かれてあったりしたものもありました。そういうことをいろいろ尋ねていたら，「ちょっとこっち来てみ」と言われて，Excel みたいなものに入力された，すべての採点結果をバーッと見せてくれたんですよ。僕にとっては「へぇ，こんな細かいことまで全部やってるんだ」と驚きでした。そういう授業が何コマかあるみたいで，「先生これどれくらいかかるんですか」って聞いたら，「このレポートを添削するのに 2 日くらいはかかる。なおかつ落ちた子にはもう 1 回持ってこさせる」という話をされて，「うわ，（教育に）こんなにすごく力を入れている先生がいるんだ」と思いました。

　また，そのときに先生がうれしそうに見せてくれたのは，ポータルサイトにあがった板書でした。学生が見やすいようにルールを決めて，きれいな字で書かれていて，二つの黒板がちゃんと 1 回の授業で全部埋まるように書かれていました。それを全部デジタルカメラで撮って，休んだ学生もいるかもしれないし，復習のために毎回ポータルサイトにあげるそうです。それを聞いて，「うわぁ，この人すごいな。なんでこんなまめな，こんな気持ちになるんだろう」みたいに思っていました。

　結局，僕は自分を紹介するつもりで行ったのですが，結局自分の話はできず（笑），先生の話を延々と 2 時間くらい聞いて，「いやいやいや，俺何のために来たのかな？　トップセミナーのことだけは話して帰ろう」と思って，お誘いしたら，最後の大阪会場だったら行けると言ってくださいました。

　だから，僕が初めて山口先生と会った時は，先生の部屋で，授業の仕方や授業へ

山口住夫：福岡大学工学部機械工学科教授
工学博士。1970 年 3 月福岡大学工学部機械工学科卒。九州大学助手を経て，1981 年 4 月福岡大学に着任。1992 年 10 月より現職。入試，教務，学生部の各委員を経て，全学の教職員協働による「教学系統合情報システム」の開発総責任者を務めた経験から，大学教育の前提として教職員のフラットなコミュニケーションを促進する必要性を感じ，2012 年に教育開発支援機構内に福岡大学教育サロンを設立し，初代サロンマスター（サロン長）を 2015 年 11 月まで務めた。

の思いをお伺いしたという記憶です。

山口　そんなに一人で喋ってましたかね（笑）？

本田　そんな感じだったです（笑）。

松本　山口先生は，本田さんに対して，そのときどういう印象をもちましたか？

山口　いや，まあさすが関西人だと。ようべらべらしゃべる人やなって印象だったけど……。

本田　むしろ山口先生がしゃべってたんじゃないかっていうことですね（笑）。

松本　だとすると，そのときに教育サロンの構想について話をしていたわけではないのですね？

山口　いや，全然，まったく教育サロンの話はしていない。

本田　全く，していないですね。

松本　なるほど。山口先生と池田先生は，大阪の大学トップセミナー（2012年6月15日）ではじめてお会いされたと伺っていますが，その間に誰かが教育サロンの構想を進めていたのですか？

山口　私はまったく。大阪まで行って，話を聞きまして，本人を目の前にして誠に申し訳ないのですが，ペダゴジーとか人間は誰でも「学びの欲求」をもっているとかという話で，それを聞きにわざわざ大阪まで出てきたんかという気持ちになって，もう話もしないで帰ろうかと思っていたのですね。

そうしたら，帰り際，席を立ったところで，池田先生とパッと目が合いましたので，仕方がないから名刺交換をしました。私の名刺の裏に，本学（福岡大学）で作った教育サロンの「サロンマスター（サロン長）」と書いてあったので，おもしろいかなと思って，裏返して見せました。案の定，「教育サロンって何ですか」っていう話になりました。

福岡大学に教育サロンができたいきさつはいろいろあったのですけども，要するに大学の教職員がお互いの意思を通じ合わせて，気軽に話せるくらいの仲にするようなおしゃべりの場だと説明しました。

何のためにそういうことをするかと言いますと，教育は，要するに学生がこちらの話を聞きたくなるような雰囲気にならないと意味がないわけですね。押しつけて，知識を押し込んだって駄目なので。学生が「この先生の話，難しいことも含めて，なんかわからんけど，聞くとなんか満足して帰る」というような雰囲気にならないといけないはずです。

そう考えたときに，じゃあ，先生に何らかの魅力がないといけないはずだけど，

例えば，両親がしょっちゅう口げんかばかりしている家庭の子どもが，親父の話を聞きたくなくなるのとは逆にすればよいのではないか。大学でも先生たちが，学内で気楽に会話を交わすような雰囲気があれば，学生も，もうちょっと先生に親しみをもつのではないかと考えたわけです。

だから「FDとか組織とか何とか言うよりも前に，そういう雰囲気を学内でつくる必要があるのではないか。気楽に教育論も普通のおしゃべりもできる雰囲気をつくるには，まずおしゃべりの場をつくりましょう。教育サロンはそういう場所で，そこでは肩書きも何もなしで，学生と先生も対等にしゃべれる場所にすることを狙ったのです」と言いました。

池田先生は，即座に「これはおもしろい」と言われました。そこでさらに，ラーニングバリュー顧問・取締役の北森義明先生にも同じことをお話ししたところ，全く同じ反応でした。

そのまま引き続き，トップセミナーの懇親会に出かけまして，その話で盛り上がりました。そのときはまだこの教育サロンの話は出ていませんでしたが，帰りの新幹線のなかで本田さんと一緒にその話の続きをさかんにしていたら，本田さんはいろいろな大学の熱心な先生を見てきているので，その先生たちの間をつないだら，なんかおもしろいことができそうだというような考えを言われたと思うのですが。

本田 そのときは新幹線で一緒に飲みながら帰りましたね。

山口 そう，二人とも酔っ払ってて。

本田 二人で話をしていて，「先生，どうでした？」と聞いたら，「楽しかったぞ，飲み会が」と言って。やっぱり飲み会が楽しかったのだなと思って。

当時，池田先生に懇意にさせていただき始めたぐらいでしたし，熊谷先生をはじめ若手の先生とか，いろいろな大学の熱心な先生方とか，ご一緒している先生がいたので，「この先生方にどこかで集まっていただいたら，化学反応が起きてなにかできるんじゃないかな」と，そのとき，ふと思いました。

「セミナーみたいな一方通行的な話題提供も含めて，なにか〈場創り〉ができたらおもしろいな」と，直感しましたね。

山口 いちばん最初の話だと，「まあまあ飲み会しましょう，でもそれだけじゃなんだから，なにかいるかなって」（笑）。

本田 そうそう。で，僕はそんなことは，「はじめは無理なんじゃないか」という考えが頭を一瞬よぎったんですよ。でも，とにかく「飲み会って言ったら，みんな来るかな」と思って。僕の知ってる範囲の先生方で，「おもしろい先生がいるから，

先生飲もうよ」と言うだけでも，何人かは集まるんじゃないかなとふと思いました。特に九州中心で。九州にはその当時よく行っていましたので。はじめはそんな軽い気持ちでした。そして，その第1回目を9月にやろうと決めました。

2 第1回教育サロンに向かって

松本 そこから話が急ピッチに進んだわけですね。

山口 ええ，ものすごく急ピッチ。

本田 このことをさらに池田先生に言いに行ったんですね。すぐその翌週くらいに，名古屋まで行って。「池田先生，こんな話があるんですけど，ぜひ，やりませんか」と言ったような覚えがある気がします。

松本 それを聞いて，池田先生はどのようにおもしろいと思われたのですか？

池田 正直言うと，最初はわからなかったんですよ。それがうまくいきそうなのかどうかも。でも，私はわからないときは「それはおもしろいだろう」という言い方をします。自分のこれまでの範疇にはない何かが新しく始まると思えば，それはもう止めるのではなく，やってみるしかない。そういう冒険的なモチベーションでしたね。

本田 僕は，「やろう」と言ってしまった以上，これはやらなきゃいかんよなと思って。そこからは考えあぐねたものの，思いついたら一瞬で当日のメニューを組んだと思うんですね。今の原型を。

飲み会をするにも，みんながお互いのことを知らないから，まず，人間関係をよくしないと話ができないだろうなと思って，それはセミナーのときもそうでしたね。だから，まず，その当時FDなどをいくつかの大学で担当させていただいた経験をふまえて，学習スタイルの分析を通して，みんなで互いの違いをわかりあって，記

池田輝政：追手門学院大学学長補佐・基盤教育機構教授
九州大学大学院教育学研究科博士課程満期退学。
専門は高等教育経営学，教育学。
名城大学に在職中，教育職員の高度化を目的とする大学院（大学・学校づくり研究科）を立ち上げ，国公私立の大学教員のための授業開発研修会，大学および初・中等学校の指導層への戦略開発研修会に赴くなど，教育と経営の両分野の課題解決に向けて指導とコンサルティング活動を行う。国立大学協会大学評価専門委員ほかに歴任。

01　教育サロンのこれまで　7

熊谷太郎：松山大学経済学部教授
博士（経済学）。2004年3月神戸大学大学院経済学研究科博士後期課程修了。2004年4月神戸大学大学院経済学研究科講師を経て、2007年に松山大学准教授に着任。2014年4月より現職。
専門は法と経済学、公共経済学。
2008年に『自己の探求』プログラムに出会い、学生の変化を目の当たりにしショックを受ける。この体験をきっかけに一方通行の講義をやめる決意をし、学生が主体的に学べる授業デザインを真剣に考えるようになる。その詳細は、本書第2章参照。

者会見というグループワークをする。そういうことを2時間くらいしないと話ができないだろうなと思ったんです。
　そのうえで、やはり一方的に話を聴くのではなく、みんなで話し合うために話題提供がいるのであれば、それを誰にしていただくべきだろうかとなったときに、ふと浮かんだのは熊谷先生でした。それですぐ電話しました。「何月何日くらいにやるから空けといてください」って言ったんじゃなかったかな、たぶん。どんなことを言いましたっけ？
　熊谷　いや、よく覚えてないんですよね。たしか、「ちゃんと決まってないんだけどやるから、絶対に空けといてよ」って。
　本田　そう言ったのかな？（笑）
　熊谷　「何やるんですか？」って聞いたら、「授業を工夫されてるでしょう？　この間言ってたこと。あれを話してください」という感じ。
　本田　その当時ね、僕らは松山大学で『自己の探求』（ラーニングバリュー社が提供する体験学習プログラム）を活用させていただいていて、熊谷先生を大学に赴任してまもなくから知ってるわけですよ。知り合った当時、熊谷先生は、はいているジーパンのポケットに手を突っ込んだまま、スリッパ履いてきて。「ものごっつい、嫌な兄ちゃんだな」と思ってたんですけど（笑）。おつき合いしていくにつれ、だんだん仲良くなってきて、熊谷先生の結婚式にも出たりしたんですよ。だんだんそのくらいから、熊谷先生は授業を変え始めて、会うたびに、自分の授業について「本田さん、こんな感じにやっているんですよ」と熱く教えてくださるわけですよ。その当時はちょうど200人の授業でね。
　熊谷　その前年の「リーダー養成講座」（松山大学の集中講義）を見て、10月、11月ぐらいに北森義明先生と話しているときに、北森先生が大教室でもアクティブラーニングはできると言ったので、それをヒントに授業の構想をしはじめたアイデア

を本田さんに言いました。「これを4月にやってみようと思う」と。

本田　そういうことを聞いてたんですよ。その当時アクティブラーニングがさかんに言われてきていたので，「机・いすが固定された200人の大教室でのグループワークに，みんな興味をもつだろうな」と，ふと思ったんですよ。だから，パッと先生の顔が浮かんで電話したんです。「とりあえず，空けといて」とだけ言って，あんまり詳しいことは言ってないですね。だってまだ何も決まってなかったし。

熊谷　何分で何を伝えるのかも決まっていませんでした。「とにかくやってるんでしょ，それでいいからとりあえず空けておいてね」で終わったんですよ（笑）。

本田　それで教育サロン第1回のチラシ（図1-1）は全部自分で書きました。「どうすれば大学の先生が来てくれるかな。初めてだし」とか思いながら。結局，40人くらい来てくださったのかな。

山口　最初にしてはすごい。

本田　お客さんのところへ行くときに，「こんなこと始めるんです」と言って，そのチラシを持って行って渡したり，名刺ケースをひっくり返して全員にメールしたりしました。

第1回九州教育サロン　教員×職員×学生　情報共有会

『学生と向き合う』とは？

～授業の工夫や学生支援のヒントを探る～

◆開催日時・場所◆

9月2日（日）12:00～17:00 17:30～情報交換会

会場;福岡大学　2号館　地下会議室1

※終了後、情報交換会を予定しております。こちらの方も是非ご参加ください。

◆プログラム◆

12:00～12:05　開会の挨拶　発起人　名城大学　人間学部　教授　池田輝政氏
12:05～12:10　会場校挨拶　発起人　福岡大学　工学部　教授　山口住夫氏
12:10～13:50　実習「あなたの学習スタイル」「記者会見」＊弊社「自己の探求Ⅰ」のプログラム
14:00～15:00　話題提供、質疑応答
松山大学　経済学部　准教授　熊谷太郎氏
「自己理解を深めることで、こんなに授業が変化した」
「経済政策論Ⅰ」　なぜこのような授業に至ったのか？など背景、動機を含め提供していただきます。
＊200人規模固定式大教室での学生主体の参加型授業（グループワーク）を実践
＊1テーマ4コマで構成。学生がグループで課題を討議しながら全体発表、ふりかえりを重ねていく
＊1コマ目;講義　課題設定　終了後事前資料収集　2コマ目課題討議（6、7人×30グループ）
3コマ目、4コマ目　全体発表（パワポ作成）　見やすい資料の作成、他者に伝える力の涵養
＊2012年度テーマ　「エネルギー政策」「公共財」「社会保障と税の一体改革」

毎回グループワークをすることで知らない人とどうやってコミュニケーションを取るのか？仕事の割り振りをどうするのか？どういうプロセスで進めるのか？など社会人基礎力をつくように授業設計されています。
＜キーワード＞　大教室　グループワーク　就業力　自己理解など

15:10～16:50　グループ討議、全体共有
16:50～17:00　閉会の挨拶

図1-1　第1回のチラシ（部分）

だから，そのチラシのなかの「200人」とか「固定教室」という言葉も，自分だったらどういう観点だったら行くかなとか思っていろいろ考えて，文案を練って，「自分が変われば，授業が変わる」っていうキャッチコピーもつけて。一生懸命考えたんですよ。すごい短い時間で，たぶん先生方にも了解を取って。

池田先生と山口先生が素敵なのは，あまり細かいところはおっしゃらなくても，僕の言い回しとかおかしいところはちゃんと指摘してくださるし，主旨は理解してくださっていて……。

山口 今の話を聞いて思い出したのは，自分でいろんな工夫をしながら，授業をやっていることは話す機会がないんですよね。学内の人に言うと，半分嫌味に取られたり，なんか，根堀り葉堀り，ほじくりだされたりするのがオチやし。それを全部聞いてくれたっていうのが，本田さんにだまされた第一歩なんじゃないかと（笑）。逆に，そういう場が実現できたというのが教育サロンですね。

本田 実は初めて話しますが，20人くらい集まった段階で，山口先生が急にメールを送ってきたんですよ。「本田さん，これは無理だと思う」と。山口先生がたぶん学内でお話しされたんですかね。だけど賛同者がいないと。学内で無理なんだから，外なんか無理なんじゃないかっていうメールが届いたんですよ。

山口 うちの教育サロンにこのチラシを貼ってたんです。チラシにラーニングバリュー社の名前が入ってたので，「何ですか，これは。営業活動を支援するのですか」って役職者に言われて。

本田 僕の中では集めなければいけない，もうちょっとわかりやすく言えば，集めさえすれば何とかなるという感じだったのですけど，極端な話，僕一人で集めたようなものだったんですよ。もちろん，山口先生がご自身の学内では一生懸命集めてくださったんですが。ありがたいことに，お世話になっている先生方が，来てくださる予定だったんです。何とか参加者が20人くらいになって，ちょっと形が見えるかなというときに，山口先生からそのメールが来たので，「うわ，まずいわ，これ」と思って，予定を全部キャンセルしてすぐに山口先生のところに行ったんですよ。「山口先生，メールいただいたんですけど，どうされたんですか」と。そうしたら，山口先生がザーッとそのようなことをおっしゃられて。僕は「そうでしたか，そんなこともありますね……」と。

山口 ただこっちもそのまま引き下がるのはしゃくだから，ちょっと書き方変えて，営業と関係ないってことを言って。

本田 そんな話をひとしきりされたあとに「でもやろう」って山口先生が言われ

て。それを受けて,「やりましょう」と僕も言って帰ったんですが,そのときは頭が真っ白でしたね。やろうって言って,場所も押さえてあって,全部準備していたから。

でも,そこから山口先生に福岡大学で人を集めていただいて,十何人くらいいらっしゃって,小原さんっていう職員の方も来ていただきました。僕をずっとかわいがってくださっていた方で,池田先生の研修も受けていた方です。彼が「池田先生が参加してくださるなら絶対行く」って言ってくださって,人も集めていただいたんですよ。彼には本当に力を尽くしていただいて,ものすごくうれしかったです。それで最終的に40人くらい集まりました。

3 第1回教育サロンをふりかえって

松本　実際やってみて手ごたえはどうでしたか。

本田　いや,たくさんの方に来ていただけただけでもうれしかったんで(笑)。

山口　熊谷先生はそのとき話してみてどうでしたか。

熊谷　いや,話してみてというか,そもそも何を話すかということから考えましたから,「授業は工夫しているけど,それを話してもなあ」という感じで。

本田　打ち合わせしませんでしたか？

熊谷　「工夫だけを話すのはやめよう。なぜそこに工夫しようと思ったかをまず最初に話さないとやっぱり理解できないだろう」と。

本田　たぶん,僕が何を話して欲しいかも言ったと思います。僕の頭の中では200人で行うアクティブラーニングの話に参加者が食いつくと思ったけど,別にそれを知って欲しいわけではない。むしろ僕と初めて会った時から熊谷先生がどんどん変わっていったことを聞いて欲しいなと思ったので,その話をたぶんお願いしたんだと思うんですよね。「自分が変わった話をしてくれ」と。その話をはじめにしないと,熊谷先生のすごさが伝わらないと思って。

山口　たしか,「どんな方法で授業をしているかという話はどの研究会でもやっているから,そうではなくて,どういう思いで授業に取りくんでいるのかを話して欲しい」と言ったんじゃなかったかな。

本田　そういう言い方だったかもしれませんね。いつも同じ話をしますが,はじめて会った頃の熊谷先生は,上から目線で他者を評価する態度だったのが,本当に変わったし……。

熊谷　そのときはすべて僕の基準で白か黒か決めるような感じでしたから。

本田　僕はプライベートでも熊谷先生の結婚式に呼んでいただいて，それこそ奥さんと知り合うところにもいた。熊谷先生が指輪を買いに行ったのも見ていたし（笑），取りに行ってたのも見てたし（笑），ずっと見てたわけです。結婚式に北森義明先生と一緒に行って，「ああ，やっぱりいいよねって」。自分の授業について話してくれるのもうれしかったし。「何がどうなってこうなったのかは僕には語れないから，僕自身が聞いてみたい」という話をお願いした。

先ほど言った，200人の大教室でアクティブラーニングをはじめたというのと，「松山大学の『自己の探求』の成果を見るのであれば，どんな学生よりも熊谷太郎だろう」とまことしやかに言われていたので，それを感じてもらいたいなということが念頭にありました。

松本　話題提供者の立場から，参加者に話をすることを通して，新しい気づきや出会いはあったのですか。

熊谷　それはもちろんあって，池田先生や山口先生にも，もちろんまつもっちゃん（松本のこと）にもサロンがなければ会っていないだろうし，参加すれば誰かしら知らない人がたくさんいるわけで。

第1回の教育サロンで得た気づきは，なぜ自分が授業を変えようと思ったかということをもう一度ふりかえるためのチャンスだったということ。原点に戻るという意味であのサロンで何かを話すということがとっても大切かな。

あのときはまだ授業を変えて1年経ってなかったから，そのときのことを鮮明に覚えていましたけれども，だんだん記憶は薄れていくので，そのときの資料をもう一度見直してみると，「ああ，そうそう，こういうことがあったな」というのを思い

出せる。自分を変えようという変革のちょうどそのさなかをもう一度ふりかえるのに話題提供はいい機会だったと思います。そのときを鮮明に思い出せるから，それがすごくよいのかなと。

そのうえで，出会いについて言うと，いま思うと，その第1回の参加者がすごかったですよね。

山口　すごかったですね。

熊谷　たまたま池田先生と同じグループになって，山口先生からたまたまコメントをもらって，「けっこうこういうのは理系では普通にあります」と。そのときの山口先生はどちらかといえば，「200人の固定教室でやってる」というところに焦点を当てて，ご本人もわかっていたのでしょうが，ちょっとわざと意地悪な話から始まったので，何の話をされるんだろうって……。

松本　「5つのやくそく」（後述）はまだできていなかったでしょうからね。

熊谷　そう。それができてないときで。そのやり方のところに焦点を当てて話をされていて。他にも，同じグループの出家健治先生（熊本学園大学）が「どうもコレ，先生のキャラだからできるんじゃないか」とか，大東文化大学の岡本信広先生が「これは面白い」って乗ってくれたりだとか，他のグループからも「でも，そんなやり方は」という意見が出てきたりとか。あのとき熊本学園大学の遠藤隆久先生はおとなしかったとか，いろいろあった気がします。

そう，あの第1回の参加者がのちの合宿に来るくらいの中心的なメンバーになるので，そういうところで話題提供ができたというのは，やっぱり僕にとっては幸運で，要は同じ分野の先生がほとんどいない世界だから。

松本　それがかえってよかったと。

熊谷　そうです。他大学の事務職員さんや理系の先生と話すことは，ほとんど考えられません。それに，僕の分野では法律を扱うことがあったり，本学に法学部があったりするので，民法の先生とは比較的よく話をするのですが，憲法や政治学の先生方と話す機会はまずなくて。というのも，構造を変えていくことや新しい仕組みばかり考えている僕とは，なかなか合わないだろうなと思ってしまって。

でも，教育サロンではそういう先生とも交流がもてましたし，学問分野が違うから，薬学部など，授業で資格を絶対に取らせないといけない先生たちは，「そうは言っても，先生みたいなことはできない」って言われると，「なるほど」と。それでも，アクティブラーニングをできるようにするためにはどうすればいいのかを考えるようになりました。

そういう意味で，これだけ多くの人たちが，自分のしている授業に対して反応してくれたことがうれしかったかな。もちろん「そんなことやったって」っていうものを含めて。やったことに対して反応するということは，興味がないと反応しないから，授業を変えたいっていう人がこれだけ多いのだと思いました。しかも職員さんがいることに新鮮さを感じました。

松本 そうですね。参加者の感想を見ても，熊谷先生と同じような感想をもたれる人がやはり多いようです。「仲間が増えた」というように，思いをともにできる人と出会えたということもありますし，「専門やキャリアによって視点が大きく異なることが改めてわかった」とか「グループ内の皆さんのバックグラウンドや専門が異なっており，様々な見方を共有できて有意義でした」というように，他者が異なる視点をもっていることに気がついたという意見が多数ありました。

熊谷 あの第1回でいろいろな意見が出てきましたけど，どの意見も不思議とスッと入ってきました。「それは違うよね」という感じの意見も，「なるほど，なるほど」と思えた不思議な場だった気がします。

おそらく，異なる意見は言っているけれども，参加者全員がやっぱり同じ方向を向いている人たち――大学をもっとよくしたいとか，学生の学びを深めたいという意志をもっている人たち――の集まりだったから，やり方そのものにケチをつけられても全然否定されている感じがしないし，じゃあもっといいやり方があるんじゃないかって考えられるようにもなったし，そんなとても不思議な体験ができた第1回でした。

山口 本当に不思議なんですよね。いまの話で思い出しましたが，僕の専門である機械工学とちょっと違う工学分野の人と話すことはあっても，専門分野の全く違う，僕だったら，例えば商学部とか経済学部とか人文学部の先生と，まともに顔を突きあわせて討論する機会はそうないです。学会でもだいたい似た者同士，ましてや事務職員と一緒にああいう話をする場所はそうない。

本田 僕もよく覚えているのは，そのあとの情報交換会（飲み会）が異常に盛り上がったんですよね。あのとき，「学会の懇親会は立ってやるものじゃないですか，だから話が堅くなる。情報交換会は座らないといけないな」と山口先生が言ったのを聞いて，「そっちかい！（笑）」と思った記憶があります。

4 「学びの欲求」に向き合う，ルビコン川を渡る

松本　池田先生は第1回に出られてどうでした？　熊谷先生と一緒のグループでお話しされましたよね？

池田　ラーニングバリュー社の方々とかかわって初めて，授業の中の人間関係づくりという視点の弱さを自覚したんですね。それまでは，高等教育の研究者というのが立ち位置だから，授業改善に対しては"何をどのように"というコンテンツ重視のアプローチだったんですよ。学びにおいてはコンテンツがよければ学生は食いついてくる。それに食いつかない人は切り捨てていいという，冷めた見方を我々大学人はもってきた。大学人の教育の信念みたいなものでしたね。"何をどのように"のなかの，自分ならではの"何を"がない教師は，教壇にたつ資格はないと信じてきた。

それが変わるきっかけが，『自己の探求』を1・3・4年のゼミ学生と一緒に経験したときです。そこで気づいたのは，「あっ，一人ひとりの個と向き合う視点が欠けていたな」と。自分が変わり始めた。だけど，その視点と今までの"何をどのように"という教育の考え方との間には，いわゆる理論と実践との間に立ちふさがる「死の谷」があるかのように，まだうまく結びつけられなかった。それは自分の頭のなかの思考の流れとしての結びつきです。私は変わらないといけないと思いつつも，実践では頑固に自分の流儀を守っていた。

ところが，第1回サロンで熊谷先生の話題提供を聞いて，私にとっての「死の谷」の課題を乗り越えて授業で実践できている人がこの目の前にいる，この人は本当に変わることができたと衝撃を受けた。熊谷先生は，実験的精神でもって，"何を"のコンテンツを大胆に減らして，学生の一人ひとりと向き合って，どんなことがあってもニコニコといつも笑う授業を実践できていた。ニコニコを続ける授業ということが象徴的で，それって私にはものすごく難しいんです。このような態度を含めた"どのように"を変えるのは清水の舞台から飛び降りる勇気のいることです。それから，"何を"というところを大胆に減らしてくのも，同様に勇気のいることです。

熊谷先生は，それら二つの勇気をもって，学生の満足度を高める授業を実現できた。それを直感して思わず口を突いて出たのが，「ああ，熊谷先生はルビコン川を渡った」という言葉です。目の前に渡った人がいる。まだ渡っていない自分を改めて自覚した。大東文化大学の門脇廣文先生も同席していましたが，門脇先生も「渡れてはいない」という発言をしていました。そのときは，私は川の途中まで渡りかけ

ていたとは思っていましたので，門脇先生よりも一歩先にいるかのような勘違いをしていました。彼も渡りつつあったんですね。でも二人ともに渡った人から受けたインパクトは大きかったですね。

　だから，熊谷先生に自分自身が変わったことについて話をして欲しいと注文をつけた本田さんの作戦は大成功です。それまでに大切にしてきたものがあって，変わろうと思ってもすぐには変われないから，われわれはみんな苦労しているんです。変われと言われても，なかなか変われない。教育学者という立場を自覚する自分としても，とくに大学教育については専門の視点から納得できる何かがないとますます変わるのが難しい。よくいえば，専門家の保守性です。

　その専門の立場からこれで私自身が変われるのではないかと探し出して，使い始めた言葉がジェローム・ブルーナーの「学びの欲求」です。初・中等の教育実践のなかに学びの理論をはじめてもちこんだ彼が使ったその言葉に立ち戻りました。

　これは大学院のときに学んでいた言葉を深く理解できた結果です。学生の偏差値云々の視点ではなくて，大人として学ぼうとする欲求をもった個人が目の前にいる，この言葉を熊谷流にニコニコと受けとめて教育に生かし，学生に楽しく学んでもらおうじゃないか，というところまで私の変容は進んでいました。

　このように「学びの欲求」という根拠概念にまで戻ったのは，教育学者としての私の流儀だったと思います。この言葉は社会的にもまったく新奇なものじゃないけれど，私の変容をその言葉で表現したかったのです。でもそういう専門家としての私の内面の再構築は，第1回サロンに先立つ大阪でのトップセミナーでは伝えきれなかったでしょうね。ある意味では，「学びの欲求」という言葉自体は自分に向けたメッセージでしたから。

本田　「学びの欲求」っていう言葉は，ものすごくインパクトがありましたよ。僕には。僕は逆に実践的なので，理論のことはあまりわかりません。それでも，僕自身の実践体験に照らしてその言葉を捉えると，実感を伴って理解できました。「ああ，なるほど，そういう考え方が教育学には普通にある」と知ったことは，いまの仕事にはものすごく役立ってますね。たぶん本を読んでも気づかなかったけど，今までの実践体験があったので，実感できた。ものすごく大きいですね。

山口　自分の子どもを見てて，そのときの子どもの欲求と，こっちの教えたいこととが合ってないと絶対伝わりませんよね。学生も同じで，相手がそれに興味をもったときに上手に接触する，そこができていないだけだろうと，実は学生を見ながら思っていたんですよ。「学びの欲求」という池田先生の言葉を聞いて，そのことを

言っているのだろうと感じて,だから,「なんだ,そんなこと」って言葉になったのですが(笑)。

池田　そこです。「学びの欲求」は子どものペダゴジーのところでは言っているんですけれども,大学生には適用されてなかったんですよ。それを大学生も一緒だと気づいて学びの理論を大学の授業に拡張したのが,私の専門的進化だったんですね。そこから,私は実践としてルビコン川を渡る必要に迫られていた。

本田　山口先生はそのときのことをやさしくおっしゃいますけど,実際はもうちょっと辛口でしたよ。そのときや僕がはじめてお会いしたときよりも,山口先生はものすごくソフトになられましたよ？

山口　だろうと思いますよ。

本田　山口先生,お気づきになっていらっしゃいますか？　初めてのトップセミナーのときは,「なんであんな話を」と怒ってらっしゃいましたから。でも,いまは毎回サロンに来てくださって,教育サロンのFacebookに一生懸命投稿してくださってて,すごく学ぼうとする姿勢というか,学びというか,熱意を感じます。いつもあれを見て尊敬してますね。

池田　いや,山口さんの辛口は何回聞いてもいい。それを,「そうなんだよ。私は本当に学生を見ていなかったんだよね」って反すうしています。それまでは実践で検証していない理屈のFDでもって授業改善をしてきた。子どもと大人とを分けて考える前に人間の成長という原点を忘れないために,山口さんの辛口を楽しんでいます。

本田　なるほど。池田先生も変わられましたね。すごく。

松本　私は最近「ティーチングマインド」という論文を書いて(第10章参照),そこでも言ったのは,教えることはその教師個人の性格・キャラクターがベースにあるということです。ベースとは言うもののも,教える経験やティーチングマインドの成長によっても,キャラクターはもちろん変わります。つまり,成長とは変わることです。

そのように考えると,教育サロンとは,単なるノウハウの交換の場ではなくて,まさしく一つのキャラクターをもった教師としてかかわって,ひとりの個人として成長・変化していく場ではないかと思います。それが強制によってではなく自然にできていくのが,教育サロンのおもしろいところではないかと思います。

池田　「学びの欲求」から出発する人間関係づくりと,"何をどのように"から出発する教育との間に横たわる「死の谷」を越えたか,その変容を自覚する指針とし

て，熊谷先生が与えてくれた，「授業中ずっと笑顔でいられるか」があります。自分の授業でこの課題ができるかどうか。こんな易しい指針であれば，学生の学びをどのように工夫するか，難しい課題ではあっても自分への動機づけがしやすい。

山口　ちょっと解説的になってしまうけれども，結局，その学生が訳のわからないことを言って，こっちがムカッとしてしまったとしても，これは教えるという立場にある自分が知らない現象なのだなと思えば，ニコッとできるのかなという気がします。

池田　それは確かに難しい。

熊谷　ムカッとしてしまうことは，実際にはあるんですね。授業がわからないということだけじゃなくて。でも，いいじゃないですか。そういう自分がいるんだってわかれば。

山口　そういう意味では，教室は学生と教師双方の学び合いの場なのかなという気がします。

松本　学生と教師とのかかわりあいがないと，学生が成長しないだけでなく，教師も成長しないでしょう。学生のリアクションがわからないと，教師自身が自分の成長のきっかけをつかめない。それではいつまでたっても変われない。

池田　個別の授業ではどうしても笑えない場面はありますよ。だけど心底ではニコッとの精神でいたいと思うから，ムカッの場面にはどうしてそうなったのか，後で理由を見つけたり意味づけができたりすると，役立つことがある。

山口　演技で怒るのは構わないでしょうけど。

池田　それくらいの怒り方がいいと思います。話は変わりますが，授業の内容については伝えたい知識量をよくぞ絞りこめましたね。

熊谷　でも，それはその代わり，授業で足りない部分を学生がすべて自分たちで補完しないといけないので。

池田　そこまで見通してやっていたんだ！

熊谷　はい。そのための授業構成だったんですよ。基礎的な部分しか教えられないので，例えば，実際にどんな政策を実行しているのかを大雑把には解説できるけれども，細やかな解説はできないから，それを学生のプレゼンテーションを通して学んでもらおうと。

池田　今ならわかります。話を聞いた当時はそこまではわからなかった。教えるべき内容をよくぞ大胆に減らせたなあという印象だけが強かった。熊谷先生のなかには，減らした分は授業のなかで別の方法，別シナリオで学生にカバーさせると

いう考え方があった。それは授業外で宿題を課すというシナリオとは別の考え方ではないですか。

　松本　たぶん池田先生がおっしゃっているのは，旧来の教授論の前提ですよね。「学生は受け身的な学習者だから，教師が1から10まで全部教えなければだめだ」という。ですが，先見的な人たちは，「1から10まで教えなくたって，1教えたら10わかろうとする」というか，いかに学生が学びにおいてジャンプするようにするかを考える。そういう立場に立てば，おそらく授業はいまのやり方とは全然違うものをめざさないといけないですよね。

　山口　そこをわからずにアクティブラーニングをやったって，なにも意味はないですよね。

　熊谷　やっぱり，認めることって大事だと思うんですよ。池田先生に「ルビコン川を越えた」と言われて，すごく認められた気持ちになった。これは笑い話なんですけど，その言葉は知っていて，これはすごいことなんだということはわかっているんだけど，ルビコン川を渡ったのは誰だっけ？っていう。

　本田　僕は，事典を引きましたよ。ルビコン川ってどこにあるんだろうって（笑）。

　熊谷　そのあとで，本を読んで，すごいじゃないかと。カエサルに例えられていると。言われた当時もすごいことだと思っていたから，めちゃくちゃうれしくて，もっとほかの授業も変えようと調子に乗るわけですよ。そのときにも，「カエサルに例えられたのか，これはすごいぞ」と思いました。プレッシャーというよりは，うれしくなってますます変えて，ますます忙しくなっているのですが（笑）。認められたということは，僕にとってはすごく大きかったですね。

　そんなことがあったから，さっきも言ったように，いろんな意見も全部腑に落ちたし，どうすればよいかも考えられるようになった。あの教育サロンにおいてグループのなかで認めあうとか全体で認めあうというのが，一つ大きな効果があるのかなと気づいた。それがあったから，学生に対してまた，「あっ，大人がうれしいんだから，学生も認めてあげたらもっとうれしいのではないか」ということに気づいたのではないかと思いますね。全部よい方向にサイクルが廻っているという感じです。

　松本　第2回合宿の感想で，教育サロンがこうあって欲しいという意味で書かれたのだと思うのですが，「凹んだ時に自分にOKしてほしい→凹んだ人にOKしたい」というものがあって，教育サロンにまさしくそういうところがあるのだなと。

　それとの関係で，第7回の感想に，たぶん話題提供のことを言っているのだと思

いますが,「そもそもの学生を元気にしたいという思いに共感しました」「それを実行になかなか移せなかった,移せていない先生がこんなにいるんだということを知った」というものがありましたね。

やはり川を渡るってけっこう勇気がいると思います。だけど渡ってしまえば,もう渡る前の世界なんてどうでもよくなってしまう。渡る前の世界では,あっちに行かなくてもこっちもお花畑で楽しいじゃん,思いっきりこっちで遊んじゃおうよという気持ちになるのでしょうけど。

その渡る勇気を自分のなかから出せる人ならよいけど,そうではない人がいっぱいいると思うのですね。そういう意味で,教育サロンがそこを補いあって,つまり凹んだ人にOKしあうことで,みんなで渡りましょうというか,みんなで渡れば怖くないということかもしれないけれど(笑)。そういう部分が大きいのではないでしょうか。

5 第1回合宿でできた「5つのやくそく」

松本 さて,ここで,教育サロンで重視している「5つのやくそく」ができた第1回の合宿についてお伺いしたいのですが,この合宿は,第1回サロンの翌年になる2013年8月に行われましたね。通算して6回目の会合ですよね。

山口 そのときは,ただ「教育サロンとは何か」というテーマだったかな。

池田 活動をもう少し明確にしていきましょうという,ゆるやかな目的でしたね。

本田 1日目は場づくりを兼ねて『自己の探求』の教材などをもちこんで,自分のキャラクターを知るきっかけにしようとやってみて,2日目にこれからの教育サロンをどうしようかということをみんなで話しあうという感じでしたね。

僕が合宿をやろうと言いまして。僕は運動部だったので,サークルとかでもだいたい夏には合宿するじゃないですか(笑)。

松本 そういうノリですね。(一同笑)

池田 第1回の教育サロンでは,これまでお話しされてきたような衝撃的な経験が生まれました。そこから私はメンバーを信頼し始めました。このメンバーが集まれば何かが生まれる,だからメンバーの知恵を借りる場をつくりましょう。本田さんが提案する合宿というゆるやかな目的の学び合いで,また何かが生まれるという予感が実はありました。

松本 池田先生に対して,こういうことを言うのは偏見かもしれないですけれど

も，任せても大丈夫だっていうのもまた，一つの変化だったのではないですか？ ジャンプだったのではないのですか？

池田　そうかも知れない。前任の大学で副学長を経験して改革を提案する立場になると，抵抗勢力の集中砲火に出会って，人々の信頼関係が築かれていない現場からは憎しみ以外は何も生まれないとよくわかりました。その経験から，「なにかの提案があったら邪魔はしない，させない，やってみようよ」と言う精神を貫く腹は固まりましたね。

本田　僕は直感で，合宿やらないかんやろって思っただけです。理由はそんなにないと思います。だから，夏やし，合宿やりたいなと思って，すぐに僕は大東文化大学の門脇廣文先生のところに素敵な合宿所があるって知ってたので，先生にすぐにメール打って，すぐに行って，「先生，こんなこと考えてるんですけど」と。門脇先生は，さすがいつもFacebookしているだけあって，すぐに「イイね！　面白いね，やろう！！」って言ってくださったんです。門脇先生の同僚の岡本信広先生もそんな感じでしたね。まず場所をおさえて，もちろん何をするかも決めてないですよ。どうしようかなと思って，とりあえずバーッと案内をつくって，池田先生に送ったら，目的のところに「ゆるやかな」って加筆してくれたんですよ。「うわ，すごい。めちゃくちゃいい言葉だな」と。「ゆるやかな目的なら思い切ったことできるな」と思いました。

松本　そこでいまに続く「5つのやくそく」はできたのですよね。そのあたりの経緯を熊谷先生に教えていただきたいのですが。

熊谷　あれは2日目でしたよね。これからのサロンをどうするのかというテーマで，サロンは思想だとかいろいろな話が出てきたのですけど。

グループディスカッションのまえに，池田先生がマインドマップを紹介して，こんなふうにやると発想がひろがると。

マインドマップを使ったうちのグループが一番最後に発表したのですが，それまでどこのグループもマインドマップを使ってなくて，池田先生が「使わないなぁ」なんて言っていたのですが，最後に僕たちが発表したら，「これ！ これ！ これ！」って嬉しそうに言って（笑）。

あのときのグループメンバーが，大阪商業大学の伊東眞一先生，大手前大学の本田直也先生，ラーニングバリュー社の吉田未来子さん，関西大学の長谷川伸先生，大東文化大学教務課（当時）の大塚晃弘さん，そして僕でした。

最初は紆余曲折あったのですが，「五箇条の御誓文ってありますよね」っていう

話から，5個くらいキーワードを出していって，マインドマップをつくってみましょうということになりました。

そうしたら，やはり「学びって重要だよね」ということが出てきました。池田先生の言う「学びの欲求」のインパクトは僕にとっても大きくて，「みんな学びたいから教育サロンに来るんだ」と。「学びを大切にしないと教育サロンじゃない」ということになって，学びというキーワードが出たんですよ。そうすると，その学びを一人でできるかということになって，「みんなで案を出せばいい。そうすれば違う意見が出てくる」という話になりました。「その違いを楽しめたらおもしろい」と。そしてその違いを楽しむのだけど，「違いを出せない人はしんどいよね。とにかく違いを出しましょう。そうしたら，心開くよね」というところに行き着いたわけです。

僕らは何を大事にして，何に行きつくのかというプロセスでつくっていったのです。それで，はじめはタイトルに「五箇条の御誓文」って書いてあったのですが，「これはかたくないか」と意見があって，なら「教育サロン5つの約束」にしようという話になって。そうすると，少し柔らかくなる。すると，「これって小学校の黒板の上に貼ってもいいですよね」「小学1年生は漢字を読めないから，ひらがなにしましょう」となって，タイトルも本文もひらがなで小学校ふうにつくったのが「5つのやくそく」（表1-1）の完成エピソードです。

松本　いま「5つのやくそく」は教育サロンのなかでどういう位置づけになったとお考えですか。

池田　私が，「5つのやくそく」に飛びついたのは，これが大学組織論の本質に触れたと感じたからです。組織的活動は非公式の場に集まる人々の想いや理念やスピリットから生まれる。そういうものが教育サロンに必要だなとは思っていました。この「5つのやくそく」が生まれたときに，教育サロンが組織的な場になる最初の大事な条件が目の前にあると直感して，みなさんにこれをとりあえず思想・理念と

表1-1　教育サロンの「5つのやくそく」

（もともと）	（反転バージョン）
まなびをたいせつに	こころをひらく
みんなでつくる	じぶんのきもちにしょうじきに
ちがいをたのしむ	ちがいをたのしむ
じぶんのきもちにしょうじきに	みんなでつくる
こころをひらく	まなびをたいせつに

位置づけてもらう提案をしました。この「やくそく」でもって将来の可能性を秘めた教育サロンが誕生した。その提案は，そういう想いからでした。

熊谷 この「やくそく」は，合宿直後の教育サロンではじめて披露したんですよ。僕らのグループがつくったことを池田先生が覚えていてくれて，そのときにたまたま僕しかいなくて。

本田 それからずっと使っていますね。

熊谷「使ってもいい？」って聞かれたので，「もちろんどうぞ使ってください」と。そして，あるタイミングで項目の順番が逆になるんですよ。

僕らがつくったほうは，やりやすいところから，受け入れやすいところからはじめて，最後にキャラクターや心が開く。これがいちばん難しいから，これを最後にもっていく。

池田先生は，まず心を開かないと，開けるから正直になるんだと，順序を難しい順にしたのですが，こうすることでみんなが自然と学びを共有して大切にするという説明を聞いて，すっと腑に落ちてなるほどと思ったのは，今でも記憶に新しい。

池田 最初に生まれた順番でよいといまは思います。私は人間関係論の視点が授業づくりのなかで弱かったから，まず心を開かないと学びの思想には入れなかった経緯がありますから。

松本 私はいまの順番のようにひっくり返した方がすんなり理解できます。1から4までやった結果として学びがある方がわかりやすい。

池田 学びの思想の順番としては，「こころをひらく」という気持ちのほうから入りたい。

松本 最初に「まなびをたいせつに」と言ってしまうと，それはノウハウとか小手先だけのことをめざしているのではないかと受け止められてしまうのでは。

本田 でも，これから来る人のことを考えたときにいきなり「心を開きなさい」と言われるのもどうかなと。

池田 もとの順番でも「こころをひらく」は最後に来るほど，人が集まる学びの場ではものすごく難しいことですよね。

松本 そうですね。授業を変える勇気ということを考えても，それは授業改善にとって最も大事なもので，その結果として，授業が，そして人が変わる。

本田 その変わったというストーリーを教育サロンのみなさんで共有していけたらいいかもしれませんね。

松本 そうですね。

池田　学生に「こころをひらく」は，本当に自分と授業が変わろうとしているかを試す一つの関門ですね。この段階を突破しないと先に行けないかな。

山口　僕は，もともとのほうが好きかな。

松本　どっちも示すのがいちばんかもしれませんね。

池田　そういうことでやればいい。

山口　いや，さっきのペダゴジーの話で，とにかく「学びの欲求」は誰でも共通にもっているものだから，まず一生懸命「まなびをたいせつに」すれば，そのなかで自然にできていくはずだという思想のほうがいい。

池田　なるほど。なるほど。

松本　このような深い議論ができるという意味で，「5つのやくそく」は，教育サロンにとって大きな成果だと思います。

本田　もちろん。もちろん。

山口　それとさっき，ひらがなで書いてあることの説明があったけど，そこには小学1年生と同じ純粋な気持ちで学びを考えるというメッセージも入っている。

池田　そうです。これは大学生とか小学生とか関係ない。そう言って欲しい。

熊谷　そうなんです。やっぱり生まれおちてから，学びはいつまで経っても大事だから，すべての世代にとって大事だから，そういう意味でも，ひらがなだったら小学校にも飾れると。山口先生もおっしゃったように。

山口　これを大学の四角四面な考え方をする人の前にトンと出す，これがすごいと思います。

池田　第1回サロンから始まって，そこに「5つのやくそく」が加わって，教育サロンが生まれた。この順番は大事にしていきたい。

山口　ひらがなで書いたところに，肩書を外して集まれというメッセージも入っていたんですね。

池田　そうそう。いまの教育サロンで大事にしていることが全部入っている。

6　教育サロンのこれまでの成果

松本　その「5つのやくそく」が生まれた合宿も含めて，これまで30回ほど教育サロンは開かれてきたわけですけども，みなさんはこれまでやってきた成果はどのようなものだとお考えになりますか。

山口　これまでの話と同じことになるかもしれないけれども，大学の境を越えて，

同じ教育ということを目指す人たちとのつながりが徐々に広がってきたこと，これがいちばん大きなことだと思います。このつながりは自分の心の支えにもなりますし。誰かが話を聞いてくれること以上に，わかってくれる，同じ志の人がいることは，僕にとってはいちばん大きなことですね。

松本 池田先生は，第2回合宿の感想に，サロンの特徴として，①一次会，二次会，三次会の場の重層構造をもつ，②個立した人々の学びあいの場である，③立場と世代の違う多様性の語り合う場が生まれる，④成長し続けるために帰ってくる場であり続ける，という4つを挙げられていますが。

池田 変わりませんね。いまでもそう思いますね。ますますそう思います。

さきほども言ったように，学びから教育を考えると，そこには大学も初・中等教育も区別はなくなり，初・中等教育の学びも自然と視野に入ってくるようになりましたね。大学も初・中等教育も良くしていくという広がりのなかで，大学を良くする。本音でそう思えるようになったのが，自分のなかでは大きな変化ですね。

教育サロンもその後いろいろなテーマが増えましたね。教育サロンで紹介させてもらったカリキュラム・マッピングについても，よくわからないとの意見もありましたが，受けとめてもらえました。とくに熊谷さんは，それをまともに受けとめて，自らの大学のカリキュラム改革に生かそうと，「まなびをたいせつに」の精神をその後も実践されています。

本田 たくさんやると面倒なことも多いけれども（笑），これほど続くと思ってなかったので，そのことがすごいと思いますね。

それと最近ある大学さんがFDとして全員サロンに参加したというケースがあります。そのときは，3回開いて，来てくださった方は，みなさんなにかの学びなり「学びの欲求」なりを得てもらって，それが僕はよい体験だったなと思っていて。

つまり，先ほど熊谷先生もおっしゃっていたんですけど，教育サロンには，聴いてもらううれしさ，自分を語る楽しさがあると思うんですよね。だから，誰が来てもこちら側は受け入れ態勢さえしっかりしていれば，楽しんでもらえるし，ひょっとしたら継続してもらえるかもしれない，ちゃんとしくみをつくればと思ったので，協会などの新しい組織の枠組みが必要だと思うに至りましたね。

山口 その大学のケースでは，最後の3回目は残った人，どちらかと言えばFDに批判的な人が多かったみたいですけど，そのうちの何人かは，開催を企画された先生のところに行って，手を握りながら話してくれたという話を聞いています。顔が変わったり，みんなが楽しそうにああいうことをやっていたら，こうなんだって

考えを変えてもらえたりすることもあるみたい。池田先生はどう思われました？

　池田　いちばん印象に残っているのは，人間関係力というか，人としてのコミュニケーションが下手な人が大学にはやっぱりいると思いました。伝える価値のあるコンテンツは十分おもちの方は多いですが，いまのままでは人には伝えられない。そう感じました。

　山口　前から思うのが，大学の先生がいちばんコミュニケーションが下手なんじゃないかって。

　池田　私も下手でしたけど，やっぱり他の人たちもそうかって。

　松本　自戒を込めてですね。

　山口　そうそう。

　池田　でも，企業関係者も似たようなところがあるみたいですけど。社会に出るまでの学校教育のなかで，人間力を磨く経験が乏しかったわけですよ。そのツケが社会全体に回って来ていますね。

　本田　キャラクターを出すことがコミュニケーションだとすれば，結局それは誰しも生きていくうえでの永遠のテーマじゃないですか？　企業にいるから誰もがうまいわけではないですからね。『自己の探求』でもいっしょですけど，伝わっているとは限りませんし，伝える方法をあれこれと考えていくわけですからね。

　松本　現代社会のように，個人単独の能力でもって，いかに相手を出し抜くかという個人主義的な環境では，深いコミュニケーションは生まれない。そこで，教育サロンは，その現代社会に対抗して，といえば大きな話になるけれども，互いに安心感や勇気を与えあうことで，心を開いてコミュニケーションができる環境をつくることを大事にしているのかなと。

　山口　いちばんはじめに言われたけれども，多くの先生が，自分のキャラクターを出し切らずというよりも，それをそのまま出すのが怖くて，ガチガチの授業をやっている。それでも学生とのコミュニケーションはもちろんとれるけれども，自分のキャラクターを出せれば，それだけで学生はこっちを信用してくれると思うんですよね。それで話も聞いてくれる。教育サロンは，そういう自分を出すということに慣れる場じゃないかなと。お互いがそういう気持ちでやって，この場で出して，なんだこれでいいんだということで，教室でもやれるようになるというようなこともあるのかな。

　池田　そのことに直感的に気がついて高大接続型の入試の仕事に生かしているのが，追手門学院大学の志村知美さん（第8章に登場）です。入試課の職員として，

人としてのコミュニケーション力を育てる入試を提案し,「アサーティブ入試」という名前で2014年度から始めています。アサーティブな人とはアグレッシブでもシャイでもない,相手を尊重したうえで自己を表現できる人——海外と比較して日本人の若者に弱いといわれがちなのがこのたぐいの自己表現力です。アサーティブな表現力があってはじめて問題解決行動もできるようになる。そういう表現力を育てる入試をつくってみようと提案できるのが彼女のおもしろさです。

山口 少し話が違うかもしれませんが,最近,学生に,自分の口で説明できることだけが君の知識だ,テストで穴埋めできることは含まないと意識的に言って,なるべく口に出して説明させるようにしています。そうすると,言えるようで言えないということに気がついてきますから,その次に書くということをさせます。

松本 人の学びとは,認知の再構成ですから,既有知識のネットワークのなかに新規知識が位置づけられないといけません（第10章参照）。ですから,山口先生のその取り組みは,的を射ていますね。

ものすごく哲学的な話ですが,私は,探究心よりも表現したいという欲求のほうが根源的なんじゃないかと思っています。こういうふうに表現したいとか,こういうふうに自分自身がなりたいとか,そういう表現をするから,あるいはそうしたいから,学習するとか探究するとかということではないかと思っていて,そのことを研究しようと思っています[1]。

本田 僕は表現したいと思っている人たちがいっぱいいると思います。だからSNSなんかも,なにを食べたかなんてささいなことさえ1時間に1回くらい表現している子もいますし,Twitterを1日中やっている学生もいるんですよ。

ただ,彼／彼女らは,表現することが下手だから,むしろそのようなものに頼って表現してみたい。それで,先ほどの熊谷先生の話に似ていて,「いいね！」をめちゃめちゃもらったので,またしてみたいと思うようになる。

例えば,前にテレビに出てた不登校の子は,ブログを書いて,そういうことを通して他者が認めてくれることで,社会復帰できたと。それよくわかるなと思って。

山口 僕はメンタルケアをやっているけれども,それは結局,相手の話を聞く一方で,とにかく相手に好きなようにしゃべってもらう。そして,それを全部聞く。それで,相手はしゃべっただけでスッキリするというただそれだけのことなんですね。

---

[1] この対談のあとに松本（2016）を発表。

松本 表現するにはやはり受けとめてくれる人がいることが大事ではないかと思います。

私のある授業では劇をやるのですが，最初の頃は見よう見まねで学生にただやらせていただけでした。

あるとき即興劇のワークショップに出たときに，聴衆も聴衆を演じないといけないからと，劇の前に拍手の練習をしました。

これはおもしろいと思って，実際に授業に取りいれました。自分の大好きな歌手のコンサートに行ったつもりで大きな拍手をしましょうとか言いながら。

すると，場があたたまったように感じましたし，学生も劇がやりやすくなってよかったと感想に書いてくれました。きっと，演じる学生は，拍手によって，自分が受け入れられたように感じたのでしょう。

そのように，なにかを表現する場所，認め合える場所をいろいろなところにつくらないといけなくて，教育サロンもそういうことをめざしていかないといけないと思っています。

池田 教育サロンのなかに実はその要素がもう入っていると思います。サロンでは，みなさんが認め合いながらも，自分の思いを伝えようという姿勢がありますよね。だから伝わってると思うんですよ。みなさん，そこはうまいですね。

7 これからの教育サロンについての思い

松本 さて，そろそろちょうどよい時間になりましたので，最後に一人ずつ今日の感想と，これから教育サロンをどうしていきたいかについての思いを語っていただけますか。

本田 僕は，これからの形というよりは，多くの方に参加して欲しいですし，認知もされていって欲しいと思っています。

さきほど話した１大学の教職員が全員参加する教育サロンをしてみて，あ，これはもっと広げていけるなって思ったんですね。関心ある人だけが集まるものではなくて，まさに「学びの欲求」のように，機会に恵まれていないだけで，すべての人がきっかけさえあれば授業改善ができるんじゃないかなと。

そう思うと，やっぱりFDとしての位置づけはともかく，学校単位で教育サロンをいっぱいやりたいなと思ったし，もっと身近に感じていただいたり，学生同士の学びがあったりするといいですね。あと，学生と先生とが，例えば熊谷先生と名古

屋学院大の学生とがコラボしてなにかするとか。先生方にとっても違う学校の学生から学ぶことがたくさんあるでしょうし，分野が違う学生とできたりしたらと。そんな感じで，いっぱい広がっていけたらいいなと，それもやらされるのではなくて，やりたい人がやる。そういうことができればいいなと思います。

　山口　今日の対談を通して，自分たちがやってきたことのいろいろな意味づけがはっきりしてきたような気がしますね。前から言っているのですけども，自分の教室をよくしたいと思わない教員はいないので，だからあとは気持ちのなかに垣根があって，あんなものに行けるかと思う人も，人から教えられてたまるかという人もいるかもしれませんが，そこで，心を開くという素直になれる場づくりを学内でやっていくのが私の仕事かなと思います。

　松本　いまの教育サロンは，学外のつながりを中心に行っていますけど，そのよい効果をそれぞれの参加者が自分の大学に持ち帰って，ちょっとでもプラスになればいいのではないかということですね。

　山口　そうですね。そして，その報告を教育サロンでしてもらうと。

　熊谷　参加者という視点からすると，職員さんももちろんなんですけど，学生がもっと入ってくるとおもしろいのではないかと。実際に松山大学ではそのようにしています。大学や学部によって，「学びの欲求」があるにしろ，モチベーションの差があると思います。いろいろな学生と接してみて，どう学生と向き合っていけばいいかということをもっともっとこの教育サロンで学んでいけたらなと，僕は思います。

　池田　私は，学びの思想を生かし続ける学びのコミュニティとして，教育サロンはどのような組織になるのかというところに来ているように思います。本田さんがその方向に動き出していますが，私は，やってみたらと言うしかありません。そのときの名前が候補として浮かび上がっていますが，「学びのコミュニティ協会」とか，「学びのアカデミー協会」とか，そんな名前が議論されています。また教育サロンのみんなの知恵を借りたいですね[2]。

　松本　教育に関わる人すべてを包括する名前ということですね。

　池田　そう，親御さんも参加してもらっていいかも（笑）。

　本田　「学びのコミュニティ」はわかりやすいですよね。協会の名前としては。

　松本　具体的な名称については今後お話しいただくとして，編者として最後にひ

[2) 2016年3月に「一般社団法人まなびのコミュニティ協会」が設立された。

とことでまとめるとするなら，この本のコンセプトは「授業を語れば，教育は変わる」ですが，このことはこの対談で十分語られたと思います。

　教育サロンは，偉い人の教育のノウハウをありがたく受け止める勉強会とは180度違うということですね。また，参加者それぞれのキャリア，すなわち，キャラクターの軌跡・たどってきた歴史，そのストーリーを互いに語りあうことを通して，教育をよくしていく力をボトムアップにつくりだす方向にいきたいということですね。そこに向かって，これからの教育サロンの発展や，協会化を含めて次の段階に進んでいくのだと思います。

　これからもどうぞよろしくお願いします。本日はありがとうございました。

撮影：野口賀乃子（日本赤十字豊田看護大学助手）

【引用・参考文献】

松本浩司（2016）．「パフォーマンスとしてのアクティブラーニング─発達的パフォーマティブな教授・学習」『名古屋学院大学ディスカッションペーパー』**114**〈http://doi.org/10.15012/00000615〉

「まなびあう」「つながりあう」 実践コミュニティ

「まなび」の理論と概念が国・地域・組織を超えて広がり、
社会生活のあらゆる場面に浸透し始めています。
まなびのグローバル化と生涯化のこの時代において、
本協会は、「まなびのコミュニティ」の原点となる
教育サロンの『5つのやくそく』を活動指針として掲げ、
自らの成長と変容のために、教育・学修の場を求める人々に寄り添い、
ゆたかに「まなびあい」・「つながりあう」社会の創生を目指します。

まなびの
コミュニティ
協会

[事業内容　①教育サロンをはじめとする教育イベント・セミナーの企画運営
　　　　　　②「まなびあい」・「つながりあう」教育・研修の企画運営
　　　　　　③教育コンサルティング　④調査研究・出版　⑤その他関連する支援事業]

ASSOCIATION
FOR MANABI NO
COMMUNITY

一般社団法人 まなびのコミュニティ協会

東京都港区浜松町1-25-13 浜松町NHビル4階　　TEL：03-5776-5962
http://www.manacommu.net　　E-mail：info@manacommu.net

☆教育サロンの最新情報もホームページにてご案内しています。

第1部

授業改善・教育改革に取り組む
「個立」する大学教職員のストーリー

02 自分が変われば授業と学生が変わる
賽は投げられた

熊谷太郎

熊谷太郎：松山大学経済学部教授
主な経歴・専門は第1章参照。
妻もフルタイムで働いているため，日々のワーク・ライフ・バランスを意識して過ごしている。そのことによって，妻からはさらに多くのことを学べ，また3歳の愛娘からも学べることに気づいた。これらの学びは仕事にも生かされており，妻と娘には感謝に堪えない。日々の疲れは，家族の笑顔や家族との外出，休日のガーデニング，多様な趣味などで癒やしている。一番の楽しみは，妻とともに愛娘の成長を感じること。

1 はじめに：ルビコン川を渡るまで

　私は，私立大学の経済学部を卒業しました。経済学部を選択した理由はいくつかありますが，数学が得意ではなかったことがその一つです。経済学に数学が必須だと知ったのは大学院への進学を決めた後でした。そのとき数学を避けてきたことをたいへん悔やんだ記憶があります。

　そこで，着任した当初，松山大学経済学部にも，私と同じように数学に苦手意識をもっている学生が多いだろうと考え，なるべく数学を使わないで，使ったとしても中学校で習ったものを中心にして授業テーマや内容を設定しました。そして，わかりやすく教えていれば，学生は必ず理解してくれるはず。彼らが理解できないのなら勉強が不足しているか，学生自身に問題があると思っていました。

　このように「わかりやすく説明しているのに理解できないのは，学生に問題があるからだ」と考えていた私は，賽がいつ投げられ，どのようにルビコン川を渡ったのでしょうか。その一端はすでに第1章の対談でもふれましたが，本章では，さら

に詳しく私の担当科目の一つである「経済政策論Ⅰ・Ⅱ」（以下，誤解がない限り「経済政策論」と表現します）の授業改善の物語とその内容を紹介します。

改善した授業内容を紹介する前に，まずは赴任当時（2007年）に感じた違和感，学生に対する私のスタンスの変化をご紹介します。私は，神戸大学大学院経済学研究科を修了した後，期限つき講師として神戸大学大学院経済学研究科の講師に着任しました。担当科目は外書講読のみという恵まれたポストでした。自らの専門分野の入門レベルのテキストを指定し，指定された箇所の要約を学生が報告するスタイルで授業を行っていました。今から思えば，神戸大学経済学部生にとっても，少々レベルの高いテキストを選んでいたと思います。

その後，松山大学経済学部に「経済政策論」の担当教員として採用されました。私立大学の文系学部の多くの学生は，入学試験で数学を選択しないため，神戸大学のときと比べ，授業内容はもちろん，授業の水準も大幅に変える必要がありました。しかし，先述のように経済学は数学を使う学問です。当初は数学を使わない授業をしてもよいのかという気持ちと，数学を使わずに授業をしなければならないという制約のギャップを埋めることができずにいました。この葛藤が，当時のわかりやすく教えていた「つもり」という感覚や，資料もかなり丁寧に作りこんだ「つもり」だったという感覚へとつながっていたのでしょう。

そう考えると，その当時に感じていた「学生の反応がよくない」という違和感は当然です。自分が試みていた「わかりやすく教える」や「詳細に資料を作成する」——しかし，それが誰にとって「わかりやすく」「詳細に」だったのかと問い直してみると，「自分」にとってだったからです。研究を重視し，講義は二の次という意識だったのかもしれません。また，学生に多くの練習問題を解いてもらい，わからない箇所を質問してもらうことで，いわゆる従来型の一方通行的な講義授業を行っていたにもかかわらず，工夫をしていると勘違いしていました。もちろん，従来の大教室における授業は必要だと思っています。しかし，当時の自分はその枠組を取り払いたかったにもかかわらず，ふりかえってみれば，まったくそれができていなかったのです。

当時の私は，わかりやすく授業をしているという気持ちがあったがゆえに，教室内がざわついたときや学生が集中できていないときには当然のように学生が悪いと思いこんでいました。まさに，自分の大学時代のことを完全に忘却の彼方へと押しやっていたわけです。しかも，このときはまだ主語が「自分」であることや「学生には何も問題がなかった」ということには全く気づいていませんでした。

2 出会いときづき

2-1 自己の探求との出会い

　松山大学経済学部に着任して2年目にあるプログラムと出会います。(株) ラーニングバリュー社が提供している『自己の探求』プログラム（以下，『自己探』）です。松山大学経済学部では，2008年から3年間「大学生活における意欲を引き出すプログラム」として実施していました。私は，ある時，このプログラムについてのチラシを頂き，興味をもったので見学に行くことに決めました。それは「素晴らしい，ぜひ見てみたい！」というのではなく，チラシに書かれていた「人は変われる！」というコピーに疑ってかかったからでした。当時の私は「2日間で人はそんな簡単に変われるはずがない。誘われたし見に行ってやるか」という気持ちだったのです（もっと上から目線だったかもしれません）。しかし，いざ，見学してみると，予想に反したことが眼前で起こっていたのでした。その場で初めて顔を合わせる学生も多く，ぎこちなく緊張した空気の中スタートしたはずなのに，午前のうちに，自然と笑顔があふれ，活気のある場が目の前に広がっていたのです。当初は，自らプログラムに参加を希望した学生の集まりだから，もともと動機づけが高く，すぐなじめる学生が集まっているのだと，学生の変化を素直に受け容れませんでした。しかし学生たちは講師（ファシリテーター）が話を始めると，ほぼ自然にファシリテーターの話に耳を傾け始めました。

　当時の私はとてもわかりやすく丁寧に講義をしているつもりでしたから，講義中に私語などあってはならないと考えていました（実情は，理想とは程遠く，平均して講義中に2,3回は私語を注意していました）。そのため，『自己探』に参加しながら，「なぜこれほどまで学生が自然と話を聞いているのだろうか」と不思議に思い，プログラムが進む頃には，なぜ，これほど楽しそうに授業に参加し，活発な場になっているのかを，そして，ファシリテーターの話をしっかりと聴くのか，その理由を考えるようになっていました。

　『自己探』を開発された，順天堂大学名誉教授の北森義明先生への質問は今でも鮮明に覚えています。私の「学生はなぜこんなにファシリテーターの話をよく聴くのですか？」という質問に北森先生は「なぜだろうね？」と笑顔で応えてくれました。私は，「場をよく観ていればきっと気がつくはずだよ」，と伝えられているように感じました。この「なぜだろうね？」が，私にとって「学生をよくみよう」という気持ちを呼び起こす一言になりました。今から思えば，このときに，すでに賽は

投げられていたのかもしれません。しかし，私は，この時点では，まだそのことに気がついていませんでした。

この見学以降，時間があれば欠かさず『自己探』の見学に，自らの意思で行くようになりました。それまでは，とにかく授業よりも研究のほうが大切でした（本当は，どちらも大切だと思いますが，みなさんは，いかがですか？）。このように授業の見学をすること自体考えられないことで，私自身にとって，非常に大きな変化でした。見学の結果，自分について気がついた点はいくつもありますが，最も大きな気づきは学生と向き合う姿勢についてです。それまでの私は「わかりやすく教えれば，学生の理解は深まるはず」というスタンスでした。これは，間違っているとは思いませんが学生目線ではなく自分目線です。もう少し過激な言い方をするならば，「教えてあげている」ということだったのです。

このような『自己探』との出会いが，授業を変えようと思った最初の一歩でした。この出会いがなければ，とても恐ろしいことですが，学生の主体性を信じ，学生の考えを受け容れるということはいまだに考えもしていないかもしれません。

2-2　ある学生から受けた相談

松山大学には文献講読という授業があります。その名の通り，文献を読み，理解を深めていく授業なので，受講可能人数に制限がありました。ただし，文献を読むだけでは，内容理解を深めることに限界を感じていたので，テキストの輪読という形式は採用しませんでした。2011年に私が担当した時は，課題を与え，その課題解決のためのツールが記載されている参考文献を指定し，学生はそれを読んでグループで与えられた課題に取り組むという形式にしました。『自己探』を通じて私の意識が変容していた時期だからこそ，グループで課題を解決し，理解を深めることを思いついたのでしょう。

あるとき，文献講読の授業終了後に学生から相談を受けました。この学生は学ぶ意欲が非常に高く，グループでの課題解決にとても楽しみながら取り組んでいました。相談はゼミ大会[1]における論文作成についてで，以下の様な内容でした。

- ゼミ大会の取組みについて，資料作成・当日の報告者以外のメンバーは役割が特に与えられていない。役割を与えられていないメンバーはやる気が無いし，役割を与えられているメンバーにとってはそこが不満である。

> - 役割そのものが，自分たちで決めたものではなく，決められたものなので，やらされている感覚が非常に大きく，つらい。
> - 報告者は，資料作成にも常に関係しなくてはならず，負担が大きいだけとしか思えない。
> - 指示通りに資料作成や報告をしているにもかかわらず，毎回ダメ出しばかりなので，まったく楽しめない。
> - 一生懸命取り組んでいるので，もっと楽しくゼミ大会に向けての準備をしたい。

そのとき，彼女は，勇気を振り絞って相談してくれたのだと思います。所属演習での自らの気持ちのズレを教員に相談するということは簡単なことではありません。彼女の表情を見ていると，頑張りたい気持ちはあるけれど，頑張るほど自分たちの取り組みが否定されることが嫌で頑張ることがつらいというジレンマを抱えていることがひしひしと伝わってきました。

そこで，これまで述べてきた経験から変容した私は，アドバイスをするよりまずは自然とつらい気持ちを受け容れて共感したいと思い話を聞き続けました。すると，目に涙を浮かべながら，自分のゼミ大会に対する想いを話してくれました。

このとき，話している内容の背景にある感情を汲み取ることがいかに大切か改めて気づきました。赴任当初の私であれば，学生の背後にある気持ちや感情を考えるよりも前に言葉の表面だけを捉えて，例えば報告や資料作成についてのアドバイスや，報告や資料について所属演習の担当教員がなぜそのような対応をするのかというアドバイスをしていたことでしょう。

次に，今後どうしたらゼミ大会の取り組みを楽しめるかを考えるために，現在楽しく取り組めている授業は何か，それはなぜかを彼女に聞きました。

---

1) 松山大学では，2年次生後期より専門演習（演習Ⅰ）が始まります。3年次生は演習Ⅱ，4年次生は演習Ⅲが必修科目として設定されています。ゼミ大会とは，3年次生の12月に開催され，各演習（演習クラスによっては，複数のグループに分けて参加します）で作成した論文の報告会です。原則として，演習Ⅱのすべてのクラスが参加します。大会では，いくつかの部会に分け，部会ごとに最優秀賞（1グループ），優秀賞（2グループ）を選出し，表彰します。履歴書の賞罰欄に受賞したことを書くことができます。演習Ⅱの集大成と言っても過言ではなく，経済学部生の学修においても，非常に重要な大会です。

その授業は嬉しくも私が担当していた文献講読でした。その理由として，最初に出てきたのは「(1) ときには否定することも大切なのは十分わかっているけれども，まずは肯定してもらえる」ということでした。さらに，「(2) 解答が1つではない課題に対して主体的に取り組むことができる」「(3) 課題に取り組むことにより，何が身につくのかが明らかとなっている（課題を取り組む目的が明らかである）」「(4) 教員が一方的に話すのではなく，学生の話をよく聴いてくれる」「(5) 授業をしている教員が楽しそう」ということを続けて話してくれました。

そこから，内容の良し悪しよりもまず頑張りを認めてもらいたい気持ちが強いことがわかりました。教員として教えるというよりも，一緒に学びを深めていくという姿勢が，学生にとって学ぼうというモチベーションに繋がるのだと感じました。このように，演習や文献講読のような少人数クラスでは，学生と教員の距離が近いので，肯定する，ともに学ぶという気持ちを持ち続けることは特に大切であると思います。

このとき，受講人数の多い授業でも，学生に向き合うスタンスはまったく同じことなのではないかということに気がつきました。

この体験があって「経済政策論」という200人規模の大人数の授業にグループワークを取り入れようと考え始めました。しかし，当時の私には一つだけ懸念がありました。大人数の授業の教室は可動式の机ではないので，グループで学びを深めることは難しいのではないかと考えていたのです。可動机だからこそ，学生たちはディスカッションしやすい姿勢を取ることができるし，ストレスも感じにくいのではないかと思っていました。

翌年度のシラバス作成時期にさしかかり，固定机でもグループワークはできる，学生を信じてみよう，という気持ちはあったものの，やはり不安を感じていました。

ちょうどこのとき前述した北森義明先生と話す機会がありました。「大人数で，固定机の大教室でグループワークを取り入れ，学生の学びを深めたいと思うのですが，固定机でのグループワークに不安を感じています」という相談をしました。北森先生はすぐに「固定机でもグループワークはできるよ。私も最初は不安だったけど，やってみると意外とできるものだよね。学生を信じてみようよ」と自らの経験を踏まえて話してくださいました。

この北森先生との会話が，大人数の固定机の教室でグループワークを取り入れようという最後の後押しになりました。文献講読の学生からの相談から北森先生のこの一言で，「賽は投げられたのだ」と気がつきました。このあと，ようやく重い腰が上がるのです。

3 「経済政策論」の大改革：ルビコン川を渡る

以上のような経緯で，2012年度に「経済政策論」の授業を大改革することにしました。こうして私はルビコン川を渡り始めたのです。

3-1 大切にしていること

『自己探』との出会いや文献講読での学生からの相談という体験から，「経済政策論」に限らず，学生と向き合ったり授業をしたりする上で，次のことを大切にしています。

まずは<u>自分自身が学生と接したり授業をしたりすること</u>を心から楽しむことです。楽しそうにしていない教員の話はつまらなさそうだし，なによりも接していることがつらくなるのではと考えました。だからこそ，なるべく笑顔（温和な顔）でいようという思いにいたりました。仏頂面しているよりも，やはり笑顔のほうが授業を楽しめる，あるいは「聞きたい」「学びたい」気持ちが強くなり，接しやすくなるのではないかと思います。

くわえて，<u>授業を通じて「どんな力が身につくのか」や「どんな授業にしたいのか」といった教員の想いを明らかにし伝える</u>ことが大切だと思います。授業をただ単に変えるだけだと，それは自分本位の授業改革ということになりかねません。「身につく力」を明らかにすることによって，後に紹介するように，授業をグループワークやプレゼンテーションを中心とした形式に変更しても，学生は納得して前向きに授業に取り組んでくれるのだと思います。この点については，岡山理科大学の滝澤昇先生がされているシラバスの話（第6章参照）からヒントを得ました。学生にしっかりと伝えるよう意識したのは，そのお話を聞いたからこそだと思います。

グループワークでは，雑談をしていたり，<u>ちょっとふざけたように感じられる意見を出したりする学生も受け容れる</u>という姿勢が大切だと思います。すべての学生がグループワークに常に集中し，雑談をまったくしないのかといわれれば，答えは「No」です。ただ，雑談の中からアイデアが生まれてくることもあります。一見，まじめに議論しているように見えなくても，よく聴いていると内容に関係する話をしていることが多くあります。なにも雑談ばかりしている学生を放置するというわけではありません。少し様子をみてから介入するほうが効果的ではないかと考えています。雑談ばかり，ふざけてばかりいる背景の想いや感情をよく聴くことが大切なのではないでしょうか。これは，発言内容についても同じであると思います。な

ぜそのような意見を出したのか，その意見の根っこはどこにあるのかを聴いて，本意を汲み取るほうが学生の学びにつながるのではないでしょうか。

　すべてを授業の中で教えこまないという意味でバランスをとることも大切にしています。ここでいうバランスとは二つのことを意味しています。一つは他の教員に任せる，もう一つは学生に任せるという意味です。

　前者については，どこまで深く教えるのかということに関係します。後に紹介するように，経済政策論は2年次配当科目ですので，深すぎる専門性を必要としていません。より専門的な内容については，他の先生の授業に任せるという姿勢を取ることで，バランスをとっています。

　また，後者については，どこまで自分が教えるのかという幅に関係しています。自分がすべて教えるのではなく，学生が自ら調査しそれを報告し，クラス全体で内容を共有することで，学びは深まり，より理解できるのだと思います。すべてを教えこむのではなく，学生たち自身が学生に教える機会をつくることを常に考えています。

　最後に，学生を認めることを大切にしています。これまでの私は，学生が調べてきたことに対して，「この部分が調べられていない」とか「この部分が考えられていない」などケチをつけてきました。このような対応は，学生たちがこなしてきた課題の表面を見ているのであって，どれだけ努力したのか，あるいはケチをつけられてどんな気持ちになるのかに対して配慮が欠けていることに気がつきました。『自己探』を通じて変化していなければ，いまだに気づいていないことでしょう。次に向けての改善点は，今回こなした課題について認めてからでも遅くありません。学生のモチベーションを高める事にもなりますから，この点は特に強く意識するようにしています。

　これらのことを意識することによって，学生が話しかけてくる回数や授業後の質問が増えたように思えます。また，私自身授業が楽しくなり，良い循環が生まれているように感じています。

3-2　経済政策論の位置づけ

　「経済政策論」は2年次生以上の配当科目です（Ⅰは前期，Ⅱは後期配当科目）。1年次生前期にはミクロ経済学入門と社会経済学入門，後期にはマクロ経済学入門（いずれも必修科目）を修得してから受講することになります。松山大学経済学部の学生は，3年次生から「総合経済政策コース」「国際経済コース」「地域・環境・文化

コース」のいずれかの専門コースに所属し，専門性を深めていきます。専門コースに分かれる前に「プレコース科目」を幾つか修得する必要があり，「経済政策論」はその一つです。プレコース科目は，専門コースのお試し版のような位置づけです。そのため，年度によって多少前後はあるものの履修者の多くは2年次生ということになります。

「経済政策論」は通常の履修期間以前に登録を要する予備登録科目です。履修人数は205名で制限されています。上限を超えて登録があった場合は抽選となります。毎年，履修人数は205名を下回ることはなく，固定机の教室で講義を行っています。

上述のとおり2年次生が中心の講義で，かつ専門コースの入り口的な位置づけなので，講義内容は専門的になり過ぎないようにしなければなりません。松山大学経済学部では，経済学部の核科目でもある「ミクロ経済学Ⅰ・Ⅱ」と「マクロ経済学Ⅰ・Ⅱ」については，2年次生以上で修得します。そのため，これらの科目で修める内容を前提とした講義は困難です。前提知識のレベルとしては，入門科目までとなります。

そのため，取り扱う内容やテーマには注意を要します。というのも，テーマによっては入門のレベルを超えた知識を必要とするからです。経済政策の目的を明らかにしたうえで，「1）期待できる効果」「2）期待できる効果の理論的な裏付け」「3）効果検証の方法」を理解しなければなりません。しかし，そのためにはより専門的な経済学の知識を必要とします。

また，各コースに分かれた際，コースで選択できる専門科目の内容と同じレベルにならない工夫も必要となります。こういった背景も取り扱う内容やテーマに悩む一つの要因になります。

さらに，プレコース科目という位置づけから，できる限り現在話題になっていることをテーマとして取り挙げることも重要です。しかし，経済政策は財政政策や金融政策，規制，社会保障，税制，労働・雇用政策，経済成長，環境政策，少子化・高齢化対策など範囲は多岐にわたります。そのため，取り扱うテーマが多すぎるとそれぞれの政策の内容紹介になりますし，少なすぎても専門的な講義をすることが困難なので，バランスを考えることが大切になります。

3-3 大改革のポイント

「経済政策論」における大きな変更は「(1) 講義形式の大幅削減」「(2) 初回授業時の配布資料の工夫」「(3) レポート内容の工夫」の3点です。

(1) 講義形式の大幅削減

　もっとも大きな変更は講義のみの形式をやめたことです。2011年度までは，試験を含めて15回の中で多くのテーマを講義内容としていました。もう少しいえば，「経済政策論Ⅰ」と「経済政策論Ⅱ」で計30回の中で必要なことを説明すればよいという考えをもっていました。そのような状態からテーマを減らし，かつ教えすぎず，学生自らが積極的に授業に関与する形式への変更は，私にとって，まさに「ルビコン川を越えた」気持ちでした。

　具体的には次のように変更しました。15回の内，取り扱うテーマは三つに絞ります。各テーマで，4コマ分の時間をとることを基本形式とします。その内訳は，次のとおりです。

- 1コマ目：テーマにそって熊谷が90分の講義を行う。
- 2コマ目：授業の復習，授業のまとめ，課題についてのディスカッション
- 3コマ目：課題についてのプレゼンテーション（1）
- 4コマ目：課題についてのプレゼンテーション（2）

　とにかく一つのテーマにつき，講義は90分しかないので，学生に対して講義でどの範囲まで知識を提供するのかを考えるのは非常に重要です。実際の政策や狙い，これまでの歴史については，学生でも十分に調べられる内容であるため，それらをより深く理解できるための基本理論と，その基本理論を使った現実の政策効果を中心に講義をするように心がけています。講義終了後，どのグループがどの課題を担当するのか，またどのグループがプレゼンをし，どのグループが聴く立場なのかを発表します。

　課題提出について気をつけていることは，正解が一つではないようにすることです。正解が一つだけという課題では，学生は正解を探すことを目的として課題解決に取り組む傾向があります。しかし，実際の経済政策は何が正解かは見方によって変わることが多くあります。そのため，課題解決のために，なぜそのような主張に行き着いたのかというプロセスを大切にしてほしいと思っています。

　週1回の講義では，学生の知識の定着率はかなり低いと感じていました。そこで，グループで講義の内容について分からない箇所を確認し教えあう時間を作ろうと思いました。グループで授業の復習をすることで，どこまで理解しているのかを実感でき，教えることでより理解を深めることができます。授業のまとめに関するテー

マについて，学生には直前にオープンにします。グループ内で相談しながらまとめを作成しても構わないというルールにしているので，学生はここでも教え合い理解を深めています。

　次は課題についてのディスカッションです。しかし，いきなりディスカッションのセッションに入ると，まとめを提出できないし，何より集中力がもたないという問題があります。そこで5分の休憩を挟んでからディスカッションのセッションにうつります。この5分の休憩時間は思いの外，効果的でした。実際には5分休憩している学生は少なく2-3分位となっていますが，集中力が戻ります。実はこの休憩のアイデアは，第7回教育サロン in 福岡で報告された大東文化大学の門脇廣文先生のアイデアです。当初は休憩時間を入れるのはもったいないと考えていましたが，このくらいの時間で学生の集中力が回復し，実りのあるディスカッションができるのであれば，導入する価値はあると思っています。

　3コマ目と4コマ目は学生のプレゼンテーションです。1コマあたり6グループが，それぞれ12分程度の発表をします。各コマで課題は異なるため，聴いている側も毎回新鮮な気持ちで聞くことができます。発表終了後には，最もよかったと感じたグループに手を挙げてもらうようにしています。多くのグループは，6グループの中でトップを目指して発表をするので，各グループは質の高い発表をします。また，発表後には必ず私がフィードバックをし，何がよかったのかを伝えます。同時に，誤っている内容があれば必ず修正するので，間違った知識が定着することはありません。

　私がみる限り，多くの学生は他グループの発表を聴くとき，大切と思う箇所についてメモをとっています。メモをとらないと発表内容がどんどん記憶から薄れていきます。もちろん，授業だけではなく，これからのさまざまなシーンでメモをとることは非常に大切になります。その大切さを実感し，継続しメモをとり続けていることは思わぬ効果です。

(2) 初回授業時の配布資料の工夫
　大きな改革の2点目は初回授業時の配布資料の工夫です。
　今まではシラバスと同じ内容の資料を配布していました。しかし，それだけでは授業に対する教員の想い，どんな力が身につくのか，どのような授業にしたいのかなど伝わりません。
　そこで，前記の滝沢先生のシラバスを参考に，大きく変えることにしました。具

体的には,「(1) 授業スタイルと,この授業スタイルを導入した理由」「(2) 授業の進め方」「(3) どんな力が身につくのか」「(4) プレゼンテーションについて」「(5) レポートについて」「(6) 詳細な評価方法」を初回授業時の配布資料に盛り込みました。A4 で 14 枚の分量となります。この資料を用い,初回授業の約 70 分程度を使ってガイダンスを行います。ガイダンスの内容のすべてを 1 回で把握できないと思います。そこで,できるだけ詳細にし,後日見直せばわかるような資料として,上述のシラバスを配布することにしました。

配布資料の工夫については,効果てきめんでした。学生の授業に対する姿勢が変わりました。まず出席するだけ,一夜漬けで試験勉強をし,良い点数を取るだけでは単位取得が難しいことがストレートに伝わります。そのため,ディスカッションに真剣に取り組み,発表についても質の高いものになってきていると感じています(この効果はレポートの工夫にも関係します)。

シラバスで説明することのうち,この科目で身につける力としては,「1) 働きかけ力」「2) 傾聴力」「3) 粘り強さ」「4) 一般常識」を挙げています[2]。

1) 働きかけ力 ディスカッションはグループで行うもので,決して一人でできるものではありません。また,専門的知識を勉強中の学生ですから,資料なしにディスカッションを行うことも困難です。グループのメンバーを巻き込み,誰がどういった資料を事前に集めてくるかを調整する必要があります。グループで発表する際には,講義時間内ですべてを完結させることはほぼ不可能です。その時には,空きコマや放課後の時間を利用して課題解決のために,グループで取り組む必要があります。まさに働きかけ力がなければ,グループ活動そのものが困難になります。

2) 傾聴力 以前,学生に「コミュニケーション力とは何か?」という問いかけをしたことがあります。学生から出てきた答えは,「知らない人と話ができる能力」「会話をし続けることができる力」や「人に話を聞かせる力」など,どちらかというと表面的な言葉上での会話(コンテンツ)に関するものが多くを占めていました。もちろん,間違っていないと思います。ただ,私の考えは異なります。私はコミュニケーション力とは「聴く力」だと考えています。「なぜそのような発言をしたのか」や「本当に言いたいことは何か」といったことを理解することは,相手の感情

---

[2] これらの能力について,学生と企業の間にギャップがあることをガイダンスのときに伝えています。ギャップについては,岡本ほか(2014)を参照してください。全国的な傾向については,経済産業省の調査(経済産業省,2010)に詳しく掲載されています。

や背景にある気持ちを無視しては困難であると考えています。自分自身で気がつけばすばらしいのですが，仲のよい友達とのみ接することが多いの大学生活では，なかなか気がつけないことでしょう。したがって，学生にもぜひ，これらのことを授業の中で体験し，意識してもらいたいと考えています。ディスカッションに参加しないメンバーがいたら，「あいつはやってこないから，何を言っても無駄だ」ではなく，「なぜそのような態度なのか」を考えながら，ディスカッションに参加してもらうように働きかけることができるようになることを目指します。

3）粘り強さ　2）と同じように，「粘り強さとは何か？」という問いかけをしたことがあります。最も多かった答えは，「諦めずにこつこつ頑張る」というものでした。たしかに時間が際限なくあるのであればそれでも構わないでしょう。しかし，社会では複数の仕事を限られた時間でこなしていかなければなりません。しかも結果が求められます。同じ質問に対してある会社の経営者は，「時間内で目標を達成するために，どうすればよいのかを，根気強く考えることができる力である」と答えられました。なるほど，これは講義形式の授業ばかり受けていては，学生が意識し，気づくことは難しいことだと思ったものです。「成績は試験だけで決まる。だから一夜漬けで大丈夫，とにかく試験期間中のみ耐えて勉強すればいいんだ」。学生がこのように考えていたとしたら，自ら考える機会も少ないことになります（私はこのタイプの大学生でした）。現在の形式に変更してからは，限られた時間で聴き手に伝わる報告をしなければならないし，聴き手であったとしても，私に理解できるようにグループの主張をレポートにまとめなければならないので「粘り強さ」が身につきます。

4）一般常識　これについては，「経済政策論」の授業を経て得られる知識だけでなく，教室内の立ち居振る舞いも含んでいます。室内では帽子をかぶらない，ディスカッション中にスマートフォンをいじらない，欠席をする際には報告する（課題があるため，連絡なしで休まれると対処できないため）などです。

他にも身につく能力はあると思いますが，あまり欲張りすぎると，学生の意識が薄れてしまうかもしれません。したがって，多くても五つくらいに抑えることがよいかもしれません。

これらは社会で働く際に非常に大切な能力です。私はこれらの能力については意識してこそ身につくと考えています。完全な講義の形式であれば，学生の意識はどうしても知識習得に偏りがちです。そうならないような仕掛け作り・工夫は非常に大切です。

(3) レポート内容の工夫

　授業内容について，グループワークを通して，さまざまな事柄を意識したとしても実際にどうであったのかをしっかり振り返らなければ，知識の定着は難しいと思います。授業を聴くだけではなく，「復習をしてこそ知識が定着する」という考え方は講義科目と同じです。そこで，「経済政策論」ではレポートの内容を工夫しました。「1) 授業について」「2) 今回のグループワーク・ディスカッション（・プレゼンテーション）の作業過程で得たこと，学んだこと」「(3) 課題に対するグループ内での結論・主張（発表グループは発表内容で興味深かったこと）」をレポートの内容にしています。

　1）授業について　　この項目は，学生がどの程度理解できているのかを，自身で把握してもらうことと私自身の授業に対する課題（何がわかりやすく，何がわかりにくかったのか）を浮き彫りにすることが目的です。学生は自分の理解度を確認するためと思ってか，私の予想以上にしっかりと書いてくれます。

　2）今回のグループワーク・ディスカッションの作業過程で得たこと，学んだこと　　この項目は，汎用的な能力を身につけるために何を意識したのか，何を実際に試みたのか，そしてその結果どうだったのか，次回はどうしたいのかといったことを「ふりかえる」ために設けた項目です。通常の講義のレポートでは，おそらくこのような項目はないことが多いと思います。自分のグループディスカッションの姿勢や発表を聞く，あるいは発表をしてどうだったのかをふりかえることで意識づけをし，さらに次につなげていく機会を設けました。この項目についても，もちろん採点対象です。うわべだけをふりかえっても私には伝わらないことは事前に伝えています。例えば，「メンバー全員が忙しく，会う時間をなかなか取れなかったので，LINE で連絡した」や「内容の濃い議論ができた」といったようなふりかえりです。したがって，多くの学生は自分がどうだったのかということを真剣に振り返っていることがレポートから伺えます。

　3）課題に対するグループ内での結論・主張　　最後は，知識の定着を意識した項目です。どんな議論だったのか，どんな理論に基づいた結論だったのかなどを再度ふりかえってもらう，場合によっては参考文献を読み直して，もう一度まとめるという作業までする学生も少なくありません。

　4）成績配分　　表 2-1 は成績配分を表しています。多くは平常点であり，期末試験で得られる点数は最大でも 40 点です（合格ラインは 60 点以上です）。すなわち，普段の授業に真剣に取り組まなければ，単位認定しない配点になっています。講義形

表 2-1　2015 年度の成績配分

	配　点
最終試験	40 点
報告基礎点	4 点
報告追加点	12 点
出席・態度	出席＝1 点，欠席＝0 点，遅刻＝0.2 点
内容のまとめ	1 点×3 回＝3 点
レポート	12 点×3 回＝36 点

式であれば，知識の習得が主な目標だと思いますから，このような配分にはならないと思います。しかし，通常の授業時における汎用的能力の取得を学生に強く意識してもらいたいと考えているのに，「期末試験で成績のすべてが決まります」では，意識づけすることは困難です。成績配分まで考えながら，授業全体をデザインする必要があるのではないでしょうか。

4　ルビコン川を渡り終えて

　現在の心境を語れば，授業内容・形式を勇気をもって大きく変更して心からよかったと思います。私自身の変化としては，授業が非常に楽しくなりました。一方的に教えているというよりも一緒に学んでいるという意識が強くなったからだと思います。今から考えると，本当は一方通行に教えるということが苦痛だったのかもしれません。自分ではわかりやすく教えているつもりで，資料も丁寧に詳細に作成しているつもりでした。だから，学生に授業内容を理解してもらえないと不満に思っていたのでしょう。しかし，よく考えてみれば，「週1回の講義で，初めて勉強する内容をその回の講義だけで，学生が完全に理解し，知識として定着する」と考えることに無理があります。このことに気がつくのに，ずいぶん時間がかかったような気がします。

　近年の大学教員の仕事は，大きく分けると授業・研究・学内行政・社会貢献といわれます。研究や社会貢献は仕事ですが，楽しく取り組めます。これに加え，授業まで楽しくなったのですから，仕事の大部分が楽しくなったことになります。まさに大改革さまさまです。

　もっとも，改革1年目に「経済政策論」を受講した学生については，まさに狐

につままれたような気持ちになったことでしょう。従来の講義とは大きく異なるし、なにより過去の受講生や先輩から聞いていた話とまったく違うと思ったはずです。当初はディスカッションの時間が長すぎたり、身につく力がそれほど明示されていなかったりしたため、学生にとってはかなり苦痛を伴う授業だったかもしれません。それでも、レポートには「ディスカッションがある授業はないので、新鮮だ」や「大人数の前でプレゼンテーションをする授業はこれまで受講したことがなかったので、良い経験になった」などのポジティブな感想を書いてくれた学生が多くいました。このような感想が、さらなる授業改善の原動力となりました。

今では長すぎるディスカッションを改善し、身につく力を明示し、教員の講義に対する思いを出すことにしています。そのためか、講義に出席する学生は増え（履修者約200名のうち、常時、おおよそ170-180名の学生が出席しています）、授業に真剣にのぞみ、本気で力をつけたいと望む学生の割合が増えてきていると感じます。事実、復習やディスカッションの時間で、講義内容についての質問や課題について私と学生とが議論をすることが増えました。また、レポートにおいて、学生自身の言葉で、メンバーに対する発言や態度、課題に対する取り組みを真摯にふりかえる内容が多くなったように感じます。このような学生の変容を目の当たりにでき、非常に嬉しく思います。

だからこそ、私自身ももっと学生の力になるために授業をよくしたいと強く思うようになりました。自然と、毎回の授業ごとに自分の立ち居ふるまいはどうだったか、講義の資料は適切だったかなどをふりかえるようになりました。そして半期ごとに授業全体のデザインはどうだったか、もっと学びを深められないかといったことを自然とふりかえることができています。非常によいサイクルができあがっていると感じています。

5　さらに歩みを進めるために

2012年度の改革は非常に大きなものでした。これまでの講義のみで、最終試験の点数がよければ、よい成績を獲得できるという方式からの変更は思った以上に勇気が必要でした。ふりかえってみると、グランドデザインを考える際にまず考えたことは「学生にどんな力を身につけてもらいたいか」でした。そこからは「ディスカッションを入れよう」とか、「せっかくだからその成果をみんなと共有しよう」など驚くほどアイデアが浮かんできました。

しかし，実際に大改革をしてみたものの，果たして本当に良かったのだろうかという不安は常につきまとっていました。その不安が払拭されたのが教育サロンです。2012年9月に第1回教育サロンが開催されました。そこで光栄にも話題提供者として呼んでいただき，今回の改革の話をさせてもらいました（第1章を参照してください）。いろいろな議論が起こり，よくも悪くも多くの感想をいただきましたが，多くの参加者にこの改革についてポジティブな反応をしていただきました。参加していた多くの教員が同じ悩みをもち，苦しんでいたことがわかりました。このとき，不安は完全に払拭されました。自分の考えていた方向性は間違っていなかったのだと気づいたのです。

　2012年度の改革以降，細部に至るまで全く同じように運営しているわけではありません。半期ごとに見直しをし，教育サロンで話題提供された先生の話を聞いてヒントにしたり，自分で振り返って次はこうしてみたいと考えたりしてアップデートしています。同じような悩みを共有でき，たくさんのヒントが得られる教育サロンで多くの仲間ができたことは，私自身にとって非常に大きな財産となりました。

　2012年度の改革当初の気持ちをいつまでも忘れずにいきたいと思います。もし忘れそうになったら「他者は自分の鏡」という言葉を思い出すことにしています。学生が楽しくなさそうだったり，学ぶことにつかれていそうだったりしたら，それは私自身の表情や態度が少なからず影響していると思うからです。これからも学生の学びのため，そして学びを深めるための工夫をさらに考え抜くためにも，このスタンスを持続し，さらなる改善をしていくつもりです。

【引用・参考文献】

岡本　隆・熊谷太郎・曽我亘由（2014）．「就職に係る大学生の能力についての企業と大学生の認識差」『愛媛経済論集』**34**(2), 1-8.

経済産業省［編］河合塾［制作・調査］（2010）．『社会人基礎力　育成の手引―日本の将来を託す若者を育てるために―教育の実践現場から』p.29.

03 職員として学生の学びにかかわる喜び

小山由美子

小山由美子：名古屋学院大学学生支援課課長
短大卒業後，1979年4月名古屋学院大学職員として就職。経理課，教務課，総務課，再び教務課を経て，2010年10月教育学習（支援）センター課長，2014年10月より現職。3男1女の母。数々の失敗を経て，現在があります。聖書を真剣に勉強中。優等生でなくても構わない。あきらめないで努力する人，素敵です。応援します！

1 大学職員になって

　子どもの頃の私は，本当は小学校か中学校の先生になりたかった，その思いはずいぶん長い間，私の将来像として心に焼きついていました。しかし，成長とともに現実を知り，自分を知り，一つひとつ取捨選択を繰り返しながら，将来，行くべき道を探すことになりました。当時，短期大学に通っていた私は，周囲の学生が次々に内定を得始めた頃，学校の掲示板で今の職場，大学職員の募集をみつけ，「そういう仕事があったのか」と飛びつきました。愛を説くキリスト教主義の大学であったし，給与も悪くない，夏休みもある。何せ自宅から近い（と思った）のです。

　仕事というと，朝早く，遠い街へ満員電車で出かけるイメージでしたが，私の場合は普通の人たちと逆方向に，空いている電車で通えます。しかもすぐ隣の町に行くだけという感覚です。職場から近いところに住んでいるということが，選考の上でも有利に働くのではないか，と調子のよいことを考えていました。

　当時の私は，成績を誇れませんでしたので，採用試験では地の利と素朴さ（？）

図3-1 建学の精神「敬神愛人」が刻まれた石
大学創立50周年記念行事の際,瀬戸キャンパスから掘り出された石。
二つに分けられ,瀬戸と名古屋の両キャンパスに据えられています。

をアピールしました。小論文（作文？）のテーマは,「大学職員の役割」だったでしょうか……。私は「縁の下の力持ち」をキーワードにして述べたと思います。

大勢の志望者の中,よく採用いただけたと,本当にありがたく思っています。やはり私は運がよかったのです,きっと。神様の導きと思って——職場を愛し,仲間を愛し,学生を愛し,もちろん先生も——一所懸命に働くつもりでした。そして,楽しんで働きました。

とはいうものの,大学職員になりたて当時の私は「一所懸命働いていたつもり」ではありましたが,今振り返ると,はずかしいくらいに子どもで,能天気でした。指示されたことをきちんとするのが,私の役目で,考えるのは上司の役目だと考えていました——「未熟者はでしゃばらない」と。そのくせ,小さなことに悩んだり,不満をこぼしたりしていました。しばらくして,結婚し,子育てを経て,やっと少しは他人を気遣う大人になれたのではないかと思います。

部署は経理課,教務課,総務課,そして再び教務課へ——学生とかかわる部署は学生課だと思っていましたので,最初は学生課を希望していました。ただ,自分には不向きと思っていた経理の仕事は,こつこつとした作業が多く楽しめましたし,大学の動きもみえました。総務課ではともに働くみなさんのためと,地味なお仕事も大事にしました。どんなことにも楽しみをみつけられるのは私の特技かもしれません。

教務課に対しては,授業や試験に関連する種々の事務処理,教員の補助,管理部署的なイメージをもっていましたが,実際に業務についてみると,学生に接することも多く,教員をリードしなければならないこともあるとわかってきました。業務

内容は，徐々に難しくなっていきましたが，それでもやりがいをもって取り組むうちに，大好きになりました（周囲にはずいぶん迷惑をかけたこともありましたから，大いに反省していますが）。

　教務課の仕事は規程に則っていることがほとんどですが，規律あるなかで，例外・特例をどう処理するか，熟練度が試されます。判断に迷うときは課長の判断を仰ぎます。その事例を記憶しつつ，「なぜ，課長はそうしたのか」を考えます。規則の型だけに捉われず，何のための規則なのか，事柄の本質を考えるようにしました。なぜなら，人の決める規則は，状況によって変化しますから，何が大事かを考えることが大切なのだと感じたのです。仕事のやり方も，先輩から手順を引き継ぐだけでなく，なぜ，その作業をするのか，考えるようにしました。もちろん，このような働き方が，最初からできたわけではありません。年を経て少しずつ判断できるようになるのです。

　そして，後輩に仕事のやり方を伝える際には，できる限り丁寧に，その仕事の先は何につながるのか，なぜこの作業をするのか，この規則がなぜあるのかなどを説明するように努めました。相談は必要ですが，もっとよいやり方があれば変えてもよいと教えました。

　長く勤めれば，それなりに仕事を通してみえてくることもあり，考えるようにもなります。年齢もいつの間にか「大人」の年齢になり，少し視野が広くなり，「自分がどうあるべきか」という問題から，「大学はどうあるべきか，そのなかで自分は何ができるか」をやっと考えることができるようになっていきました。

　その間に，穏やかな時代にも少しずつ変化がみられ，少子化や大学設置基準の大綱化によって，大学の様子にも変化がみられるようになりました。大勢いた受験生たちが徐々に減ってゆき，学部が増え，カリキュラムが変わり，組織も変わり，学生たちの様子も変わっていきました。

　学生たちが徐々に手のかかるようになっていったのか，それとも，手をかけてしまうようになっていったのかわかりません。しかし，きめ細かな指導や，個々に目をむけ大切にとやっているうちに，業務も変化し，忙しくなりました。作業効率を求めたシステム化も，しばらくは手間と時間がかかり，かえって複雑になったように感じながら，急激な変化にもやっとの思いでついて行きました。

　今では授業も学生支援も，さらに進んだICTを使ってなされています。いつの間にか，一人１台の事務用PC，学内ネットワーク，事務用ネットワークを使いこなし，電話よりも，記録の残るメールでのやり取りが増えてきました。

2 教育学習センターの業務

2-1　教育学習センターの設置

　現在，経済問題，修学意欲の低下，学力の低下などを要因とする，離籍者の増加が，大学における問題の一つとしてよく取り上げられています。経済問題はともかく，意欲・学力の点では，合格させた以上責任をもってステップアップをしてもらいたいものです（学生本人は何を望んでいるのかが見えにくい時代ではありますが……）。もちろん，これは大学を挙げての取組となります。

　名古屋学院大学でも 2010 年 4 月に「学生支援センター」が設置され，修学状況不良の学生には，メールや電話で状況確認し，励まし，出席を促すことが業務となりました。また，授業以外にも学生の居場所がみつかるようにと，クラブ・サークル・イベントなど，さまざまなプランを提供し，よろず相談も受けています。

　私は当時，長く教務課員として勤務していましたから，学修状況のかんばしくない学生に関わることも多く，無事に卒業を見届けられることもあれば，残念ながら，力及ばず，独り心を痛めることもありました。ですから，この学生支援センターが設置されると聞こえてきた時には，ぜひ，その業務につきたいと勝手に名乗りをあげていました。

　残念ながら，その任を受けることはできませんでしたが，その半年後の 10 月には，似て非なる「教育学習（支援）センター」が立ち上げられ，私はその初代課長の任をあずかることになりました[1]。教育学習（支援）センターの業務には，入学前教育，基礎教育，学習相談，FD 活動，学部等の教育活動支援に関することが列挙されていました[2]。

　私は，学生支援を業務としたいと思う反面，教務課の業務を通して先生方のご苦労も目にしてきていますので，教育学習センターならば，先生方と一緒になっていろいろな課題に取り組める，また，学習面での学生サポートもできる，と一気に夢を膨らませてしまったのでした。単純にも……。

---

1) この 1 年後の 2011 年 10 月には，名称が長いことと，学生支援センターとの区別がつきにくいということから「支援」の文字が削除されました。
2) 聞くところによると，教育学習（支援）センター設置の目的には，学生支援・教員支援・教務課における超過勤務の削減など，さまざまな思惑が重なっていたようです。

2-2 課長として最初の難題をうける

さっそく，ある教養科目の先生から，授業外に学生に行わせる課題の配付と進行状況の確認を依頼され，その依頼を受けるべきかどうかが早々の悩みとなりました。スタッフは自分と派遣職員1名，もう半年後には，任期制職員1名が増員されることにはなっていましたが，組織としては脆弱です。そのリソースで1000人ほどの1年生全員を相手にする業務をこなすことができるのか。一つの科目だけについての事案を受けてしまったら，他の科目における個別の依頼を次から次へと受けなければならなくなるでしょう。また，これは「教育活動支援」なのだろうか。そのように思い悩みながらも，上司である教務部長と検討の末，この依頼を受けることになりましたが，やってみるとやはり手間がかかるとともに，教育上望ましくない状況が出てきました。というのも，先生からの授業中の指示を理解できていないままセンターにやってきて，何をどうすればよいかと尋ねる学生に逐一説明をしなければならなかった（先生から，センターに行けば教えてくれると言われた，という学生もいました）ことに加え，課題を行う際にも手抜き，いんちきが横行したからです。

これではせっかくの課題も意味が薄れてしまいますし，「ズルをしても見過ごしてもらえる。大学ってそういうところ」と学生に思われてしまうかもしれない。スタッフの側も，手間ひまをかけて説明するだけ無駄にも思え，そのストレスはかなりのものでした。この状況をみられた他の先生から「これは授業担当者が責任をもって行うべきものではないか。なぜ，事務局に任せているのか」と批判的な声もあがり，引き受けてはいけないことだったのかしら，と心配になってしまいました。

この状況に対して，私は引き受けたことに対して自分なりの理由づけを再確認しました。同時に気がついた問題点を改善すべく，逐次科目の担当教員に報告し，検討を依頼しました。ここには他のスタッフからの意見も反映させました。そして，その改善策として，必ずセンターの室内で（スタッフの目の届くところで）課題を行わせることとしましたが，毎日，一日中ひっきりなしにこの科目の1年生が部屋を訪れ，小テストの実施・自己採点・訂正・報告をしていくことになったので，よけいに時間を取られることになりました。

他方，そのぶんよかった面もあり，規律を守る姿勢，まじめに取り組む意義を学生に説く機会を得ました。また，1年生のほとんど全員が繰り返し通ってくるので，元気のない子，やんちゃな子，心配な子，それぞれの様子に気づくことができ，少し余分に会話することで，関係をつくる機会にもなりました。

そのなかには，甘えた態度や物言いの学生もいます。教員とは異なり，直接成績

には影響しない事務スタッフには，気を許すのかもしれません。または，高校までは，先生ともフレンドリーにやり取りをしていたのかもしれません。そのような学生には，大学生としてあるべき態度を示しつつ，けっこう面倒をみます。1年生にはしつけのような指導も必要に思われます。それを聞いてもらうためには親密さや信頼を得なければなりませんので，苦労はありますが，大学のなかにあって私たちは家族，父，母，姉や兄のつもりで接します——チャンスは学生がその科目を履修している半年間だけですが。

そんな小さな機会でも新入生にとって，事務局に顔なじみができることが，その学生たちにとって大学への一つの寄る辺になればうれしいと思います。そして，それが安心感となり，行動が広がり，帰属意識が膨らんでいきますようにとの願いをこめて，一人ひとりに声をかけるよう心がけました。

半年の履修期間が終わると，ほとんどの学生は，もう部屋を訪れることもなくなるのですが，学部の行事などの際に声をかけてくれたり，廊下で見かければ互いに「お，元気？ しっかりやってる？」と声を掛けたりしながら，卒業まで密かな応援が続くわけです。

2-3 成果発表会を通して学生の学びの姿を知る

教育学習センターは，学部の行事や教育イベントの支援もしています。なかでも大きなものは研究発表会です。もともとは経済学部の卒業研究発表会が最初ですが，いまでは全ての学部で発表会や報告会が行われるようになりました。

例えば，経済学部の卒業研究発表会では，まず学内審査を3-4日かけて実施し，審査の結果，上位6組（たいていは個人発表）ほどが，公開審査会として，講堂の壇上で発表します。応募する学生にとっては，本当に貴重な，価値の高い経験です。発表用のパワーポイント作成は凝りだせば限りなく時間がかかります。発表用の原稿も作成します。パフォーマンス自体も評価の対象ですから，原稿を読むだけではよい評価は得られません。弁論大会のような説得力が求められます。したがって，かなりの準備時間・練習とそれに見合うやる気が必要です。本音をいえば，みな出場したくはないのではないでしょうか。ですが，これは4年間の大学での学びを全て総合的に発揮する場です。先生も年々真剣に指導されるようになっています。

リハビリテーション学部では，4年生ほぼ全員が発表します。学会発表さながらに形ができ上がっていて，見事です。商学部では，3年生によるゼミ対抗の研究発表会があります。中間発表会のあと，しばらく修正期間をあけて，本大会は朝から

予選会，午後には本選と，厳しい戦いが繰り広げられます。

　研究発表はグループで行います。会場設営，運営も学生が行います。発表グループ以外は，他グループの発表に対し，質問ができたかどうか，その態度や内容も評価の対象になりますので，質疑なく終わる発表はありません。するどい質問が次から次へとなげかけられます。そばで見ていてつらくなるほどです。

　中間発表会で，他グループからの質問や指摘にきたえられた学生たちは，そのとき対応できなかったところを，本大会までに調整し直すため，本大会での発表は見違えます。前日の夜遅くまで，教室で練習しているチームも少なくありません。名古屋学院大学では，長らく情報処理教育に力を入れていますので，どの発表会でもパワーポイントを駆使した発表ですが，どれも見事に作りこまれていて，その成果を感じられます。

　その他に学部で主催する講演会やセミナーなどもありますが，教育学習（支援）センターでは，その準備や，SA 学生の手配，発表者との連絡・打合せなどさまざまな支援を行っています。ポスターや案内，写真撮影，学内報告，HP 掲載など，最初から最後まで関わります。関係の予算の執行もあり，「何でも屋さん」です。少人数ですので大忙しですが，有能なスタッフに支えられています。

2-4　教育学習センターが担う課題は

　名古屋学院大学では近年，学部学科を増設してきました。それにつれ，当然それぞれに学部の特色を明確に出すために，各学部のカリキュラムを充実させ，結実させることがもっとも重要な課題となっていきました。もちろんそれが重要なのは疑いようもありませんが，「各学部だけでよいのか，全学的な考え方が薄らいでいないか」と私はずっと疑問を抱えていました。「全学に必要なことをセンターでは扱わねばならないのではないか。そのことを建学の精神に則って」と考えると，課題はさらに途方もなく大きく感じられます。

　また，入学生の学力低下に対応した入学前教育・基礎教育についても，いまだに本質には，手つかずです。これまであったことをそのまま引継ぎながら，そのなかで感じた点を改善提案しようと思いながらも，次々訪れる業務を裁いていくことでやっとの日々です。

　さらに，名古屋学院大学は文科省の動向に敏感で，その意向に沿う方針を立てていますので，新しい課題が次々と課せられ，また 2014 年度大学全体で取り組み始めた中長期計画として提案された多くのプランを受け，その意図を汲みつつ，行動計画に則って検討しなければなりません。

ゆるゆるとしてはおれなくなりました。事務局のみで進められないことがほとんどですから、とにかく、しかるべき検討のテーブルに乗せないと、とりあえず案を考えないと——神様、どうぞ、私を助けてください、と祈ります。

コラム① 学生と接していて思うこと

ふだん学生と接していると、目標をもつことができない、そんな学生が多いように感じます。中学、高校では、与えられた課題を学習して覚えて、点数で評価されてきた、それに素直に従うだけだった、その受身姿勢のまま学生になったのでしょうか——とにかく大学に来れば、何か楽しいことを提供してくれる、と思っている学生もいます。でも大学では、自分で考え、選択し、行動しなければなりません。何から取りかかればよいのかは、すぐにはわからないかもしれません。

あるいは、自分に自信のない学生もいます。勉強に対して熱心に取り組んで来なかった（取り組めなかった）と自分自身で承知している人もいます。それなら、これから取りかかりましょう。あきらめずに、やればきっと何とかなる[3]。しかし、「いつやる気になるのか」「どうすればやる気がでるのか」が問題です。

どこかで読んだ「指導者の期待はこどもの力を伸ばす」という言葉は大学生にも同じことがいえます。最近では『学年ビリのギャルが1年で偏差値を40上げて慶應大学に現役合格した話』（坪田、2013）[4]の例もありますから、そんな気持ちで支援したいと思っています。

複数の先生から、実際に過去にあった学生たちの事例をうかがっています。学生の目の色が変わる時に立ち会えたなら、感動でしょうね。「先生次第で学生は伸びます。大いに期待しましょう、やる気にさせましょう」と私は先生を励ます役に——そして、先生の手からこぼれそうな学生をなんとか引きとどめたい。やればできると気づいてほしい。

たいていの先生方は当然ご承知で、懸命な努力を注いでくださっているのですが、時々学生から「先生は学生を馬鹿にしている」と言う声を聞くと心が痛みます。もっとも、これは学生の話を聞いただけですから、必ずしも真実とはいえません。教員の期待を込めた叱咤激励の言葉を受け止めきれずに、被害妄想的に「馬鹿にされた」「嫌われている」などと思い込む場合もあるからです。

コミュニケーションとはそういうものです。発した言葉はどうしても受け手の解釈次第ですから、仕方がありません。でも気持ちが届かないならば期待する効果は望めません。残念なことにならないように、先生方もご注意ください。

また、自己の努力不足を棚上げにして、「教育者としての姿勢」、「学生としての権利」を極端に主張する学生も見受けられます。残念です。学生のほうが、圧倒的に若く未熟なのですから、できないことは素直に認めて、謙虚になってほしいと思います。伸び代があるのだから。

一方で、先生方にも「教育者としての姿勢」を揶揄されるような態度はとってほしくないと、やはり私は思います。「先生」には大きな人格者であってほしい。決して学生に甘くしろというのではありません。きちんときびしく接する優しさです。

聖書は誰もが創造主の前で謙遜である必要を述べています。ヨハネの福音書によれば、御子イエスは杭にかけられる前夜の、最後の晩餐の際、謙遜さと愛を教えるために弟子たちの足を洗って自ら手本を示されました[5]。

職員は、学生にも教員にもそんな願いを双方に対して言えないといけません。ですから、自分も精錬が必要です。果たしてよいお手本を行動で示せるでしょうか。

3 教育サロンとのかかわり

3-1 出会い

そのような折に，名古屋学院大学でも一部の学部で採用している『自己の探求』を扱うラーニングバリュー社の加藤久さんから「教育サロン」のお誘いを頂戴したのでした。最初は，それは先生方の集まりの場なのではないかと遠慮したのですが，加藤さんのたぐいまれな営業力（？）や，先生方からの後押しもあって，参加してみることにしました。

その回は小規模な集まりでしたが，話題提供で話された本田直也先生（大手前大学）の実践は素晴らしいものでした。その報告から，学生がプレゼンテーションに繰り返し取り組むことで鍛えられていくそのプロセスがはっきり感じ取れました。

先生は，ルーブリックを用いて，学生全員をご自身で評価されており，たいへんなご苦労と，熱意に留まらない信念のようなものを感じました。

その後，教育サロンに携わる中核の先生方が集まって今後の活動方針を検討する合宿があるので参加しませんかと，加藤さんから再びのお誘いを受けました。「私が？」と思いましたが，他大学の先生方のお考えや，教育サロンという集まりへの興味から，こわごわとですが参加してみることにしました。

参加の先生方は，北は北海道，南は九州から集まって来られ，なんと広範囲なつながりかと，学会というものに所属していない私には驚きでした。先生方は，皆さん立派な，立場のある方々とお見受けし，何でこの場に自分がいるのかと萎縮しましたが，プログラムが進むにつれ，だんだんとずうずうしくなれるところはやはり「年の功」でしょうか（功と言ってよいのやら？）。自らの職務に関するヒントや元気をいただいた楽しい会でした。貴重な資料や書籍も頂戴しました。

会を重ねるにつれ，顔なじみの方が増えるのは単純にうれしいことです。チャーミングで茶目っ気のある先生や，ほんわりと暖かく，うんうんと受け止めてくださる先生もいらっしゃれば，とてもまじめそうな先生，一見気難しそうな先生もいら

3）名古屋学院大学の名前を略称にすると「NGU」ですが，これを教育学習（支援）センターでは，「ネバー・ギブ・アップ」の頭文字と重ねて，キャッチフレーズにしました。
4）通称「ビリギャル」。30万部を超えるベストセラーとなっています。
5）客の足を洗うことは，手厚いもてなしを示す肝要な行いで，もともとは家長の役割だったようですが，ひざをついて身をかがめる骨の折れる仕事のため，この時代には奴隷が行っていました。イエスは自ら身をかがめて弟子に奉仕されたのです。

っしゃいましたが，それぞれの意見・発言が全て受け止められ，さらに深い話し合いへと導かれていく様子を目の当たりにすると，ただ，「すごいなぁ」と感動します。

　そんなサロンをこれからどうしていくか。理想としては，「各自，自大学に戻って，同様の活動ができれば最高！」だと思いますが，実際には，なかなか難しそうです。わざわざ別々にせずとも，どこからでも誰でも自由に集まれるのだから，「ここに誘えばいいんじゃないの？」と──それもそうですね，疲れた心を元気にする場として。ここ居心地いいですもんね。言いたいことが言えますもんね。飲み会もできますもんね……あっ，言い過ぎました。せっかくですから，本当にいろいろな方が参加されて，専門分野の違いや考え方の違いから，驚くようなアイデアが出てくるようになれば，素敵です。

　書籍としてサロンの成果を本書にまとめることになり，私もこんな文章を書くはめに……。こんな人でも参加できるなら気が楽か……と職員のみなさんに思っていただければ幸いです。うれしいことに，最近のサロンには職員さんの参加も少しずつ増えてきているようです。ひとまずは，ぜひ，教育サロンへ。そして，それぞれの大学でもこのような集いを展開できればとても素敵です。

3-2　エピソード

　教育サロンでは，私にとってたくさんの印象的なエピソードがありました。合宿で教育サロンの今後について小グループに分かれて話し合った時のことです。そのとき話し合った内容は，早々に広報の手法を考えたグループや現実的な開催方法，検討すべきテーマを上げられたグループなど，それぞれで，まるで役割分担したかのようでした。そんななか，基本的な姿勢を明確に，今一度振り返ろうとされたのが，会の発起人である池田輝政先生（当時名城大学，現在は追手門学院大学）が参加されたグループでした。そこから，教育サロンの「5つの約束」が生まれました。頭も気持ちも緩やかで穏やかにする，安心の場であることの証明です。

　翌年の合宿におけるグループディスカッションでは，私が参加したグループにもう一人の発起人である山口住夫先生（福岡大学）と会場校（大東文化大学）の岡本信広先生がいらっしゃいました。ここでは，二つの興味深い言葉をうかがいました。「フリーライダー」と「ばらばら」です。どちらも自由気ままに来たり去ったり，乗っかったりするイメージで，自分勝手でまとまりのない状況を表す言葉です。普通はネガティブな意味の言葉ですが，教育サロンのメンバーは見方がちょっと違います。

「みながフリーライダーでいいじゃない。いろんな事例が示されたら，自分がこれと思うものはどんどん利用すれば。提供したい人は提供する。利用したい人は利用する。みなが自由に。オールフリーライダーで行こう。参加登録もいらないね」と岡本先生がおっしゃると，山口先生がうんうんとうなずかれていました。「なんと寛大な，そんなゆるくていいの……？」そう思いますが，それでよいというお話でした。この情報交換は，教育サロンのフェイスブックではもうすでに始まっているのでご覧になられた方もあるかもしれません。今後，さらに「授業レシピ」なる新たな情報提供が予定されているようです。

とはいえ，サロンの先生方は熱血なので，クールなフリーライダーではありません。だからこそ，会は続いているのでしょう。「責任感？」というより，むしろ素直にやりたがりなのかもしれません。そしてまた，「ばらばらでも良いものがいっぱいあれば，それらが集まったときにはすごいパワーを発揮するじゃない。集めればいいでしょ」という山口先生推奨の「ドラゴンボール効果」も私のお気に入りです。「自分の大学にも，あちこちにドラゴンボールが散らばって落ちたままになっているのかも。もったいない，集めなきゃ」とすぐに心が反応しました。現在，教育学習センターの業務として，微力ながらも着実に，「ドラゴンボール」の収集作業を進めています。学部の教育イベントなどに取材に出かけ，学内に報告し，名古屋学院大学のホームページ[6]に掲載しています。また，先生方にインタビューしたり，授業を見学したりして，記事にまとめ，こちらはブログ[7]で公表しています。学生にも先生方にも，なかなか好評のようです。有能なスタッフに感謝しています。

4 FD は隠さないことから

2014 年度本学で行った FD 研修にお招きした，九州大学基幹教育院教育企画開発部准教授の田中岳先生が，「FD の D はデベロップメント，古いフランス語 des-veloper から来ていて，des（離れて）＋ veloper（包む）＝包みを解く，すなわち包み隠さないことから始まるのですよ」とおっしゃったときに，「そうだ，やっぱり知る，知らせるって，大切なことなのだ」と大いに納得しました。

先生方，ご自分のなさっているちょっとしたアイデア，工夫を他の先生にも話し

---

6) 名古屋学院大学〈http://www.ngu.jp/〉
7) 名古屋学院大学『教育学習センターブログ』〈http://blog.ngu.ac.jp/kgakusyu/〉

てみてください，ケチらずに。お隣の先生にはとっても大きなヒントに，ひらめきになるかもしれません。受けるより与える方が幸せ（使徒20章35節）とは，みなさんもよくご存知の聖書の教えです。ご自分の困っていることを誰かにさらっと打ち明けると，案外さらりと解決策が見つかるかもしれません。大切なのは「話そう」「聞こう」「一緒に考えよう」という姿勢ではないでしょうか。

　実際に教育者として，その場に立たれるのは先生方ですが，組織としてそれを理解すべきなのは職員も同じです。役割は異なっていますが，同じ理念をもって行動したいと思いますし，第三者として学生に助言するときにもいきてきます。

　職員の目からみえるものを先生にお伝えすると，また違う発見もあるかもしれません。学生の意見はなおさら，反対側の当事者ですから，参考にすべきでしょう。広い気持ちで意見交換をするなかでアイデアが出てくれば，互いのよいところに気づくでしょうし，頼もしい仲間や大事な存在に思えます。学生も同じではないでしょうか。よいものを知れば自然と話したくなり，勧めたくなります。そうして他の人もよいものに触れる機会が増えるかもしれません。自分の大学はなんと素敵な大学であったかと，内緒にせずに，オープンにして語り合いましょう。

　FDというと，「授業改善」とまずイメージします。それなら個々が努力すればいい，とか，自分のだめなところを論われて改善せよと攻められる個人攻撃ではないかと警戒される先生方が，まだいらっしゃいます。

　もちろん，授業については各々の責任において努力していただくとしても，現状

コラム②　FDや教員サポートについての思い

　教育学習（支援）センター設置時に期待された事柄の中には，学部事務室的な教育支援もありました。やはり教員だけでは難しいこともあるに違いありません。

　私たち職員はどのように教員をサポートすべきなのでしょうか。私としては，先生方には授業・行事・教育活動を通して，とにかく学生に向き合うことを考えていただきたいと思っています。そのためのFDではないでしょうか。そのための土壌・土台作り，情報提供・共有において，職員は協力を惜しみません。

　このようにいうのは簡単ですが，そのような協力ができるようになるためには，まずは自分自身が成長し，信頼を得なければなりません。先生方のご苦労を理解できているのか，問題を見極め，有効策を提案できるのか，と思うとなんだか自信はありません。FDの状況は他大学でも同じだと，よく聞きはするけれど実際はどうなのでしょうか。まずは本学の先生方がどんなことを考えていらっしゃるのを知るために，本音で話し合い，共有し合うワークショップを開いてみてはどうでしょうか。私の思いを先生方に伝えてはいるけれど，FD委員会や全学教務委員会などの教員主体の会議ではなかなかその点での進展をみることができません……。先生方も，次々と投げかけられる新しい名称の課題に，アップアップなのではありませんか？

確認や，今後の方向性などについて，意見を交換しあうのも FD だと私は思うのです。学生の学びが目標に達することができるようにみんなで策を練らねば，ということではないでしょうか。

このように考えてみると，FD とは教員だけの問題ではなくなります。職員も学生も一緒に検討する場でよいかもしれません。そうすると，安心して意見を言える，話し合える場にするというのは本当に大事なことではないでしょうか。心を開いて話すからこそ，発見や発展があるのです。改善への一歩は話し合いです。大事なことをしっかりと話し合いたいと思います。聖書にも，話し合いのないところには計画の挫折があり，助言者の多いところには達成があると記されています（箴言 15 章 22 節）。

5 知るとはかかわること

先にも少し述べましたが，教育学習センターでは，学部の教育イベントにもできる限り取材に出かけ，周知することにしています。そのためには知らせる私たちがしっかり知って，伝えたいポイントを言葉にしたいと思っています。

ところで，教育イベントの事務局としてのかかわり方についても思うところがあります。先生方は往々にして事務局がかかわると安心してさまざまなことを依頼されます。場合によっては，時間ぎりぎりに現場に到着され，「何すればいい？」と言われることもあるのです。でも，それは事務局が手を出しすぎるせいかもしれません。先にも述べたように知れば知るほど熱が入り，かかわりも深くなっていきます。逆に他の人が行っていることに，自分のかかわりがあまりなければ気持ちも入らなくなっていくでしょう。これは至極当然のことです。

しかし，どちらがより楽しめるでしょうか。先生を煩わせまいと，事務局が頑張れば頑張るほど，先回りして整えれば整えるほど，頼りにされるかもしれませんが，それで本当によいのでしょうか。そのことによって，本当は学生と先生で苦労しつつも楽しむべき部分を味気なくしてしまっていることはないでしょうか。学生の前で，先生の活躍を見せる場面をなくしてしまっているのではないでしょうか。

学生に，「先生は何もしないし，できもしない」と思わせてはいけません。そうなると先生はお手本ですから，学生もなにもしなくなり，できなくなります。もしくは，学生が行動して，先生に褒めていただける（注意を受ける場合があったとしても，それはそれでいい！）場面にしないといけません。実際，若手の先生にお任せすると，じつに見事に行われます。「先生，カッコイイ」となります。学生もキビキビ

と，自分で考えて動くようになります。そのためには，早め早めに事務局と先生が打合せをします。綿密に，また念押しも必要ですが，それをすると，本当に心から結果を喜べますし，感謝できます。

　もちろん，先生の手の回らないところは事務局が準備します。要は他人事にしないことです。できれば，学生も一緒に準備からかかわらせるとすばらしい。苦あれば楽ありですから，全てを分かちあいましょう。これは，現代の世の中の状況と似ているように思います。「便利」や「手軽」には要注意です。代わりに失っているものがきっとあるに違いありません。苦労してこそ手に入るものが「たからもの」になるのです。聖書には，「人はみな……そのすべての骨折りによってよいことを見るべき……それは神の賜物だからである」とあります（伝道の書3章13節）。

　その場に行ってこそみえるもの，やってみてこそ気づくことがあります。大学は，学生が学ぶところですから，何でも学びの糧にしてほしいと思うのです。先輩から後輩へと伝われば最高です。決して自分が楽をしようとしているわけではありません。一緒に働きましょう，一緒に。

　また，同時に学生のみなさんには，「先生が応援してくださった，叱ってくださったおかげ！」という思いもたくさん味わってほしいと思いますね。先生や学生のみなさんが表舞台で活躍するための準備では，職員も一緒に働けばいいわけです。頑張っている先生のためなら，私たちも，きっといつもより余計に気合が入ると思います。学生の少しの成長を喜び，見守ることを楽しみましょう。子育てと同じです！

6　学生支援課として再出発

　名古屋学院大学は2014年度で開学50周年を迎えました。これを記念して不足しがちな教室を補うため，狭い敷地内を何とか融通して，新棟を建てることになりました。そして，その1階部分に，別々の場所にあった学生支援センターと教育学習センターが同居することになっていました。

　学生部・教務部のサービス部門が同居し，学生にとっては「なんでも相談所」という感じです。実際の業務はそれぞれ違う方向を向いているようにも思え，利用する学生の層もちょっと異なるのかな……と心配しながらも準備が進むなか，最終的に，「学生支援課」として一つの課に統合されることが伝えられました。

　これは小規模ですが，組織の改変です。同時に「教職センター」が設立されまし

た。教職センターの業務は，対象も内容も明確です。しかし，学生支援課の名称からは教育学習センターのこれまでの業務が感じられないのではないでしょうか。

一つの課ですから課長も1名です。「うわー，私が異動か？ ちゃんとやり切れないままに終わったな……」。残念ではありますが，覚悟を決めようと思いました。「スタッフのみなさん，ごめんね」と思っていたところ，正式な発表で，その学生支援課長を任じられたのは私でした。人事に関してはいろいろたいへんだったようですが，とりあえず，私としては，まだやり残しの課題を手がける猶予をいただけたわけです。かつて望んだ学生支援センターの仕事もできます。でも，何か，こう，あまり素直に喜べない複雑な気持ちも……。

学生支援課は事務組織上の名称で，今のところ業務は変わらず学生支援センターと教育学習センター双方の業務をそのまま分掌します。学生には2枚看板で表示，課長は一人。おまけに，旧学生支援センタースタッフは全員（といっても，課長と課員1名の2名でしたが）配置換えです。人員削減された1名分は派遣職員を当てることになりましたが，おかげさまでとても素敵なスタッフを得ることができました。神様は見捨てられませんでした。感謝しています。

しかしながら，時期も時期，異動は10月，お引越しは2月末，教育学習センターは1年の中でも集中して忙しくなる時です。業務はそれぞれの期日に間に合うのかを考えるだけで，いえ，今ふりかえっても，冷や汗，脂汗，交互に流れます。スタッフにも先生方にも，学生にも謝りっぱなしでした。

そのように，いろいろありましたが，現在は，めでたく新棟の，その名も「希館（のぞみ）」に収まっています。1階はガラス張りで，天井が高く，広々としています。スタッフも無事に全員集合でき，業務は徐々に進みつつあります。

でも課題はますます増えてしまいました……。2015年4月から，大学の学部が二つ増えました。大学の進展としては喜ばしいことですが，それに伴い行事も用事も予算管理も増えます。教員の人数も増えています。今，学生支援課（教育学習センター・学生支援センター）には，毎日多くの学生が訪れます。学生支援センターには「S-プラッツ」という愛称があります。その名のとおり，いろいろな"Sさん"が行き交うところになっています。サークルを立ち上げたい学生さん，アルバイトを探している学生さん，SAさん，学生支援課の活動をボランティアで助けてくれる学生サポーターさん，相談したい学生さん，呼び出されてくる学生さん，元気な学生さんも，サボりたい学生さんも，熱のある学生さんも。職員さんも（息抜きに？）先生もたくさん出入りされます。

教育学習センター業務は，これまでの業務を整理しながら，少し形ができてきましたが，まだ手付かずのものがあり，入学前教育や基礎教育に関する大きな課題を抱えています。学業において学力・意欲はともに重要ですが，意欲がなければ学力はつきません。大学入学は気持ちを切り替えるチャンスですから，好機を逃さぬような取り組みを考えたいと思います。FDにもさらに力をいれていきたいと思っています。アクティブラーニング，COC，PBL，ルーブリックなど，テーマには事欠きません。学生支援課となったことで，学生とのかかわりの幅が広がりました。学生生活をそれぞれが楽しめるように，学生と向き合うようにしています。理想は学生による学生支援，自発的な学びの応援です。

　先日，入学前教育に関わる業者さんと話すなかで，貴重なヒントをいただきました。今の中高生は，何か明確な目的のために勉強するので，周辺の事情や情報は不要なものと思ってしまう。広い知識や情報を，いつか，どこかで役立つだろうと，学び貯めておこうという気持ちにならないのだそうです。「これって何の役に立つの？」と質問するわけです。何を見ても聞いても意識がなければ情報（知識）は定着しないのですが。

　いつどこで役に立つかわからないけれど，基本的な知識や情報を積極的につかみ取る学生になってほしい。自分に足りないもの，自分に必要なものに気づき，自ら行動できる学生になってほしい。また，必要な情報か否かを適切に見極められる学生になってほしい。いろんなことにアンテナを張っていてほしい。

　そんな刺激を学生に与える役割を，職員は先生方とともに担えるでしょうか。大人としてお手本を見せつつ，学生としっかり向き合っていきたいと思います。

図 3-2　学生支援課（教育学習センター・学生支援センター）
気軽に入れるように入り口はいつも開けておきます

学生を信じて我慢して見守ることが一番難しいことと思いますが，是非，楽しんでそうしたいと思います。"NGU"は"ネバー・ギブ・アップ"の精神ですから。

7　おわりに

　少子化が進み，ユニバーサル化した大学の諸問題が焦点化されて久しくなります。スピードは違っていても，各大学で対策を進められていることでしょう。名古屋学院大学も例外ではなく，矢継ぎ早に提案される新たな対策に追われることとなっていますが，いまだに根本的な解決には至っていません。このようなときには策を誤らないように注意することが必要です。大学は大学であるべく学びの真髄を忘れてはいけません。学びの方法は時代により変化があるかもしれませんが，その姿勢は変わるべきではないでしょう。学びたい学生がしっかりと自発的に学べるように，環境や条件の工夫，過度に甘えさせない支援が必要です。

　しかしながら，実際には，学びたいけれども，十二分の支援が必要な学生や，本人の意思ではなく，周囲の期待や願いによって入学した学生もいることに留意しなければなりません。入学させる以上はそれらの学生にも向き合う覚悟が必要だと思いますので，関係者は方針をしっかり認識していなければなりません。学びは点数で評価できるものだけではないと，私は考えています。このキャンパスにいれば，どの学生にとっても，何かしら刺激があり，気づきがあり，成長がある，そんな大学でありたい，そんな大学にしたいと願うばかりです。職員としてそれをどうやって実現できるか，これからも試行錯誤しながら考えていきたいと思います。

【引用・参考文献】
坪田信貴（2013）.『学年ビリのギャルが1年で偏差値を40上げて慶應大学に現役合格した話』KADOKAWA

04 学習態度を刺激する授業改善

本田直也

本田直也：大手前大学現代社会学部准教授
博士（情報科学）。2005 年 3 月大阪大学大学院情報科学研究科情報数理学専攻 博士後期課程修了。2005 年 4 月より現職。
『自己の探求』プログラムに出会い，ファシリテーター養成研修を受けることになる。以前は教える内容や教え方ばかりを意識していたが，学ぶ過程の重要性に気が付き，学びの場づくりを大切にするようになる。
3 歳と 2 歳の息子の子育てにおいて，習い事は「やらせる」ものではなく，「共に楽しむ」ものと考え，英会話，水泳を共に始める。今では自身も 2,000m 泳ぐようになった。

1 はじめに

　私は現在，兵庫県にある大手前大学で教員として情報分野の授業を担当しています。もともと大規模大学の工学部出身で理系人間なのですが，雰囲気，仕組み，制度も大きく異なる人文社会系の中規模私立大学で文系学生向けに，自分の学生時代の経験がなかなか通用しないという困難のなかで，試行錯誤を繰り返しながら教育の仕事に携わっています。
　私はかつて初年次必修科目の一つである「情報活用」のコーディネーターとして，科目設計から複数クラスの運用とその調整まで含む科目のとりまとめ役を務めていました。この必修科目のなかで，学生はしっかりと学ぶ習慣が定着していましたが，必修という枠を外れた 2 年次以降はすっかりとその習慣が抜けていく様子もみてきました。
　このような経験から，必修という外的要因による学習に限界を感じはじめ，学生

が自分のために学ぶという態度に変わらなければ、本当の意味での学習習慣の定着にはならないと考えるようになりました。大手前大学の建学の精神には"STUDY FOR LIFE（生涯にわたる、人生のための学び）"という言葉が掲げられており、自己学習力の向上は最優先とされる使命の一つとなっています。このことから、現在では学生の学習態度を変容させる取り組みに挑戦し続けています。

ここでは私が担当している情報学の講義科目「情報システム管理」を取り上げて、私の授業の工夫や特別のこだわり、その成果などについて述べていきます。この授業は今でも毎年少しずつ進化しており、そのヒントの多くは教育サロンから得られたものでもあります。教育サロンへの参加からどのように刺激を受け、今現在どのような新たな挑戦を行っているのかについても触れていきます。

2 対象授業と学習環境について

授業の工夫や教育へのこだわりなどをさっそく述べていきたいのですが、まずは教育を実施している背景や前提をお伝えしておいた方が、今から説明していくことに関していっそうイメージがわき、理解が深まると思います。大きく分けて、科目の概要や位置づけと、学習を支える学習管理 IT システムである LMS（Learning Management System）についての2点を述べておきます。

2-1 「情報システム管理」について

ご紹介する「情報システム管理」は現代社会学部の情報専攻に属する科目で、2年生以上の学生に提供している情報学の基礎的な科目で、受講人数は年度や学期によって異なりますが、60-80人程度です。情報専攻の修了を目指す学生にとっては、この分野の基礎をおさえるために2年次の春学期に履修するパターンが多くみられます。

大手前大学の履修の仕組みとして、全ての授業は全学部・学科を対象に自由に開放されており、「情報システム管理」も例外ではなく、他学部の学生が履修することは珍しくありません。おおざっぱに示すならば、受講者の半数が情報専攻修了を目指す者、もう半分が他専攻の修了を目指す者、といった状況です。後者の学生たちは、純粋な興味を満たすため、社会での活用を目指して幅広い教養を身につけるため、卒業要件単位を満たすためにたまたま空いていた時間割を埋めるため、といった多様な動機をもって「情報システム管理」を履修します。

大手前大学は late specialization の考えにもとづき、学士課程で学びながらだん

だんと自分の専攻を決めていく制度をとっております。このように半々で混在する情報専攻の学生と他専攻の学生を卒業時には区別することができますが，授業時にはいったいどの分野に興味をもっている学生なのかを区別することができません。ただでさえ学生の多様化が進みつつあるなかで，ここに大手前大学特有の事情による多様化が存在し，その授業運営はいっそう難しくなっています。

「情報システム管理」の学習領域は，情報分野の国家試験である「ITパスポート」の出題範囲に沿っています。この出題範囲が情報学の基礎として網羅的でありちょうどよいという理由と，学生たちに資格取得も目指して欲しいという理由から，このような設定となっているわけです。具体的には，ネットワーク，インターネット，情報セキュリティといった技術分野から，プロジェクトマネジメント，サービスマネジメント，情報システム監査と内部統制といった管理分野まで，幅広く学習します。

資格対策の面からは，漏れなく効率的かつ網羅的に学習を行う必要があり，一つひとつの学びが浅くなる場合もあります。しかし，大学の授業である以上，知的探究も行わねばなりませんし，大手前大学のカリキュラムポリシーとディプロマポリシーで掲げられている社会人基礎力の育成も行わねばなりません。単に問題を解くだけでなく，考える，書き表すといった学習も行う必要があります。資格対策講座と割り切ることはできず，大学らしい学びとのバランスが大切となります。

2-2 LMSの活用

大手前大学は黎明期からeラーニングの開発に取り組んでおり，学習管理ITシステムであるLMS（Learning Management System）の開発と導入は比較的進んでいる方です。大学には通信教育部も併設しており，LMSは動画配信やWeb試験など高度で豊富な機能を有しています。通学制の授業へは，その機能を一部限定して，全ての授業を対象に，全教員と学生向けにサービスが提供されています。

「情報システム管理」では，受講者に対する資料の配付，ファイルアップロードによる課題の提出受付，個別メッセージ機能を用いた諸連絡や学習フィードバックなどの機能を用いています。たいへん便利ですし，以前ならできなかったことができるわけですから，たいへんありがたいものではありますが，一方で，これは学生の学習活動と教員との接点が授業以外にも広がっていることを意味しており，使い方によっては教員の負担が増えるものでもあります。

3 積極的な学習姿勢を目指して

　情報学の科目の中には，PC教室において実際にパソコンの操作を伴う演習授業もあれば，「情報システム管理」のような講義授業もあり，私はこれまでどちらも担当してきました。演習授業ではよほどの体調不良でない限り居眠りをする学生はいませんが，講義科目ではどうしてもそうした学生が少なからず生じてしまっていました。私の担当する授業の中でも，科目によってはアクティブラーニングといわれている手法，例えばグループワークなどの活動を取り入れ，主体的な学習姿勢を生み出しています。ですが，学習の積極さを導き出す方法は，ディスカッションやディベートなどを取り入れることばかりではありません。学生の根本的な学びの意識を高めるにはどうしたらよいのか，その工夫のいくつかを紹介していきます。

3-1 配付資料の用意

　私の授業では黒板を使う代わりに，PowerPointのスライドをあらかじめ作成しておき，スクリーンに示しながら授業を進めています。そのスライドを割りつけて印刷したものが授業の配付資料です。そして配付資料では，重要な用語を虫食いにして穴埋めできる形式にしたり，考えて解く問題に対しては十分な余白を用意したり，書き込み可能な形式としています。穴を埋めるだけで重要用語が暗記できるほど甘くはありませんが，穴を埋めるために手を動かしている間は少なくとも眠気覚ましにはなります。

　このような配付資料を教員が作成すること自体は何も珍しいことではありませんが，ここにひと工夫を加えました。資料はPDFデータ化しておき，LMS上で学生に配付することとしました。学生たちには，授業開始までに自分でダウンロードし，印刷して授業に持ってくるように，と指示しています。教員が印刷して持参して配らない点がミソです。

　そのねらいは次のとおりです。

- もらえる（受動的）から用意する（能動的）へ
- 自分の資料への愛着をもつ，大事に扱う，粗末にしない
- 受講準備を行う過程で次の授業を受けることを意識させる
- ざっとでもよいので受講前に目を通してもらう

これらのねらいは直接的に学生に説明しています。特に，想いの部分，何を大事にしているのかという点を重点的に説明しています。この方式で授業運営されている先生はどうも少ないようで，先生がまとめて印刷して授業開始時に配付するという方式が多数派のようです。それゆえに，私の授業ならではのこの方式に少なからず学生は困惑するようです。中には入手と印刷が面倒だとか，紙代とインク代がもったいない，と言い出す学生までいます。その気持ちはわからないわけではありませんが，1回1回の授業を大事にして欲しいという想いを伝えたり，数十円の印刷代よりも授業を粗末にすることがよほどコスト的にもったいないことだ（90分1回分の授業料単価は約5,000円！）と伝えたりしていくことを通して，授業を受ける姿勢とこの方式の意義を伝えていきました。

当初は，本当に学生たちがきちんと資料を持参するのか，意欲向上どころか持参忘れが多くてかえって授業が混乱しないか，などの心配はありましたが，学生たちの慣れは意外にも早く，すぐに定着しました。初めて資料を持参する第2回の授業では，うっかり忘れる学生がいますので，あらかじめ何部か予備を持参しておき，それを渡します。次はもう二度とないと伝えると，第3回からは全員が持参するようになります。資料を印刷していたため遅刻しましたという学生が現れることもありますが，数週間に1度，一人ほどの頻度です。

3-2 小テストの実施

これまでの授業経験から，受講する学生の注意が散漫になったり，眠気が生じたりする原因は，どうやら学習内容が難しいと感じているからだ，とわかってきました。もっとも，わかりやすく伝えるために，図示したり，身近な具体例を挙げたり，複数の専門書を見比べて最もわかりやすい説明を抜粋したりと，すでに工夫を重ねていたため，一体どうしたらよいのかと，ずいぶん悩みました。

また，以前は学習後の持ち帰り課題を重視しており，復習重視型の学習モデルを設定していました。まずは習わないと何もできないだろう，とも思っていました。これは私が長年，PC操作をともなう演習授業を中心に担当しており，授業で学び，持ち帰って操作を繰り返すことで定着を図ることが適切な学びの順番だ，という固定観念をもっていました。

幸運なことに，大手前大学では教員相互の授業見学が定着しており，プレゼンテーションやグループディスカッションを行う授業では学生が事前に下調べを行い，ノートを作成して授業に参加している様子を実際に見て知ることができました。す

でに学習を行い，わかっている内容について議論や質疑応答を行うわけですから，学生たちが活き活きとして授業に参加している様子が印象的でした。

　これを私が担当している講義科目にも適用して，予習を重視すれば授業がわかりやすくなりおもしろくなるのでは，と思いました。ただ，そうはいっても，学生自ら事前に教科書をよく読み，予習してから授業に挑む姿勢を定着させるなどといったことは，とても困難なことだろうと，これまでは半ばあきらめていました。

　そこで，何かシンプルな予習の方法を設定する必要があると考え，予習の成果を確認するため授業冒頭の小テストが必要だろうと考えました。この科目は資格対策の面もあり，いずれにせよ重要用語の詰め込み暗記は必須の学習でしたから，この重要用語の暗記を予習学習として設定してみました。授業時に登場する用語にある程度慣れ親しんでいれば，説明内容もわかりやすくなるのではないか，と考えたのです。

　その学習方法は至ってシンプルです。教科書内の赤い色のキーワードを覚えるだけです。赤いセロハンシートを上から被せれば用語が見えなくなりますので，覚えられたかどうかの自己点検も容易です。そして小テストは教科書の赤い用語を抜いただけの穴埋め問題を出題することにしました。教科書をよく読んで，赤い色の用語を全てたたき込んでおけば，前後の文脈やキーワードから正解を回答できるように配慮して出題しています。

　このような設問を5-8問程度のセットで，穴埋め用語数は計10-15個程度で用意し，授業開始時に10分弱の時間をかけて解くように設定しました。初めて小テストを実施するときには本当にうまくいくのかどうか，意味があるのかどうか，とても心配でした。準備，実施，採点，入力といった私の負担は最悪目をつぶってもよいのですが，貴重な授業時間の90分のうち10分を割り当てることが学生にとって有益なのかどうか，真剣に悩みました。網羅的な学習が必要な科目において，授業時間の10分はたいへん貴重なのです。

　小テストを実施してみた後のリアクションペーパー上に記された学生の声は次の通りです（図4-1）。事前学習を設定することで授業の理解度が深まったり，授業内で学生の学び取る力が高まったりしているあたりは，ねらい通りの効果が得られているといえます。中には予習を行ってから授業を受けるという経験があまりなかったという学生もいます。このような取り組みを通して学生の基礎的な学習力，自己学習力が上がっていくとよいなと思っています。

　このような声を寄せる学生たちには，気持ちの変化のみならず学習の成果もしっかりと表れていました。実際に回収した小テストから，正解し点数を獲得している

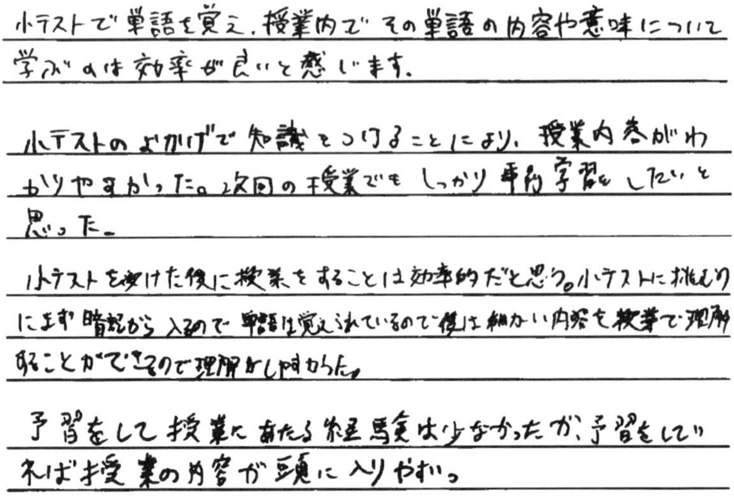

> 小テストで単語を覚え、授業内でその単語の内容や意味について学ぶのは効率が良いと感じます。
>
> 小テストのおかげで知識をつけることにより、授業内容がわかりやすかった。次回の授業でもしっかり事前学習をしたいと思った。
>
> 小テストを受けた後に授業をすることは効率的だと思う。小テストに挑むにはまず暗記から入るので単語は覚えられているので後は細かい内容を授業で理解することができるので理解がしやすかった。
>
> 予習をして授業に当たる経験は少なかったが、予習をしていれば授業の内容が頭に入りやすい。

図 4-1　予習と小テストに関する学生の声

ことと同時に，努力の様子も伝わってきました。

　しかし，全ての学生が一律とはならず，ほぼ網羅的に予習を行う学生，十分とはいえないがある程度は予習を行う学生，ほとんど予習を行わない学生の三つのグループに分かれています。内訳は上からおおよそ 25%，50%，25% くらいの割合です。

　予習は自分のために行うことで，その有無で他人に迷惑をかけているものではありませんから，そのことを直接叱ったり，授業から追い出したりすることは行っていません。学びたくない学生には学ばない自由も与え，認めています。ですから一定数の割合で予習を行わない学生が存在しています。しかしそれがもったいないこと，予習を行って授業を受けることの充実感を伝え，予習を行うことが自分のためだと気づいてもらう努力を続けています。

4　こなすだけの学習にならないために

　小テスト，中間テスト，期末テストに加えて，毎回の持ち帰り課題としてレポート課題も設定しています。それらをこなすだけの学習にならないように，不完全な学習で終わらないように，きちんと一つひとつの学習を完結させることが大事だと考えています。テストを受けっぱなしにして終わらせないように，次のような取り組みを行っています。

4-1 小テストの解き直し

　予習と小テストでは，全員が満点を獲得することができればよいのですが，現実にはそのようにはなりません。予習は十分だったもののテスト時にはうっかりミスをしてしまう者，適切な答えではない間違った答えを覚えてテストに挑んだ者，予習が不十分でテストに解答できなかった者など，さまざまな事情で満点に至らない場合があります。それら全てに対して，点を失ったことを責めるのではなく，至った結果を受け止めてそれを補うことを促しています。具体的には，小テストの解き直しを行うよう指示し，再回答後の問題用紙の提出を受け付けています。

　小テストを採点する際には，一つひとつ○と×をつけて合計点を計算するのではなく，次のような4段階で評価して点数を与えています。○も×もつけませんから答案用紙上に最終的な点数を書くだけです。

3点：全問正解，全ての穴埋め用語を正しく答えられている
2点：おしい，全問正解まであと一歩，しっかり予習した様子がうかがえる
1点：少しだけ予習した様子がうかがえるものの，十分とはいえない
0点：予習せずに小テストに挑んでいる状態

　3点満点を与えるときには慎重に，採点ミスがないかどうか細かくみていくわけですが，3点未満のものについては，ある程度おおざっぱに，私から主観的にみてどのように映ったのかを点数で示しています。

　このねらいは，解き直しを促すことにあります。間違ったところだけに×がついていれば，×を○に変えるためだけの作業になってしまいかねません。重要用語を一つひとつ噛みしめて吟味して適切さを考慮するのではなく，この授業の，この先生の用意した設問において正しいか正しくないかだけの判断を行う，といった作業的学習になることを懸念しています。返却された結果を見て，正しく埋められたもの，正しくなかったものを一つひとつ振り返って欲しいと思っています。○と×がつけられていませんから，これは正解かな，これは間違ったかな，とすると正解はどの用語かな，といった具合に考える学習を行うことを想定しています。

　なぜこのようなスタイルを重視しているのかについて，自分自身の経験や思考を振りかえってみますと，情報学分野の学習や実践と深いつながりがあるように思えました。正しさと間違いを自ら見抜いて見つけ出して，自力で改善するという手続きは，まさにプログラミングにおけるデバッグと同じ手続きなのです。コンピュー

タ上でプログラミングを行うと，ベテランでさえ，その実行結果には予期せぬ誤動作や不具合が生じるものです。この誤りや不具合のことをバグと呼び，それを取り除く作業をデバッグと呼びます。おかしな動作がみられたときにはどこかに必ずバグが含まれるのですが，時には数百行から数千行の記述のなかからバグを探し出して修正しなければなりません。このとき，そのバグはどこにあるのかを誰かが教えてくれるわけではありません。自分で生んだバグは自分で探し出して修正するのです。1行1行自分のプログラミングコードを見て，「これはおそらく正しいだろう」「これは怪しいかな。どうかな，チェックしてみるか」と試行錯誤しながら探し出すのです。1個のバグをみつけて修正するために数時間から数日かかることも珍しくはありません。そのような局面を乗り切る力を学生たちに身につけて欲しいと願って，このようなスタイルの解き直しを設定しているような気がしました。

このような想いをもって，とても大事にしている解き直しという取り組みですが，完璧に解き直し終えた時の加点というインセンティブを与えても，現実には提出する学生が少ないという問題を抱えています。こちらの描く理想的な，積極的な学習行動を取る学生は，小テストを受けた時点ですでに3点を獲得していることが多いのです。

2点以下を獲得した学生みんなが解き直しに挑戦してくれるようになるにはどうしたらよいのでしょうか。これは今後の課題です。あまりきびしく催促したり，単位を出せないとか言ったりしていませんから，その私の態度の緩さが原因で提出率が低いのかもしれません。しかし，解き直しを行うことは学習者本人のために行うことですし，言われてやるようでは，その解き直し活動は頭をあまり使わない作業におちいってしまうだろうと考えているわけです。そのため，意義を説くことはあっても，催促し強いることは行っていません。

4-2 中間テスト・期末テストの解き直し

中間・期末テストに対する考え方や想いは，小テストの解き直しと全く同じです。解きっぱなしにせず，解けなかった部分をきちんと補うことを大切にしています。

加えて，中間・期末テストをどのように捉えて設定しているのかを述べたいと思います。私の授業では，学生の成績をつけるために，あるいはどの程度まで身についたのかを測る材料としてテストを行っているわけではありません。ましてや，安易に突破させないためのふるい落としという意味ももっておりません。

学習者の学習到達度合いを，本人が確かめるための点検としてテストを実施して

います。中間テスト，期末テストの「テスト」の部分を「試験」以外の言葉に置き換えるならば，「評価」とか「審査」といった言葉よりも，「点検」という言葉が最もしっくりときます。点検だからありのままの状態を測るだけで勉強しなくてもいいということではありません。事前の努力と点検後の改善をもちろん含みます。安全点検をイメージするとわかりやすいのですが，対象とする設備の状態は常に努力してできるだけ安全を保ちます。そして点検により安全面の不十分な箇所が見つかったら，ほったらかしにせず，速やかに改善を図るのです。中間・期末テストも同じで，点検前は最善の状態を目指し，点検後にみつかった不十分な箇所は解き直しにより速やかに補うことが大切です。ここで述べたことは学生にも伝えるようにしています。

　では，具体的な運用について述べたいと思います。中間・期末テストは全15回の授業の一部を用いて実施しています。うすうすお気づきかもしれませんが，この取り組みでは中間・期末テストを即座に返却することが最大のポイントです。結果を返さなければ解き直し学習が始まらないわけですから。本音を申しますと，これは私に取って毎回とても辛いことです。「情報システム管理」の試験は，これまでのレポート課題と同じ問いをいくつか出題し，小テストからもいくつか全く同じ問題を再出題します。また，計算問題も出題しています。さらに，ITパスポート試験の過去問をいくつかピックアップし，全く同じ問題を出題し，答えにたどりつく根拠や理由，妥当性について文章で記述させています。

　このような論述・穴埋め・計算問題をバランスよく出題し，A4サイズの問題用紙6ページで構成されます。一人あたり6ページで，受講者数は年度や学期によって異なりますが，多い時には80人近くにもなります。その場合は合計400ページ超の採点を，1週間以内に済ませなければなりません。それも，通常の授業実施期間内に。これに関しては，コツも工夫もありません。無理矢理にでも時間をこじ開けて作り，時には睡眠時間を削り採点するほかありません。何とか必死に採点して，翌週の授業内で返却を行っています。そこから解き直しスタートです。

　このような趣旨でテストの解き直しを設定して実施しているわけですが，それについて学生の声に耳を傾けてみようと思います。図4-2のリアクションペーパーでの記述に示すように，学生に意図が伝わり，肯定的に捉えてくれる学生がいたときには，この取り組みをやっていてよかったなと思えます。また，学期末のアンケートで記述する者，後日別の授業でこのことを語ってくれる者，卒業が近づいたころにそんな話をする者など，時間差で反応があります。学生にとっては後になって印象的に思い返されるのでしょう。

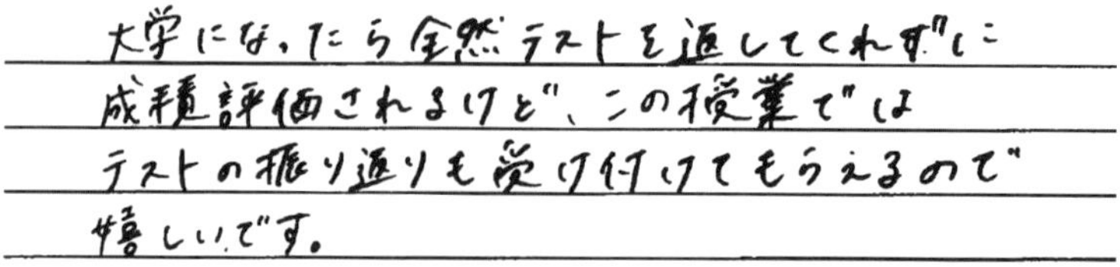

> 大学になったら全然テストを返してくれずに成績評価されるけど、この授業ではテストの振り返りも受け付けてもらえるので嬉しいです。

図 4-2 テストの返却と解き直しに関する学生の声

これらすべてが今後も頑張ろうという原動力につながります。ちなみに図 4-2 の記述を行った学生は，しっかりと解き直しを行って，欠けていた部分を補うことができました。ちなみに細かなことですが，さすがに中間・期末テストは1問ごとに○と×をつけています。穴埋めと異なり，論述の的確さや，計算問題の不具合などを自分で見抜くことは困難だからです。解き直しの受付は随時行っておりますが，受け取りしだいすみやかに再添削して返却します。多くの場合は1回の解き直し提出で満点には至らないからです。○×をつけることに加えて，ヒントを書き示したり，再返却する際にアドバイスしたり，何とか満点にたどりつけるよう支援しています。

中間・期末テストの解き直しは間違いなしの 100 点になるまで繰り返されますが，その満点達成時に点数を加点する運用ルールを設けています。加点する点数は，補った点数の半分とし，その点数を素点に足します。テストの受験をおろそかにせず大切にし，また，解き直しも大切にしようと思い，公平さやバランスを考えてこのように設定しています。

中間テストの解き直しは，授業期間内に何度も受け取り，何度もフィードバックできるのでよいのですが，期末テストはそれができないため困難です。第 14 回授業時に期末テストを実施し，第 15 回授業時に返却します。それ以降の受け渡しは授業期間外に日時を調整して直接会うようにしています。これは正直たいへんです。授業期間外には大学に来る予定がない学生もいます。そういう学生に対しては，LMS 上でのデータ提出を受け付けますが，非対面でのフィードバックは，効果の面で苦労しています。直接話ができたらよいのに，と思うことは少なくありません。

このように，授業最終回以降も解き直しを通じて学生を支援し続けるという教育活動を行っていきます。最長で成績入力締め切りの当日まで受け付けています。迅速に片付けよう，と声がけを行っているのですが，最後まであきらめない学生は，何度も何度も提出とフィードバックを繰り返し，締め切り近くまで継続する場合もあります。

ここまで徹底して支援を続ける事例は大手前大学の中でも珍しく，この取り組みは学内でも浮いていますし，孤立しています。学習活動を続けたいのにも関わらず，

大学の都合で図書館や建物が閉じていたり，LMS が保守に入ったりします。

また，小テストの解き直しと同じく，挑戦し提出する学生が決して多くない点は今後の課題です。どうやって呼びかけるのか，どうやって想いを学生に伝えるのか，最終的には学生が自分のために学ぶという姿勢にどうやって変わっていくのか，常に悩んでいます。これといった有効な手はないものの，私の伝え方が少し変化しているのでしょうか，年々徐々に取り組む学生の割合が増えつつあります。

5 教育サロンと関わって

教育サロンとの出会いは 2013 年 1 月のことでした。3 月に開かれる教育サロンにて話題提供をしてほしいという依頼が舞い込んできましたので，何のことかよくわからないまま喜んで引き受けました。

その前年 9 月に九州で立ち上がったことは耳にしておりましたが，ふだん関西で活動している自分にとっては（興味がないわけではなかったのですが），遠くの地で起きていること，という程度の認識に過ぎませんでした。

話を頂いてから開催までの 2 ヶ月間に，事務局の加藤久さんと打ち合わせを重ねたり，発起人の一人である池田輝政先生と打ち合わせを行ったりするなかで，有志と教育を語っていくことは楽しいなあと，すでに感じていましたし，元気もちょっとずつもらっていました。教育サロン初参加の前から，すでに教育サロンを味わっていたような気がします。その話題提供を行うための準備はちょっと大変でしたが，多くの参加者のみなさまからさまざまなフィードバックをいただけたことはたいへんありがたかったです。

自分では普通と思っていた取り組みが，他者からみるとそうではなく違ってみえているということがわかり，冷静に見直したり，力を入れて手を加えたりするきっかけとなりました。また，あたりまえで取るに足らないと思っていた取り組みに興味をもってもらえたり，思わぬ評価をもらえたりすると嬉しくなりますし，また頑張らねば，という気力もわいてきます。所属の大学内にこもっているとそういった刺激はありませんでしたから，教育サロンへ参加できたことはたいへんありがたいことだったと今にして思います。

本章で述べてきた教育の工夫は，そのとき一部披露してみました。それから数年経ち，その工夫や取り組みはちょっとずつ変化し，今回このようなかたちで執筆することとなりました。何度も参加している教育サロンにて，話題提供をされたさま

ざまな先生から得たヒントや気づきは，私の授業に影響を与え続けています。そこでは，紹介された手法をよく聞いて，それをそっくり真似する，といった直接的な反映を行っているわけではありません。話題提供されている方の具体的な実践事例を聞きつつも，なぜ，どういった想いでそれらの事例を実施することに至ったのか，実施し続けているのか，といった背景やプロセスをくみ取ろうと思って耳を傾けています。また，話題の展開と近い場面を自分の経験から思いだして振りかえり，自分だったらどうふるまってきたのか，判断してきたのか，自分自身に問いかけながら事例を聞きます。すると，自分って何てすばらしいんだ，と自己陶酔に浸ることはほとんどなく，逆にまだまだ足りなかったなとか，視点が欠けていたなとか，気づかされることの方が多いです。

　それらの具体的な事例を述べたいと思います。2013 年 3 月の教育サロン in 関西では，関西大学の長谷川伸先生より「場づくりラベルワーク」を用いた実践事例を聞かせていただきました。そんなメソッドが存在するのか，といった発見よりも，そのツールを使いつつ学生一人ひとりのラベルへの書き込み内容をよくくみとって，一人ひとりにフィードバックを与えている様子をうかがいますと，自分の学生への耳の傾け方が浅かったかな，と反省しました。私の授業においても以前から，リアクションペーパーやミニットペーパーと呼ばれるツールを使って学生の声を収集しているつもりでいました。しかし，収集した情報を自分なりに分析し，次の改善へと役立てていたので，私には有益でしたが，学生にとっては直接的にメリットや見返りがなかったのかもしれません。

　それから，きちんと学生にフィードバックを返すことを心がけるようになり，学生の変化や授業での学習の変化を願って，学生の質問や意見や感想に対する返答のようなものを，いくつか授業時間内に示すことにしました。具体的には手書きの書き込みをスライドに示し，私の返答やコメントを前で述べるといったことを繰り返しました。すると，だんだんと本音が現れ始めたり，心を開いてくれたり，また直接的には学習の理解をみんなで深めるための鋭い質問などが寄せられるようになりました。このようなやりとりを繰り返すなかで，学生の学習への向き合い方が変化しつつある手応えも感じています。今回，図 4-1，図 4-2 で示した学生の声は比較的近年のものであり，以前でもこういった率直な声が届くことはあるにはあったのですが，少なかったのです。教育サロンのおかげでリアクションペーパーの活用を考えるきっかけになりましたし，結果として今ここで報告もできているわけです。

　リアクションペーパーの活用については，さらに 2015 年 5 月の教育サロン in 関

西にて，大阪商業大学の伊東眞一先生から報告の事例を拝聴し，さらなる衝撃を受けました。伊東先生は，なんと全員分のリアクションペーパーを一つひとつ漏れなく全て拾い上げ，全てに先生の返答を記載して全員に同時にフィードバックをしており，学生への熱い想いや大変なご苦労とご努力をうかがうことができました。

私の授業では，代表的なものをいくつかピックアップし，全体にフィードバックするという活用に留まっておりましたが，まさか完全網羅するなどとは驚きでした。どんなつまらない質問も漏れなく拾い上げ，返答しているという伊東先生の徹底ぶりはたいへん印象深かったです。学生と向き合う究極の姿ではないか，と感じました。今後，すべてを真似するかどうかはまだ結論が出ていませんが，教育の工夫や努力には底がない深さを感じましたので，私もまた何か頑張ろうと思い，伊東先生から元気や勇気をもらえたような気がしています。

その他，挙げればきりがないくらい教育サロンから刺激をいただき，自分を振りかえる機会として活用しながら参加させていただいております。簡単にいうと，行くと元気が出るから，教育サロンにはできるだけ参加しています。日本各地で開催されていますが，本務校の業務や行事と重ならない限りは場所を問わず駆けつけています。

6 コースパケットの導入

教育サロンで池田輝政先生に出会ってから，その後の教育サロンで再び顔を合わせるたびに，教育や授業に関するたわいもない話を繰り返していました。時にはちょっとしたヒントをいただいたり，元気をもらったりもしていました。

いろんな話題があったなかで印象的だったのは，コースパケットのことです。コースパケットは，「成長するティップス先生」の中で次のように定義されています。

> コースパケットとは，学生が随時必要とする様々な教材をひとまとめにしたものです。コースパケットには，次のようなものが含まれます。学生が予習したり授業中に使用するための教材（論文のコピー，その他の資料など），課題（練習問題，レポートの指示と執筆のための参考資料），必要なときは練習問題のヒントや解答，参考文献ガイド。
> これらを学期が始まる前に選定し，作成したシラバスと連繋させてひとまとめにしたものを開講時に配付します。（池田ほか，2001：67-68）

授業開講時に全ての資料一式を用意することはたいへんだと思いましたが，毎週必死になって自転車操業的に資料作成を行っても，いっぺんに全15回の資料を用意しても，作業の総和は変わりませんから，その点においてためらいはありませんでした。ですが，学生にとって資料をいっぺんに渡してしまうことがよいのかどうか，悩みました。その膨大さに怖じ気づいてしまうのではないかとか，自分で資料を探して集めることも大事な学習なのではないか，課題のヒントはタイミングをみて小出しにした方が効果的ではないか，といったことを懸念し，やや否定的に捉えていました。ですが，先に述べたとおり，今までの私のやり方だって決して満足に通用していなかったわけですから，池田先生に背中を押されたような気もしましたので，私の担当する授業ではどのように導入できるのか考え始めました。

池田先生から全188ページにもおよぶ実際のコースパケットをいただくことができましたので，これを参考にしました。資料の中身はドイツ語で，中身を読んでわかるものではありませんでしたが，どんな資料を詰めているのかはたいへん参考になりました。主たる授業教材資料に加えて，論文のコピーや，Webサイトのスクリーンショット，客観的な数値データ，統計データなどが含まれており，学習に必要な資料が一式詰まっているのだということがとても明確に伝わってきました。

幸いにも，私の授業では板書ではなくスライドを用いていましたし，教材も課題もLMS上に展開していましたので，パケット化することは比較的容易だったように思えます。学生への公開と配付もLMSを用いることができましたので，資料が分厚く重く束になる問題や，印刷コストの問題も大きな困難にはなりませんでした。

結果として，私の授業でのコースパケットには次の資料一式を含み，第1回の授業時に学生に案内し，LMS上で公開と配付しました。

- 毎回のスライド資料（合計304枚）
- レポート課題（全10題）
- 予習範囲指示書（全11回）
- 小テスト問題（全11回）
- 中間テスト過去問（前年度分1回）
- 期末テスト過去問（前年度分1回）
- 学習到達度評価のためのルーブリック

学習の全体像を示すために，出題予定の全てのレポート課題を示すことにはすぐ

に納得できました。図書館に行って文献検索が必要となる課題や，身近な生活から事例を拾い上げる課題，様々なパターンに慣れるための複数の計算問題など，週ごとにさまざまな課題が設定されていることを予告して示すことはよいことだろうと思いました。実際に，文献検索や身近な事例調査は，ある程度のまとまった空き時間が必要となりますから，毎週小出しに出題するよりは事前に全て予告しておいた方が，学生たちそれぞれの学びと生活の計画を立てる上で大変参考になり，スムーズな学習ができたようです。

　課題の量や種類はしっかりと充実していて，それなりに学習者の負荷が大きいことはわかっているのですが，学びを深めたり定着させたりする上で大切なので年々バランス調整も行いながら現在の形と数に落ち着いています。学生からみると，授業で習ったことを深める上で課題が有益だと述べる学生もいれば，多すぎるので減らして欲しいと述べる学生もいて，常に賛否両論でした。しかし，コースパケット化してからはリアクションペーパーやアンケートにおいて，課題が多すぎると述べる学生がかなり減りました。第1回の授業時に全体像を示すことで，学生たちは覚悟を決めることができたように思えます。一方，第1回の授業を受けてみてすぐに履修を取り消す学生がいることも事実であり，引き続き今後の課題であると認識しています。

　何をパケット化して公開するのか，一つひとつ悩んでいくなかで，中間・期末テストの公開については悩みました。テストで何が出題されるのか事前にはわからないからしっかり勉強するだろう，とあたりまえに思い込んでいましたが，振りかえってみると，今までだって必ずしも学生はしっかりとテスト勉強を行って受験に挑んでいたとは限らない現状がありました。ですから，テストを公開してみて学習の指針が明確になり，学生の学習量が増えるならばよいかなと思い，パケット化して公開することに踏み切りました。中間・期末テストは前年度過去問を公開し，おおよそ半分は同じ問題を出題する，と予告しました。考えて論述する問いはそのまま出題し，計算問題は問いの言い回しは全く同じで数値だけ差し替えた問題を出題することとしました。重要用語の暗記穴埋めも年度が変わっても重要なものは重要ですから，半分近くは全く同じ問題を出題することとしました。このことにより，しっかりと勉強する意思のある学生はテスト前に過去問を解くという学習が例年に比べて一つ加わり，十分な学習を行った跡が見て取れました。一方，何をやってもサボる学生はサボるため，別の手が必要だなと改めて思いました。

　小テストにおいては，例年通りの出題範囲予告に加えて，出題する問題をそのま

ま完全にパケットで予告することとしました。印刷・配付イメージのまま PDF 化して LMS 上で公開しました。もはや小テストというよりも，授業開始時のセルフチェックシートの状態です。そもそもテストではふるい落としや，あら探しのために行っているわけではありませんから，これもありかなと思い，挑戦してみました。

結果として，学生は例年よりも少し予習と小テスト対策にかける時間が増えたかな，という手応えを感じます。学習量調査を行っているわけではありませんので，あくまで主観的な手応えです。ただ，授業開始前の休み時間に必死で教科書やメモをめくりながらチャイムを待っている学生たちを見ると，いい姿勢で授業に挑んでいるなあと，微笑ましく思います。

コースパケットの導入により，計画的に，しっかりと学習するようになることは，この導入のメリットであると感じました。ここまで先生が資料を用意して提示されたら，あとはやるしかないとか，できない言い訳が思いつかない，といった学生たちの声が寄せられ，取り組みの手応えを感じています。一方，テストも課題も一度に提示しましたから，いっぺんに埋めるだけ，こなすだけの頭を使わない作業になってしまいかねない点は懸念すべき事柄です。資料プラス態度や姿勢で効果が生まれるものと考えています。

7 おわりに

本章では，私が担当している情報学の講義科目「情報システム管理」で起きていること，挑戦していることについて述べました。授業の中で学び修得する専門的な内容はもちろん大切ですが，それよりも修得対象の意味や価値を伝え，学生にも考えてもらい，それを自らの意思や判断で修得していくという学びの態度と姿勢をいっそう大切にしてきました。覚えた知識は時間と共に抜けていきますが，学び方と学ぶ意思があれば忘れた知識の再獲得も，新たな分野の修得も可能です。自己学習力の修得が大手前大学の使命と定義されており，個人的にもそれは大切にしたいことでもありましたから，以上に述べた学習態度を刺激する工夫を行ってきました。この授業では，アクティブラーニング，PBL（Project-Based Learning または Problem-Based Learning）といった，近年流行している手法を盛り込んでいるわけではありません。強いていえばルーブリック的なものを自分なりに工夫して加工して用いている程度です。

決して私がそれらの手法が苦手だから避けているわけではありません。むしろ

興味をもっており，今回取り上げた科目以外の授業においては積極的に取り入れ，挑戦し，失敗もし，工夫して，ちょっとした成功もあり，手応えを感じています。

　機会があればそういった事例について披露することもやぶさかではありませんが，吟味したときに私が他者に最も伝えたかったことは今回書き表した事例です。先駆的な事例や理論の紹介については，私ではなく，他の専門の方や，それに特化したセミナーなどにお任せします。

　情報専攻課程の一つの科目として，修得範囲や修得水準があらかじめ定められており，教員個人の裁量でそれは変更できるものではありませんでしたから，打てる手が多くはありませんでした。昔ながらの講義形式の授業において，主体的に学ぶ姿勢を身につけてもらう工夫をひと味，ふた味加えてこのような取り組みに発展してきました。私の取り上げた事例は，特に目新しいものでもなく，奇抜でもなく，過去の自分も含めて普通ならやらないようなことをやってみただけのことです。そんなシンプルな取り組みですから，これを読まれる方の取り組みと重なるところが見えてきたり，一部エッセンスをまねして実践したり，何か今後のヒントやきっかけになればうれしく思います。

　事例を書き表したり，発表したりすることは他者のために行っているばかりではありません。本章のようなかたちでじっくりと事例をまとめることで，自分の取り組んでいることの大きな振りかえりとなります。内省し気がつくこともたくさんあります。次に進むために必要なことだと感じ，一つひとつまとめているわけです。また，事例を報告した後の他者からのフィードバックはたいへん貴重なものです。教育サロンで話題提供を行った後に得られたフィードバックや刺激により，さらに授業が進化していったと感じています。まだまだ未完成で，今後の課題を含んでいることを認識しておりますので，さらなる改善を続け，またどこかで続きの話を披露したいと思います。

【引用・参考文献】

池田輝政・戸田山和久・近田政博・中井俊樹（2001）.『成長するティップス先生―授業デザインのための秘訣集』玉川大学出版部

05 「自分」が変われば「教育」が変わる
「教員」という鎧を脱いではじめて「教員」になった

川島美保

川島美保：日本赤十字豊田看護大学准教授
2004年3月高知女子大学大学院看護学研究科修了。修士（看護学）。看護師として病院勤務を経て，2004年7月高知大学医学部看護学科助手。2006年10月同講師。2013年4月より現職。2012年日本アタッチメント協会子育て支援部門優秀賞，2013年高知県看護協会会長賞受賞。
医療職や一般の方を対象としたコーチング研修を行い，受講者は延べ1,800名（2016年8月現在）。看護学生や看護職のコーチングプログラム開発を行い，ハーバードメディカルスクール主催のCoaching in Leadership and Healthcare 2015にて，日本人初のグループとして，成果発表を行う。

1 はじめに

　新年早々心温まり感慨深い幕開け——2015年の年賀はがきは，2003年のひつじがせっせと12年間編み続けてできあがったマフラーを首に巻き，編み終わった棒針を手にもっているというデザインでした。ひつじは成し遂げた充実感にどことなく誇らしげな表情です。思わず「ひつじさん，12年間よくがんばったね！」。12年間という月日をかけて，一つのことに取り組み，一目ひと目を編んでいるひつじの姿を想像したら，それはとてつもない努力と根気を要したと，そのマフラーの価値の重みを感じたのでした。それと同時に，「はて，私の12年間は？」という言葉が浮かびました。

　ふと気づけば，2015年7月で教員12年目です。ひつじがマフラーを編み始めた2003年はちょうど大学院生で，金髪でした。その翌年2004年から，高知大学に小

児看護学の助手として採用され，教員生活が始まりました。それまで，教育については，大学院生時代に「看護教育論」を2単位学んだだけでした。その後は，看護師時代を含めた自らの経験すべてを振り返りながら，自分なりに教育について考え，取り組んできました。その間，教員として壁にぶつかり，模索し，改善した結果があってこそ，今に至っています。本章では，私が12年間かけて編み上げた教育について，ご紹介したいと思います。

2 看護教員としての土台

2-1 教員としての小さな芽

年少期の私は得意なこともなく，気を許した友達とは話すけれど，基本的にはおとなしい子どもでした。私の通った小・中学校は国立大学の附属校でしたので，毎学期教育実習生が実習に訪れていました。教育実習生は実習中に授業実習をするのですが，そのほとんどの教育実習生が私に授業の感想を求めてきました。聞かれるがまま，素直に思った通りに感想を伝えていたところ，けっこうな数の教育実習生から最後のメッセージに「先生になってください！」「先生に向いています」との言葉をいただきました。一人だけなら，頭の中を素通りするはずの言葉も，あまりに何人もの方から同じ言葉を言われたので，「私は，先生に向いているのかな……」とぼんやり，「教員としての芽」が出ました。今から思えば，何人もの教育実習生が大切な芽を育んでくれていたのだと思います。お名前もお顔も忘れてしまっていますが，小さいころにその資質に目をつけてくださった先生方には感謝するばかりです。

2-2 「過去の私」が形作る「教員の私」

大学教員というと，子どもの頃からずっと成績優秀な方！というイメージがあるかもしれませんが，私自身は高校時代を除けば，小・中学校では普通の学生，大学では劣等生，できの悪い新人看護師と，並べてみると，大学教員にはふさわしくないと思われてしまいそうな経歴です。どうも大学教員にはみえないらしく，名刺を見て驚かれることもしばしばで，「先生は異端児でしょう！」などと言われることも珍しくありません。今となっては，劣等生から優等生まで体験してきたことが，学生とかかわる際にとても役立っています。優等生から劣等生までの学生の気持ちや行動パターンがほぼ手に取るようにわかるのです。私は，教育の対象である今の学生を通して，「過去の私」に出会っているといっても過言ではありません。以下に，

今の私が行っている教育スタイルに大きく影響を与えてきた経験について述べたいと思います。

(1) 思いがけず優等生

　中学までの私は，国語が得意なぐらいで，真面目ではあるけれど成績はきわめて普通でした。中学3年生になり，受験を控え，みんなが塾にも行き，勉強に励むなか，私は家族に起きたある出来事がきっかけで，自分の将来に希望をもてず，やる気を失い，まったく勉強に身が入りませんでした。そのため，結局，安全圏を狙って志望校ではない高校に入学しました。本来なら，意中の高校に進学し心躍るはずの春も不本意な入学のため虚しさが残る春となり，入学後すぐに行われた実力テストでも中間より下の順位でした。ランクを落として入学した高校でのこの結果は，意欲をさらに失わせたのです。

　そんな矢先，自分にとっては，人生が変わるきっかけがありました。1年生の1学期の成績で思いがけず，クラスでトップになってしまって「頭のいい人！」と言われるようになったのです。単純ですが，それがきっかけで，「1番から落ちるわけにはいかない！」と強く思い勉強に全力を注ぐようになりました。また，家庭の状況を考えると高校卒業後はそのまま就職の道しかない状況でしたが，自分の将来を自分の手で変えるには大学に進学するしかないと強く思い，推薦で県内の国公立大学に進学できる準備だけはしておこうという思いも，私を勉強に駆り立てました。その結果，中学時代に苦手だった数学や英語も含めて，学校と家の予習・復習のみで5段階評価で5をとり，1年生の1学期に決意した通り，3年間ずっとクラスでトップを維持しました。

　この体験を通して，たとえ今は意欲がなかったとしても，何らかのきっかけで意欲が生まれ，パフォーマンスが変化することもあると思えます。学生をみるときも，それはあくまで今までの姿であり，これからの姿ではないと思えるのです。

(2) 前例がないなら私がつくる！

　高校3年生になり，志望校を決めかねていた矢先，ある大学のオープンキャンパスで先生から「看護を教える先生の道もあるわよ」との一言をいただいた瞬間，「これが私の仕事！」と思いました。現在は看護系大学も急増し228大学（入学定員19,684人，2014年度）となりましたが，当時の看護系大学は全国でも11校（入学定員558人）しかなく，これまでに母校から進学した人はいませんでした。「看護学科に

は誰も合格した人はいない。同じ大学でも国文学科なら無理せずに合格できる。進路を考え直せ」という進路部長の先生の意見にも、「前例がないなら、私が道をつくる！」と強く思い、自分の意志を貫き、学内選抜の推薦枠1名に入り、受験資格を得ました。

　入学試験は小論文と面接だったので、毎日小論文の練習をしました。約30本を書いたとき、全国の小論文模試で1位をとったので、いっそう自信がつき、全く落ちる気がしませんでした。そして、とても落ちついた中で受験当日を迎え、志望通りの大学に合格しました。受験当日、私が進学できなかった公立高校からも受験生が来ていました。学校偏差値からすると、彼女は「受かる人」で私は「落ちる人」のはずでしたが、4月の入学式には彼女の姿はありませんでした。

　この体験から「偏差値で人生が決まるものでもない」「人生のどこからでもその気になれば、やり直せる」という確信を得ました。また、「たった一つだけ何でもいいので「自信の芽」ができれば、その他のことにも波及していく」ことを実感しました。なので、学生にかかわるときも一人ひとりの「自信の芽」を探すことを大事にしています。すぐには「自信の芽」がみつからないこともあるのですが、「誰にでも「自信の芽」は存在している」ことは確信しています。

(3) 希望に満ちた優等生も再試の女王！

　このようにして志望校に入ったからには、楽しい有意義な大学生活が待っているはずでした。高校時代はほぼ勉強一筋だったので、大学では、のんびりしようと思っていたのですが、看護学科は看護師・保健師資格の取得をめざすところでしたから、空きコマはほぼなく、ハードな時間割のなかで私の企みは夢と消えました。大学には真面目に通い、一番前の席で講義を聞き、必死にノートをとりました。

　初めて迎えた1年前期の試験で当時の私にとってはたいへんショックなことが起こりました。いくつもの科目で再試にかかってしまったのです。定期試験で60点以下をとるなんて、それまでの人生では決してあり得なかった初めてのことでした。後から考えれば、当時の私の勉強方法には、問題がありました。高校までは全てを網羅し万遍なく「覚える」ことを得意としており、本当の意味で「理解」できていなかったのです。科目数も増えて、範囲が広がった大学の試験では、これまで培ってきた「覚える」技術では全く歯が立たなかったのです。

　このときの経験は、今では、学生の学習スタイルを把握し、指導するのに役立っています。成績のかんばしくない学生に尋ねると、高校時代までは特に問題もなく、

成績もよいことが多いのです。それらの学生に共通するのは，ただ覚えようとするだけで，「理解する」学習すなわち「学ぶこと」ができていないことです。そのような学生には，理解する勉強方法を一から教えています。

(4) 同じ私でも成果が変わる！

　大学時代の看護実習で，私は二つの大きく異なった経験をしました。一つ目の実習では，ネガティブな思考にとらわれ，思考が停止し，実習記録がまったく書けず，患者さまの看護計画を立てる前段階の関連図を書くところまでしか到達しませんでした。そのときは，実習中から終了したときまで，「自分は看護に向いていない」という気持ちでいっぱいでした。二つめの実習では，楽しく自ら進んで学び，記録もサクサクと進み，自分で考えた看護計画も実施できました。

　この二つの実習で，パフォーマンスは正反対のものとなったのです。なぜ，このようなことが起こったのでしょうか。一つめの実習では，先生がきびしかったので萎縮していました。また，担当教員の考え方を押し付けられている気がして，記録に自分の考えを書くのではなく，「先生がどう思っているかを考えて書こうとする」といった不自然な形になっていました。さらに，担当教員に「自分は看護に向いてないかもしれない」と心の内を打ち明けたとき，「やればできるようになる。やりなさい」とアドバイスをいただいたものの，その言葉でモチベーションが上がることはなかったのでした。二つ目の実習では，担当教員に記録でよいところを褒めてもらったので，どのようにすればよいかが明確にわかり，自分で考えて記録を書き，自信をもって実践することができたのです。

　この二つの経験を通して，「学生の成果は教員で変わる」ことを実感しています。教員の関わりによっては，学生の能力相応の，あるいはそれ以上の成果が出ることもあれば，能力以下の成果になってしまうこともあります。ですから，教員になるときに私は，「（学生の）邪魔をしない」こと，つまり，本来，伸びるはずの芽を私が関わることでつんでしまうことだけは絶対にしてはならないと心に決めて教育の場に入りました。

(5) 「看護師としての私」を肯定することで「教員としての私」が始まる

　看護系大学を卒業後，看護師を経験し，大学院を経て，教員になってすぐの頃に，偶然の，いえ，私にとっては必然の再会を果たしました。見覚えのあるその顔は私が新人看護師時代にかかわっていた女の子——声をかけようかどうしようかとため

らった瞬間に，彼女から「川島さん！　絶対会えると思ってた。会いたかった！」と声をかけてくれました。

出会ったときから10年近くも経ち，もう女の子ではなく，立派な女性になっていました。「○○ちゃん。覚えててくれたんだ。ありがとう。うれしいな」と言うと，彼女から「絶対忘れるはずがない。だって，川島さんは私の話を聴いて一緒に泣いてくれた初めての人だもの。自分なんかの話を聴いて涙を流してくれる人がいるんだって。初めて思った。私，生きててもいいんだって思ったんだ。忘れる訳ない」と思いがけない言葉が発せられました。

その瞬間，思わず涙した夜のことが思い出されました。彼女の話に耳を傾け，気の利いた言葉もみつからず，ただただ涙を流していただけだったと思います。毎日，失敗ばかりで看護師に向いていないと思いながら仕事をしていた時期でした。新人看護師で力不足の自分に何ができるのかわからなかったので，日勤のときも夜勤のときも，自分が彼女の受け持ちではない日でも，出勤日には必ず彼女のベッドサイドに足を運びました。彼女が退院したときも，私にもっと力があれば，彼女にもっとできたことがあったのにと無力感を抱いていました。

それなのに，まさか10年後にこんな形で，彼女から思いがけないギフトをもらうとは思ってもみませんでした。私と過ごした時間が彼女の人生の中で，その後の人生を生きてもいいなと思えたきっかけになったのであれば，看護師としても，人としてもこれ以上の喜びはないのです。

彼女からもらったうれしさは，「看護師としての私」を肯定し，「看護教員としての私」へのパスポートとなりました。もし，この体験がなければ，私はどこかで「看護師としての私」を肯定できないまま，看護教員をすることになっていたと思います。肯定できないままであれば，きっと，いつの日か学生に看護を伝えることにも自信がなくなっていたと思います。

3 教育観の原点

3-1　学生が何を考えているかを形にする

新人教員としての私の最初の主な仕事は，半年間におよぶ「小児看護学実習」での学生指導でした。1グループ6名で2週間×10グループを私一人で担当するのです。看護系の学生にとって，実習体験はそのまま職業イメージや職業アイデンティティに直結するので，その後の進路に大きく影響する場合がよくあります。実習

をおもしろいと思えたり，ポジティブな体験ができたりした場合には，その領域の看護に進む道を選ぶ要因になりますし，逆に面白いと思えなかったり，思うようにできないなどのネガティブな体験となったときには，その領域を選ぶことを避ける要因になります。新人教員の私は，「新人なのできちんとした教育はできないかもしれないが，看護師としてモデルになることや学生が考える看護を形にする手助けはできる」と考え，学生が何を考え，大事にしているかをみよう！と心がけながら，学生一人ひとりと関わっていきました。

そのような姿勢で関わっていくと，学生が何に困っているのかすぐにわかり，自然に適切な対応をすることができていました。学生も「実習が面白い！」と言ってくれて，私自身も教育の面白さや楽しさを存分に味わっていました。元上司からも「先生のやり方でいい」とお墨付きをもらっていました。

3-2 「学生」ではなく「私」

教員1年目が終わり，2年目を順調に進むと，3・4年目頃の実習で異変が起こりました。これまでにはなかった学生のヒヤリハットが立て続けに起こるようになったのです。そのつど，学生にヒヤリハットレポートを指導し，リフレクションさせながらも，初めはその本質的な原因に全く気がつきませんでした。

「学生のできが悪い……？　いや，本当にそうだろうか？」と自問自答し，ふと，新人教員時代の「私」に思いを馳せ，今（教員3・4年目）の「私」と比べてみました。教員としてキャリアを積んできたはずの「私」は，あろうことか，新人教員の「私」に負けていたのです。

それまでに，180名ほどの学生をみてきていましたが，いつのまにか私は，学生を「できる・できないの基準」「ここまでできてほしいという基準」からみるようになっていたのです。そのような基準でみると，学生のできない部分がクローズアップされ，その部分を厳しく指摘するような関わりになっていたのです。学生からみれば，きびしく怖い先生です。学生は，私に怒られるので困ったことがあっても相談できずに独断で行動し，ヒヤリハットにつながっていたのでした。また，大切な指導をしても，学生が聴く耳をもたないような状況が起きていました。

新人教員のときは，学生目線を意識していたので，常に一緒に山を登るガイドのような立ち位置で学生をみていました。ですから，学生の考えていることや不安も学生目線で手にとるようにわかり，適時適切にサポートできていたのでした。一緒に山を登って降りることを繰り返していたはずが，ある時点で私は頂上に到達した

まま降りることをせずに見下ろしていたのでした。そのような状況なので、学生の考えていることも不安もみえなくなり、これまでできていたサポートもできなくなっていたのだと気づきました。そう、問題の根源は「学生」ではなく「私」だったのです。その瞬間から、もう一度、原点に戻り一人ひとりの学生と向き合うように自分のあり方を変化させました。その後は、教員としてキャリアを重ねても、新人教員時代の「私」のあり方が常にお手本であり、原点に戻ることを忘れないことを肝に銘じて現在に至っています。

4 真の教員として再出発する

4-1 「教員」をやめて，はじめて「教員」になる

さらに、ふりかえりを深めると、「教員」であろうとしている「私」がみえてきました。教員への採用が決まった瞬間から、「教員」らしくなることを決めました。まずは、服装を大幅に変えたのです。教員になる1年前に金髪にしていたぐらいですから、服装も決して地味ではなく、派手な方でした。これではいけないとワードローブを一掃し、意識的に「コンサバ」と呼ばれるファッションを選び、色も黒、紺、グレー、茶といったそれまでほぼ着なかった色にしていました。それは、「教員らしく」はあるのかもしれないけれど、「私らしく」ないものです。そこには「教員らしくあろうとする私」が学生に接しているという構図がみえました。「教員らしくあろうとする私」も私であることに代わりはありませんが、「教員であろうと背伸びをしている私」というか、「教員を演じている私」にすぎないのではないかと気づいたのです。

看護職は、患者さんが健康であったならみせることのない、もしかすると、社会生活や家庭生活では決してみせることのない領域にも、場合によっては踏み込むことが求められる仕事です。家族や友人といったプライベートの関係ではなく、仕事として関わるのですから、看護職という役割の範囲で一線を画すのですが、気持ちに壁を作らずに「人」として関わることは重要なのです。それができなければ、たとえ看護技術を提供したとしてもケアをしたことにはなりません。患者さんの前に、「看護職という役割」として立つ人ではなく、「人」として立つ看護職、そのようなプロフェッショナルを育てることが看護教員の使命であると考えたときに、今の自分はどうかと疑問が湧きました。

そして、今の私は、学生の前に「教員という役割」で立つ人であり、「人」として立つ教員ではないことに、自ら気づきました。前者であっても、学生に知識や技

術を伝え，指導することや学習上の悩みを解決することはできると思います。でも，教員－学生という一種の上下関係のニュアンスは否めず，学生の問題に対峙するときに，教員目線で見てしまい，問題そのものがみえないあるいは気づかないといった，先に述べた私自身が陥っていたような状況になるのだと思います。そうではなく，たとえ学生と教員であっても，年齢差やその立場を越えて，人と人として対等に位置すること，学生というデリケートな存在に「教員という役割」という鎧を着たまま接するのではなく，「人」として関わることで，教員目線ではみえなかったものや気づかなかったものに気づくことができるだろうと考えたのでした。

教員になるために，教員らしい服装で「教員」らしくあろうとしたものの，そこには，本来の自分との乖離が生まれ，「教員」らしくあろうとすればするほど，その実体からは離れていくような矛盾を内包していた現実をみつめ，この「「教員」たるために「教員」をやめて，「教員」になった」体験により，自己を変革をし，入職4年目にして，やっと改めて教員1年生として再出発できたのでした。このとき鎧を脱いだ効果かはわかりませんが，今では，よく「先生には壁がない」と言われるようになりました。

4-2 現象学的アプローチで学生の真実に近づく

改めて，気持ちは新人教員で，実質4年目の私は，「徹底的に「学生目線」にこだわる」ことを決意しました。

ちょうどその頃，同僚や他大学の哲学専門の先生方と月に1回ペースで現象学の勉強会をしていました。その影響もあり，フッサールの現象学的認識論を基盤に，「学生の体験ないしその意味を，その人が体験しているがままにありのままに理解し認識しようとするために，現象学的還元の遂行や現象学的態度を求める」を念頭に置きながら，学生に関わるようになりました。

もし，同じ景色を目の前にしても，人によって見ているものも違えば，感じている気持ちも違います。その個々の「見え方」・「感じ方」を徹底的に知り，理解しようと考えました。私が見ている世界に学生を近づけようとするのではなく，私が「学生の見ている世界に近づくこと」が何よりも重要なことなのです。

一人ひとり個性の違う学生がもつ唯一のありのままの「学生目線」を私が理解するためには，学生自身にその内面を語ってもらうことが必要です。そのためには対話する時間が必要だと考えました。そこで，日常的な実習指導でも一方的な指導をするのではなく，対話を心がけ，必ず学生の考えを話してもらうようにしました。

あるとき，学生からこのようなことを言われました。「他の先生だったら，やってなかったら「全部できてからみます。やってきてください」とそのまま突っ返されることもあります。わからないからできてないのに，みてもらえないんです。でも，川島先生は怒らずに必ず聞いてくれる。できていない理由をいつも聴いてくれます」と。

ときどき，記録が書けず白紙の学生がいます。その理由はさまざまですが，本当の理由さえわかれば，そこから文字を綴り，書いてもらうことはそんなに難しくはありません。あるとき，一人の学生さんが実習の提出物を白紙でもってきました。できない学生ではないはずでしたが，白紙だったので，「どういう理由なのか教えてほしい。わからなければ，私が教える必要があるし，他の理由だったら，それに応じた解決方法を考えたいから」と伝えました。学生は，ためらいがちに「昨日，彼氏と別れたんです。ショックで……すみません」と答えました。「言いにくいことなのに，言ってくれてありがとう。それはたいへんなことだったのに，今日休まずによく来たね。今回は少し落ち着くまで，記録は2，3日待つね。でも，患者さんとご家族にはまったく関係ないことなので，実習時間中は看護師として，ふだん通りにしてくれるかな」と伝えました。専門職としては，プライベートで何があろうともその職務をふだんと変わりなく遂行することは当然のことです。

専門職を育てる立場から考えれば，「彼と別れたぐらいで記録を書けないなんていけない。きちんと書きなさい」と言うのが正しいのかもしれません。ですが，人として考えれば，年齢的にもショックを受ける出来事であったことは推察できます。ですので，私は専門職としての立場，人としての立場から言葉をかけたのでした。彼女は，約束通りに数日遅れで丁寧な記録を出し，「先生，待ってくれてありがとうございました。そのおかげで何とかできました」と言ってくれました。怒ってばかりいた頃の私なら，もしかすると白紙であることに一方的に怒るだけで，その理由も聴くこともなく，「課題をやってこない学生」というレッテルを貼り，その後もそのように関わっていたかもしれません。ところが，彼女の言葉をもとに，彼女の体験のままに理解し認識しようとしたことにより，思いがけないほど素直な気持ちや状況が明らかになったのでした。

また，それまでの「小児看護学実習」では，学生との面談の時間を入れていませんでしたが，4年目以降は実習最終日に学生一人ひとりとの時間を設けました。これまでに，約500名の学生と面談をしてきました。学生は思った以上に自分のことを話してくれます。学生から「今，初めて話しました」や「先生，どうしてそんな

に私のことがわかるんですか？」と言われることも度々あります。もともと警戒心が強く，他人に本心を打ち明けることなどなかった私からすると，それはとても不思議なことであり，「自己を表現することの大切さ」を学生から逆に教えてもらったと思っています。

学生との対話を通して，日常的な実習場面のなかでの姿や記録，それに関わる指導でこれまでみえなかった学生の素直な気持ちや悩み，真摯に取り組んでいる姿もみえてきました。学生はこちらが思っている以上に考えていることに気づき，改めて，ありのままの学生の姿をみることができていなかったことを痛感しました。

4-3 最大限に任せてみる

実習中の日々のカンファレンスの方法も教員主導から学生主導に変えてみました。従来は，その日の気づきや学び，困ったことなどを話してもらい，私が一つひとつ回答していました。これでは，主体性は伸びないので，学生自身で回答をみつけてもらいたいと，日々のカンファレンステーマを学生で決めて，運営し，その結論まで自分たちで導くようにしました。

それには，グループダイナミクスを活用し，人間関係を変容させるというもう一つの動機がありました。グループによっては，学生間の仲が悪いと，学生からぐちを聞き，相談に応じていたことも多かったのですが，私がぐちを聞いたからといって，グループの状態が改善するわけではなかったからです。

日々のカンファレンステーマは，その日の学びや疑問から決められ，テーマの内容は多岐に渡りました。困っている学生の問題，よりよい看護ケア，子どもや家族がおかれている倫理的問題，日々の勉強方法やストレスマネジメントなどについて，自分たちで意見を出し合い，解決していきました。始めてみると，ほとんどのテーマについて，私がおそらくコメントしたであろう内容と同様の結論を導き出していたので，私は，それらの結論を肯定する，あるいは必要に応じて補足説明することを主に行いました。始めはバラバラだったグループもお互いに協力し合うようになりました。

このカンファレンスの一部始終を観察することで，日々変化する個々の学生のリーダーシップやメンバーシップも手に取るようにみえてきました。これにより，私自身も各グループの強みや弱みを捉え，グループダイナミクスを意識し，かかわることができるようになりました。

この学生の変化を通して，「教員が学生を信頼し，自分の範囲を手放し，任せるこ

とができれば，学生は能力を存分に発揮できる」と実感しました．学生に任せるという行為の根底には学生に対する信頼が不可欠であり，私自身が学生を信頼し，学生が自らの能力を発揮できる機会を準備することが大切だとしらされたのでした．

4-4　学生の内なるモチベーションを高める

実習での学生の学びを深めるために，学生自身が内なるモチベーションを高めることが重要であると考え，3種類のモチベーションシートを独自に作成し，活用しました．

(1) 小児看護学自己目標管理シート

小児看護学自己目標管理シートは，「1．前回までの実習での学び」「2．前回までの実習における自分の課題」「3．小児看護学実習における自分の目標」「4．小児看護学実習における自分の目標の評価・達成度」「5．看護における自分の強み・得意なこと・成長したこと」「6．今後の自分の課題・目標」の6項目から，自分を客観視した上で目標を設定し，自分の課題に向けて取り組む姿勢を育成することを目的としています．

特に「看護における自分の強み・得意なこと・成長したこと」を見出し，「自信の芽」すなわち，「職業アイデンティティの芽」を自分の力でみつけてほしいというねらいがあります．一人前の看護師になるまでに，いくつもの試練があるのですが，失敗やできていない部分だけに目を向けていると，「私は駄目」というスタンスが身についてしまいます．それでは，自分だけでなく他者に対しても，「あなたは駄目」というスタンスになってしまいます．したがって，日々のなかで，自らを客観視し，できていないことばかりに目を向けるのではなく，できていることを認め，肯定していくことが，一歩ずつ成長していく際にはとても重要なことだと思っています．

(2) 自分の力再発見シート

自分の力再発見シートは，「1．不安がどのようなものか」「2．過去の成功体験の振り返り」「3．過去の成功体験の中で自らが得たもの」「4．強みを生かした不安に対する対策方法」「5．実習終了時の自己像や気分のイメージ」の5項目から，学生が自分自身で不安を明確にし，その解決策を見い出し，ゴールイメージをもち，ポジティブな感覚へと変革した上で，実習に臨むことを目的としています．

これを導入した後，ほとんどの学生は，自らの不安対策方法を実践し，自分の考

えたゴールイメージにも到達していました。学生からも「不安に対して自分がすべきことが分かった」「ゴールイメージが現実となっている」「成功体験を振り返ることでやれるような気がした」などの肯定的意見が聞かれ，不安を明確にすることで解決につながることを実感していました。

(3) いいところ発見シート

いいところ発見シートは，「1. 他者からみたいいところ」「2. 新たに発見した自分のいいところ」「3. 今の気分や今後に向けて」の3項目から，他者理解，他者からみた自己理解，他者からみた自己理解のもとに，今ある感情の明確化や行動への動機づけと学生間で互いに自己肯定感を高め合うことを目的としています。

自己肯定感はその人の人生を形づくる重要な鍵です。備わっている人にとってはあたりまえのものですが，低い人にとってそれを高くもつということは，かなり難しいことです。

これを導入した後，学生は他の学生が自分のことをよくみてくれていることや自分の短所を長所とみてくれていることを知り，自らへの肯定的意識が高まり，他者への承認も強化されます。「こんなことをしてくれるのは先生だけ」と喜んだり，感極まって涙したりする学生もいるくらいです。それとともに，グループメンバーへの関心が高まり，相互理解や信頼が深まります。このことは，さらに，学生が看護職として患者さまに向き合うときの「温かなまなざしの素」となると思っています。

4-5 「接する」のではなく，「かかわる」

現在私が学生の指導を行う際には，アセスメントとして，①知識（教科書的な基本的知識があるか），②経験（その事象をこれまでに経験したことがあるか，あるとすればどのような経験（見学／実施）をしているか，③思考（ポジティブか，ネガティブか），④感情（その事象やその行動をとることについてどのような感情をもっているか），⑤行動（行動できるか，できないか，できるとすればどの部分ができないか）の五つの側面から常に評価しています。

特に慎重に対応しているのは，知識や経験があっても不安が強く，行動では上手くできないケースです。この場合は，その不安がどこからくるのかを明確にします。その原因は過去の失敗体験だったり，幼少期からの親子関係に付随するものだったりします。デリケートな部分でもあるので，前置きをし，「言いたくなければ言わなくてもよい」と逃げ道を作ったうえで，解決のために学生の心の砦の中に踏み込む

こともたびたびあります。

　私の恩師は「看護に接遇は必要ない。看護は接するのではなく，かかわるのだ」とおっしゃっていました。私があえて踏み込む行為は「接する」のではなく，「かかわる」です。だからこそ「かかわる」ときには，最後までフォローするという責任と覚悟をもっています。ただ聞くだけで，何も解決しないなら学生にとってもまったく意味がないものとなり，傷つけるだけで終わってしまうことになるからです。

　学生がかかえる問題を解決することにおいて，多くの場合は，知識をつけることよりも思考や感情に働きかける必要があります。そのために，五つの側面からのアセスメントが必要だと考えています。

　そのときに，ただ「接する」姿勢なのか，「かかわる」姿勢なのか，学生にも見抜かれるものであると感じています。こちらが「かかわる」姿勢であれば，学生の心の奥に深く届き，必ず心を開いてくれるものです。やはり，教員には，「かかわる」姿勢と覚悟が必要だと思っています。

5　教育サロンとは「個立する自分」をみつける場

　2012年から，紆余曲折だった私の教員人生のなかに，教育サロンという場が存在するようになりました。教育サロン事務局の本田貴継さんに第1回目から声をかけていただいたことをきっかけに，現在までに何度か参加させていただいています。

　教育サロンの場は，共通言語をもたない見知らぬ者同士の出会いから，お互いに関心を向け，自己開示し，相互理解し合うことで，関係性が作られるという，まさに，「開かれた場づくり」が特徴です。

　そして，学会や研究会とは大きく違う点があります。学会や研究会での発表内容は，基本的には「できていること」です。結果の中でも，よい部分にフォーカスして発表しています。教育サロンでは，もちろん「できていること」も語られますが，「できていないこと」も語られ共有されるのです。

　参加者の方々には，役職者の方も多くいらっしゃるのですが，存在を誇示することもなく，一人の参加者としてその場に同化されています。第1回目の教育サロン幹事合宿の際に，「参加者はみんな幹事」という驚くべき方向が打ち出されたわけですが，ヒエラルキーによる閉塞した現実を抱える大学に風穴を開けたと言ってもよいかもしれません。職種も職位も越えて，参加者は必ず，「自分」や「自分の考え」について，必ず語ることになります。これこそ，アクティブラーニングの実践であ

るともいえますし，教育サロンは「自分の鎧を脱ぐ場所」であると思います。

また，教育サロンの本質には，"ナラティヴ"の概念が横たわっていると考えます。

> ナラティヴ・プラクティスにおいてなされているのは，互いに文化を共有しないどうしが〈いま－ここ〉において，共有しうる〈なにか〉を創りだそうとしているともいえる。そのプロセスを通して，互いのアイデンティティが描き出され，また他者との相互理解が可能となるのであろう。(保坂，2014)

第2回目の教育サロン合宿でのグループワークで，私たちのグループは，教育サロンに参加する教員のことを「個立」する教員という言葉で表しました。「教員としての個性が際立ち，教員としてのアイデンティティが確立されている」ことを表現したものです。

教育サロンは，ナラティヴ・プラクティスを体現化したもので，そこに集まる者同士の唯一無二の個性が互いに個性を磨き上げ，各々のアイデンティティを描き出される体験をしています。それがどのように描き出されるかは，各回の参加者やテーマによって変わるところが「自分の鎧を脱ぐ場所」というナラティヴの面白さでもあると思います。

6 「個立」した私の教育とは

6-1 個立した教育の四つの視点

私は，教育には四つの視点があると考えています。四つの視点とは，「教えて育てる：自分の関わりで学生を成長させる」「教えると育つ：自分の関わりで学生が成長することを実感する」「育つことを教える：学生自身が成長を実感できる」「育つことを教えられる：学生が成長することを実感できる」です。

これは，「教育って，辞書ではどんな意味？」と調べたときに，辞書には，「教えて育てる」と書かれてありました。その説明をみたときに，本当にそれだけだろうかと疑問に思い，あとの三つを自分なりに考えてみたのです。

「教えて育てる」は，教育の基本ですが，このスタイルだけだと教員からの一方的なかかわりとなり，学生の主体性は育ちにくいのではと思います。

「教えると育つ」は，教員が一方的に教えるのですが，その成果を教員が行った教育の証ではなく，学生の成長の証として捉えるのです。学生自身の成長がどんなに

小さなものであっても，教員がその小さな一歩をみつけられるかがとても大切です。学生は小さな一歩を踏み出せているのに，教員が完全な最終形を求めているがために，学生の成長の一歩に気づけていないことも多いのです。学生自身が気づかないほどの小さな成長の一歩を教員が見逃すことなくかかわることができたら，そのまなざしの温かさは学生にも必ず伝わるのです。

「育つことを教える」は，教員が学生の小さな成長の一歩を見逃さずに，学生自身にフィードバックすることができれば，学生は自分でも気づかなかった自分自身の成長に目を向けることができ，その成長を実感できるようになります。学生自身が成長を実感できるようになれば，自信がつきます。私は，看護職という専門職を養成していますが，専門職には自律性が欠かせず，その自律性の根幹はやはり，「揺らがない自信」であると思っています。

最後に「育つことを教えられる」は，結局のところ，教員は学生に教えているようでも，教えているのではなく，逆に学生から「人が育つことの本質，成長することの素晴らしさ」を教えてもらっているのだと感じています。

6-2 「個立」した軌跡が照らす道

現在の私は，専門を小児看護学とし，学部で看護基礎教育を行うとともに，大学院で小児看護専門看護師教育課程の開設に携わり，小児看護のスペシャリストである小児看護専門看護師の養成にも携わっています。とはいえ，私自身は6年間のスタッフナースの経歴しかありません。私の経験だけで，自分が考えた枠にはめる教育をしようとするなら，スペシャリストを育てることなど当然無理なことです。

しかしながら，私は，「その人の本質を引き出す教育」に目を向けています。「私の中にあるものを教える教育」なら限界がありますが，「その人の本質を引き出す教育」に限界はありません。現在の立場上，他の先生がお手上げの学生を担当する機会も増えましたが，どの学生でも必ず成長することを実感しています。

また，新任や若手の先生からの看護教育に関する相談も増えました。どの内容も自分が悩み工夫してきたことで解決できることばかりで，相談される先生に応じて経験談を語ったり，教育方法を提案したりしています。相談して下さる先生方も霧が晴れたように変化されるので，こちらの喜びもひとしおです。

さらには，これまでに培ったコーチングを用いた教育方法を看護職や医療職を対象に研修を行う機会もいただき，これまでに延べ1,800名の方に参加していただいています。1日研修でも「価値観が変わったので，教育が変わった」などとの感想も

いただき，参加者の方々の教育方法・スタンスが変化しています。5年以上に渡り院内研修に入らせていただいているある病院では，新人離職率が全国平均約7.9%のところ，2年連続で0%となるなど，少しずつですが，看護・医療教育に悩む方々への教育の道に灯りをともすこともできるようになったのかなと思っています。

7 おわりに

私の「個立」した軌跡というマフラーは，編み目がつんでいるところも，大きいところもあります。長らく前に進めず，放棄しようとしたことも幾度となくありましたが，何度も踏みとどまり，そのたびに一目を編むことを続けてきたことで，「今」があります。このマフラーは学生や患者さま，教育サロンをはじめとしたすべての出会いがもたらしてくれた「自己理解」と「他者理解」が紡いだ集大成です。すべての出会いに感謝し，このペンを置いたら，次の12年を目指して，2本目のマフラーに取りかかろうと思います。

【引用・参考文献】

川島美保（2011）.「十年後の涙のあと」『看護専門職の人生を育むものシリーズ　言葉と人生　心を動かされたあの一言』，ふくろう出版, pp.36–39.

川島美保（2012）.「学生の自律性を促す小児看護学実習における教育実践報告」,『高知大学教育論集』**16**, 1–6.

榊原哲也（2008）.「看護ケア理論における現象学的アプローチ—その概観と批判的コメント」,『フッサール研究』, **6**, 97–109.

保坂裕子（2014）.「ナラティヴ研究の可能性を探るための一考察〈Who-are-you？〉への応えとしての〈わたし〉の物語り」,『兵庫県立大学環境人間学部　研究報告』**16**, 1–10.

06 授業するって楽しい
大学教師，30年目の実り

滝澤　昇

滝澤　昇：岡山理科大学副学長・工学部教授
1980年3月大阪大学工学部醗酵工学科卒業，1985年3月広島大学大学院工学研究科博士課程修了（工学博士），同年岡山理科大学助手に着任，1999年4月より現職（副学長は2016年4月より）。その間，FD推進室長，科学ボランティアセンター所長，理科教育センター所長，工学部長を歴任。専門は微生物工学。元来高校教員志望ということもあって，大学での授業法に興味を持ち，自らの授業において試行錯誤を実践中。趣味は鉄道と船の旅。ゲリー・カーを敬愛するダブル・ベーシストでもある。

1 はじめに

　私は，もともと「高等学校の化学の教師になりたい」と思い，大学に進みました。教師になるためには教育大学や理学部に進むのが一般的ですが，生来のあまのじゃくでしたので，純粋な化学ではなく生物系の化学をやりたい。しかし理学部は雰囲気が合わない——そして選んだのが工学部発酵工学科でした。その後，目の前に開かれた道を進んでいるうちに大学教員となり，30年という歳月が経っていました。
　ともすれば教育，とりわけ教室で授業することがあまり重んじられない大学ですが，卒業研究や大学院での研究において学ぶことの楽しさや喜びへ導くためには，1–3年次の教室での授業・講義は，基礎を固め発展の可能性を芽吹かせるものとして重要です。授業は大学教育の中核です。大学教師として長年，授業を通してどのように学生を育ててくべきかという問いを抱え続けていますが，これからもそれを問い続けていくことになるのでしょう。

2 大学教員になってから：マス化する大学のなかで

2-1 君，行ってみないか

　今から 30 年以上も前の 1984 年 4 月，東京での学会から帰ってきた私は，指導の先生から呼ばれ，「滝澤君，岡山理科大学の K 教授が来年春に助手を欲しいといっているから，君，行ってみないか」と言われました。博士課程の学生にとって，大学の助手に採用されることはめったになく，よいお話です。しかし当時の私は，博士課程での研究をまとめた後は，大阪に帰って高校教師になるつもりでした。またどちらかというと大学教員に「教師」としての魅力を感じていなかった私にとっては，いささか複雑な思いのするお話でした。このように感じていたのは，私の家が教師の家系で，また幼稚園敷地内にある教員宿舎で育ったからかもしれません。

　K 教授はたいへんきびしいけれども人柄がすぐれた方（何せ浄土真宗の住職でもある）とうかがい，「ひとまずお話をうかがうだけでも」と思い，お会いすることに決めました――そして K 教授の教育感に感銘を受け，お世話になることになりました。これが私の就職活動でしたから，今，学生たちの就活にあれやこれやと言っている自分を考えると，滑稽に感じることもあります。そして，その翌年の春に，博士号を得た私は，岡山理科大学の助手となりました。

　当初は「典型的な地方私立大学だから，研究というよりは教育が中心だろう」と思っていたのですが，あに図らんや，研究費は潤沢，高価な装置機器も整備されていました。これは創設者である当時の理事長が「優れた研究者と装置機器をもって研究成果を出すことで，学生は全国から集まり，学生にはレベルの高い教育が行える。結果として優れた技術者が育つ」という考えをもっていたためでした。一方で，建物は貧弱で，学内の通路はまるで溶岩流の跡。学生は暗く薄汚れた食堂や道端で昼食を取っているという状況で，まだここは，昭和 40 (1965-9) 年代の高度成長期なのではないかという雰囲気でした。

　大学に入ってまもなく感じたことは，「ここは旧帝大よりも古臭い感じのする大学だ」ということでした。特に所属した学科の一部には「学生は教員の研究成果を出すために牛馬のごとく実験作業するもの。実験は体で覚えるもの」であり，まずは教員の研究，学生の教育は二の次という雰囲気が感じられたものでした。それもそのはず，教員には国立大学を定年退官後の再就職組とその先生につき従ってやってきた先生が多いので，さもありなむ，というわけです。そもそも大学教員の多くは，「研究者になって研究を続けていたい」と思ってきているのであって，「大学教

師となって学生を教育しよう」などという意識はありません。

　高校生の大学進学率が30%に満たないエリート時代の国立大学であれば，教員が研究に没頭する姿をみて，学生は自ら育っていったものです。しかし進学率が40%を越えようとするマス化時代の（現在はさらに進んで50%越えたユニバーサル化時代と呼ばれている）地方私立大学で，そのスタイルが通用するのでしょうか。

　「この大学に求められている役割は何だ？ 学生を使って教員が研究成果をだすことか，研究者を育成することか？ いや違う，授業と研究活動を通して科学リテラシーを備えた教養人や技術者を育てることだ。このままでは，この大学は，あと20年もたないかもしれない」と感じさせられ，ことあるごとに学内で研究偏重から教育中心への切り替えを訴え続けました。これが私の授業改善・大学教育改革への第一歩でした。

2-2　最初に担当した授業・「遺伝子工学」でのアクティブラーニング

　1988年に，私が最初に担当した授業は「分子生物学」と「遺伝子工学」でした。「分子生物学」は基礎，「遺伝子工学」はその発展・応用という関係にあります。そこで「遺伝子工学」の授業内容を思い切って整理し，講述は基本技術と，その原理についてのみとし，応用技術や実社会との関連と活用については，学生のグループによる調査とプレゼンテーションに委ねることにしました。受講者全員がこの分野の

コラム①　アクティブラーニングについて考える

　大学は，その後の人生を考え，物事についての考え方と学び方を学ぶところというのが，私の大学教育についての基本的な考えです。近年，この点が重要視されつつあり，その実践のため，各大学では知恵を絞り，授業にアクティブラーニングを取り入れようとしています。中・高・大学を問わず，授業は基本的に，一人の教員が講述し，多数の生徒学生がそれを聴き取る「講義」で行われています。それは，大量の知識を短時間に伝授するための効率のよい方法といわれています。しかし一般に伝授された知識の定着率は低いといわれ，多様な生徒・学生がいる場合には，教員にとって授業レベルの設定は容易ではありません。

　アクティブラーニングは，一方的な講述をやめて，学生個々の学習活動と学生相互による学習活動を促すことで個々に応じた主体的な学びを進めることができるという特徴をもつと私は考えています。しかし，アクティブラーニングによる授業というと企業など実社会と連携したPBLやサービスラーニング，コーオプなど，卒業後に企業などで役立つ技量の育成が重視される傾向が一部にみられます。そもそもアクティブラーニングは，学生自らが主体となって学んで行くという要素であり，自ら学ぶという能力を育成するという要素をもつ授業の推進が求められているのです。その授業手法は多様であってしかるべきでしょう。

専門家になるわけではありませんから，基本的な理解と自ら調べる技能を身につけておけば，将来必要となれば自ら学び解決することができるはずです。「それでこそ学士だ」と考えたわけです。当初は大人数のクラスであったため，一部の希望する学生グループの発表にとどめていましたが，受講者数が60人程度となったある時期から，全員にこれを課することとしました。まだ「アクティブラーニング」という言葉をまったく耳にしたこともない時代のことです。

授業は毎回，教員の講述が1時間程度と残りが学生の情報交換や話し合いのグループ活動です。そして学期末の3-4回程度の授業時限を利用して発表練習を行い，教員からのアドバイスを受けた後，公開発表会を行います。テーマ決定，資料収集，発表原稿・スライドの作成，発表練習まで，学生の自主的な活動です。学生たちは授業時間外も発表のために学び，準備をしています。内容が乏しい場合は，練習の段階で容赦なく教員や同じクラスの学生から指摘を受けます。あるとき同じ学科のある先生から「うちの4年生が，『遺伝子工学の授業はたいへんだったけれどありがたかった。あんな授業はもっと低学年で受けたかった』と言っていた」とうかがいました。「ああ，やっていてよかった」と感じた瞬間でした。

「遺伝子工学」では，学生に調査とプレゼンテーションをしてもらいましたが，大量の基礎的な知識を理解・修得してもらわなければならないような授業では，この手法は使えません。「分子生物学」では，教科書の章を区切って学生に授業をしてもらったことがありましたが，下手な授業は発表者以外の学生にとっては理解し難く，結局は教員が内容を繰り返さざるをえませんでした。結局は，時間を余分に要しただけで成果が上がりませんでした。多人数相手に大量の知識を伝えなければならないタイプの授業へのアクティブラーニング導入に対して，長らく有効な策は見い出せませんでした。

3 ユニバーサル化が進む大学のなかで

3-1 基礎化学を担当する

2000年頃から，18歳人口の減少とともに，急激に大学のユニバーサル化がすすみました。徐々に入学試験が選抜機能を果たせなくなり，いわゆる大学全入時代がみえてきたのです。私が所属する学科は応用化学科であり（現在はバイオ・応用化学科に改称），化学を基本としますが，ゆとり教育が進んだ世代の新入生には，高等学校で化学を履修していない学生が徐々に目立つようになってきました。残念なが

ら多くの教員は，このごろの学生はレベルが低下したと嘆くばかりで，自らの授業を受講者の理解力を考慮して変えていこうという動きは，まだみられませんでした。これまでと同じように授業をして同じように成績をつけ，一回の期末試験のみで評価していました。おのずと単位を取れない受講者が増え，再履修者や留年者が増える結果につながりました。

このようなときには，期末評価に高下駄を履かせる，単位不足でも仮進級させるといったことが，しばしば行われます。質の低下を嘆きながらも，入学すれば自動的に卒業できるものという世間（親）の期待に応えざるを得ず，学士の称号にふさわしくないと思いつつも学生を卒業させるというのが，多くの大学の姿でした。技術者の本分は，よい製品を世の中に送りだすことです。工学部は技術者を育てるところです。しかしそのような卒業の仕方をした技術者が，よい製品を世の中に送り出せるとは，とても思えません。

そこで，私の所属する学科では，新入生の基礎学力の不足に対応するため「基礎化学」という科目を立ち上げました。これは高校化学の修得が不十分な学生を，大学における応用化学科の専門基礎科目が理解できるように導いていくための授業です。私はこの「基礎化学」で，当初は入学時のプレースメントテスト中位層や中下位層を担当しました。私の専門は微生物学や分子遺伝学で，学科の他の先生のように化学が専門ではありませんが，元来高校化学教師を志していたこともあって，これぞ天職とばかりに，この授業で新たな取り組みを始めました。この取り組みと成果については，次節で詳しく述べることにします。

3-2　科学ボランティアリーダー養成プログラムと教育GP

それから数年後，懇意にしている同じ大学の理学部化学科の若い先生から相談を受けました。彼も化学科の授業を担当していて，私同様，学生の化学についての基礎的な体験不足を気にしていました。

彼の最初の相談は「学生は知識をもっていても，実体験がない。学生たちに基礎的な体験をつませるために，楽しい科学実験をするサークルを作りたい」というものでした。「それはすばらしいアイデアですね」と言って，背中を押しました。その翌年だったでしょうか，再度，次のような相談を受けました。「学生さんたちは，楽しそうに実験をやっているのだけれど，それで終わっていて，発展性がありません。何かよい方法はないでしょうか」というものでした。

そこで，「子どもたちへの科学実験教室をする科学ボランティア活動をやっても

らったらどうでしょうか。対象が小学生といえども，教えるためには，十分に勉強しておかないとできませんよ。子どもたちの後ろには，大人も一緒についてきていますし」とアドバイスしました。それは私が十数年来取り組んできた科学教育ボランティア活動の経験に基づくものでした。

それがきっかけで，1年次前期に「科学・工作ボランティア入門」という科目をおくこととなりましたが，ほどなく，文部科学省の教育 GP に応募するため，この科目を中心に据えた「科学ボランティアリーダー養成プログラム」を組み上げ申請し，見事に採択されました。このプログラムは，特に理科の教員を目指す学生には好評の実践的プログラムとなって毎年多くの受講者があります。プログラム受講学生は数多くの科学教室を実践し，科学教育ボランティアリーダーとして巣立っていっています[1]。

この GP の採択によって，大学教育改革フォーラムや GP 報告会に参加する機会を数多く得ました。そこでは多くの大学の，それぞれの教育理念に沿って工夫をこらした特色ある教育プログラムと教育手法を目の当たりにし，「大学教育は変わっているんだ。変わっていかなければならない」と思うようになりました。目から鱗が落ちるとはいいますが，井の中の蛙が大海をみてしまったのです。GP の集会や，FD 関連フォーラム，そして初年次教育学会，そして教育サロンに参加して，授業法に関する数多くのアイデアを収集しました。

4 「基礎化学」の授業改革に取り組む

4-1 授業「基礎化学」における当時の課題

話を「基礎化学」に戻します。当時の基礎化学を担当して感じていたことは，学生達は高校時代に化学を履修していたとしても，化学を体感した経験に乏しく，言葉だけの理解にとどまっていること，実生活との関連を理解していないこと，さらには理解を深めるための基本を繰り返すトレーニングが不足していることです。

実体験不足に対応して演示実験とビデオ教材を積極的に取り入れましたが，それに時間を取られ，十分な問題演習の時間をとる余裕がなくなってきました。小学校や中学校では，宿題ノートを提出してもらってチェックして返却するのでしょうが，

---

1) 岡山理科大学科学ボランティアセンターホームページ〈https://ridai-svc.org/〉（最終閲覧日：2016 年 7 月 22 日）〉。

私にはそれだけの時間を割くことはできませんでした。TAを利用しチェックするという方法はありますが，限られた研究費からの支出は困難です。フィードバックできなければ，宿題としての意味は半分以下になります。

あるとき，当時小学生の息子に小学館のドラネットというパソコン教材を買いました。パソコン上でクイズに答え，クリックすると直ちに正誤が示され，フィードバックのコメントが返ってきます。子どもは食い入るように取り組んでいました。そうだ，これをやろう。すぐにフィードバックがあると理解も進むし，やる気も出てくるだろう。

徐々にADSL等の常時接続のインターネットが普及してきた頃であり，演習問題のウェブサーバーを立ち上げることを考えました。ソフト開発は学内の情報系学科の先生に頼みましたが，二つ返事のわりには一向にできてきませんでした。結局，とある講演会でMoodleという学習支援システム（コラム②）に出会うまで，6-7年待つことになってしまいました。

コラム②　Moodleを見つけた

Moodleはオーストラリアで開発された学習支援システムで，全世界でもっとも利用されているシステムです。オープンソースなので誰でも無料で利用でき，多様な機能のプラグインが開発されています。バージョンアップと機能の追加が絶えずなされていて，国際フォーラムも開催されています。標準機能だけでも授業スケジュール表（シラバス），討論スペース，キーワード集作成，資料配付などの機能がありますが，たいへんありがたいことに，ウェブクイズ機能があります（井上ほか，2006）。

ウェブクイズには自動採点やフィードバック表示など，私が必要としていた機能が装備されています（これで正解の時にファンファーレが鳴ったり「大正解！」と叫んでくれたりすれば申し分ないのですが……）。日本語バージョンも配付されており，使い慣れたマッキントッシュのコンピュータ上で動かすことができるものでした。

さっそくプログラムを手に入れ，マニュアル本とにらめっこしながら起ち上げました。そういってもコンピュータの素人ですから，起ち上げと一通りの操作ができるようになるまでは，片手間ではありますが数ヶ月要しました。

さて次にクイズの入力です。これが実は難題で，適した問題を作成して入力せねばなりません。図表の取り込みもあり，遅々として進みません。ひとまずクイズ機能を除いて起ち上げた翌年，幸い配属されたゼミ生で実験よりはコンピュータ操作の方がよいという者がいましたので，彼に問題入力と試験運用，その学修効果の測定を卒業研究としてやってもらいました。

彼が卒研発表会で発表したところ，会場で「そんなものは応用化学の卒研ではない！」と突っ込まれ，最後につらい思いをさせてしまいました。たいへん申し訳なかったですが，お陰でWeb演習システムが構築され，現在多くの学生がその恩恵を享受しています。すばらしい成果をもたらした卒研だったと，大いに誇って欲しいと思っています。

4-2　教員の思いを届ける詳細なシラバス

　シラバスとは，授業の大まかな計画が記されたものです。アメリカでは個々の授業の独立性が高く，授業選択のためのガイドとして普及していたのが日本の大学に導入され，今ではほぼ100％の大学で作成されウェブサイトなどで公開されています。シラバスは，大学評価の主要な項目の一つとなっています。

　シラバスは，岡山理科大学では20年近く前から作成されています。当初は科目名，開講期・曜日時限，担当教員，教科書，参考書，講義概要と，15回の授業タイトルを記した半ページ程度のものでしたが，現在は学修到達目標や予習・復習内容，成績評価基準，関連科目なども記されています。従来は印刷物が電話帳のような冊子として学年はじめのオリエンテーションで配付されていましたが，記載項目が増えるにつれて，厚さが増し，また一般公開が求められていることから，現在では岡山理科大学を含めほとんどの大学でウェブ公開がされています。

　このシラバスは，当初から教員にはいたって不評でした。「授業項目の変更が許されない」「授業のスケジュール変更や遅延が許されない」「電話帳のように分厚くて持ち歩いている学生は誰もおらず，手間をかけて作るのに学生はほとんど目を通していない」「冊子でも見ないのにウェブページにするとますます見なくなる」「まったく利用されていないゴミの山」などなど。私も少なからず同じように感じていました。

　そんな折，参加した京都FDフォーラムの分科会で「学生が見たくなるシラバス作り」という合宿ワークショップの案内を頂きました。学生が見たくなるシラバスとは，どのようなものだろうかと興味津々で参加しました。講師は法政大学の土持ゲーリー法一教授で，それにSCOTという一団の学生アシスタントがついていました（土持，2012）。

　そこで知ったことは，アメリカでは授業カタログとシラバスとが作成されること，授業カタログは簡素な内容のものであらかじめ全学生に配付されるのに対し，シラバスは毎回の授業内容・日程に加えて事前事後の課題についての内容・提出日，提出日などの日程や評価基準・方法に加えて，教員の教育理念や授業方針，連絡方法も記されているたいへん詳細なものであることです。シラバスは，10数ページにもおよび，教員はこれを数ヶ月掛けて書き上げ，教室で受講者のみに配付されるということでした。シラバスには授業を受けて単位を取る上で必要かつ有益な情報がすべて書かれており，学生としては読みたくなるどころか読まないと損をする，読まざるを得ないものとなっているとのことでした。日本の大学におけるシラバスの内容は，アメリカの授業カタログに少し毛が生えた程度のものでしかなく，しかも必

修科目で評価が期末のレポートか期末試験一発，毎回の予習も求められず宿題もないとくれば，学生はシラバスなんてまったく読む必要がないわけです。

そこで，学生が読みたくなるシラバスを書いてみようと一念発起しました。最初に書いたのは2年次の「生化学Ⅱ」でした。その合宿ワークショップから，2ヶ月余りをかけて作り込みました。書いているうちに授業と課題の内容が整理され，また，それまで集めきたいくつもの授業手法を盛り込むことで授業のイメージが充実しワクワクしてきたことを今でも覚えています。

初回の授業では10数ページのシラバスを配付し，授業理念すなわち教員が授業にかける思い，授業方針，概要，授業日程，課題，評価方法などを90分かけて説明し，教科書に挟んで毎回持参するように伝えました。そのため，シラバスの用紙サイズは，教科書に挟み込むのに便利なB5版としました。シラバスとその説明を通して教員の本気を示すことで，学生の授業を受ける気持ちも引き締まってくるのが感じられました。受け取った学生は，最初は目が点になり，そして授業を受けるという緊張感が高まってきているように感じられました。その効果でしょうか，授業の進行もスムーズになったように感じています。授業アンケートでは，ほとんどの学生が「シラバスを1回の授業につき数回見ている」，あるいは「2回に一度は見ている」と答えています。他の科目でもこのようなシラバスを配って欲しいという希望がいくつもありました。これほど読まれているシラバスは，日本国内ではそれほど多くはないのではないでしょう。

5 反転授業の導入

先にも記したように，化学系学科といえども新入生は実験をやった経験が乏しい状況です。そこで「基礎化学」の授業では，受講学生にできるだけ多くの体験を通して化学を感じて欲しいと思っており，教室での授業では演示実験と実験ビデオを積極的に取り入れました。その一方では化学の理解を確立するために十分な問題演習量を確保したいと考えていました。しかし限られた授業時間で，実験を多くすると問題演習の時間が取れず，両者を組み込むことはなかなか困難でした。Moodle上でのウェブクイズ導入も，学生の自宅や下宿でのインターネット環境が十分に整備されていないこともあって，その機能を十分に活用できているとはいえない状況でした。

このように長らく悶々としていましたが，3年ほど前に「反転授業」という手法

を知りました（バーグマン・サムズ, 2014）。通常の授業では教員は教室で講述を行い，問題演習を課題として出します。学生は自宅などで，独力で課題を解きます。このとき，学生が理解できなくても，すぐに教員に質問するなどの指導を受けることはできません。往々にして理解できないままで放置されてしまいます。教師が教室で解説し，さらには課題ノートの提出を受けて個別に指導することが望ましいのですが，教師にもそれだけの時間的余裕はありません。これらの問題を解決する授業法の一つが反転授業でした。

反転授業は，教室での授業とeラーニングを組み合わせた授業法です。一般に学生は，まず自宅で講義の全体または一部をビデオで視聴します。理解できるまで各自のペースで繰り返し視聴することができます。すなわち，学生は十分に予習をし，理解できた点と理解できなかった点を明確にして教室にやってくることができます。教室では理解を固めるための演習問題を解答したり，発展的な課題に挑んだりします。教室には教員や多くの同級生がいますので，教員に質問したり学生相互に聞きあったりして，理解を深めることができます。折しもNHK高校講座が「化学基礎」に改変され放送時間が20分となりましたので，事前教材としてはたいへん好都合なものとなりました。そこで基礎化学では，2014年よりこの手法を取り入れることとしました。

5-1 反転授業を核とした「基礎化学」の授業構成

まず達成目標を見直し，次の項目を定めました。

- 大学での学び方を体得する。
- 化学の基本事象を理解し，他人に説明できる。
- 社会において，化学に関する諸問題について，積極的に関心をもつようになる。
- 化学に関わるテレビの科学番組や新聞記事が理解できるようになる。
- 化学に関する情報の真偽を見定め，自らの判断に基づき，他の人々に正しい情報を説明し，伝えようと考えるようになる（似非科学にはだまされない）。
- 人の意見を聞き互いにコミュニケーションをとりつつ，自らの考えをまとめ，伝えることができるようになる。かつグループの意見をまとめることができるようになる。

表 6-1　反転授業「基礎化学」で用いた教材・小道具 [2]

1.	教科書
2.	補助教材（PPT 資料の印刷物：学びの応援サイトから学生が各自ダウンロードしてプリントする）
3.	NHK 高校講座「化学基礎」VOD [3]
4.	学びの応援サイト（Moodle）（組み込まれている項目：授業計画，NHK 高校講座化学基礎 VOD へのリンク，オンラインクイズ（予習用，復習用），キーワード解説書き込み欄，レポート提出機能など）
5.	ビデオ教材（演示実験，企業見学など）
6.	演示実験の小ネタ／発展課題
7.	紙ベースの詳細シラバス
8.	リフレクションシート（毎回授業のポートフォリオ）

次にこの目標が達成できるように，これまで集めてきた手法を用いて，授業を組み上げました（表6-1）（滝澤，2014）。

教科書は，学生が自宅で読んで理解できるレベルのものにしました。教科書選定の基準としては，一方では内容が充実していて将来専門分野に進んでも役立つものという考えがありますが，反転授業では，予習の段階で学生が概要を理解できる平易なものが適切です。高度なテキストは参考書に指定し，発展問題へ取り組む際に活用するのが適当でしょう。

補助教材は，授業時限中にスクリーンに提示するもののハンドアウトです。スクリーンを主として補助的に黒板を利用することで，講述における時間の短縮を図っています。

学びの応援サイトには毎回の授業コラムがあり，そこには授業項目と NHK 高校講座 VOD の URL アドレス [4]，予習と復習クイズへのリンクが貼られています。予習クイズは教科書記載の基本的な内容について 3 題程度とし，復習用の理解度チェッククイズではやや高度な問題も含めて 10 題出題しています。学生には，90％以

---

2) 詳細シラバス，リフレクションシートおよび「学びの応援サイト」は，次のサイトを参照。『微生物にきいてみよう』〈http://www.dac.ous.ac.jp/tak/ （最終閲覧日：2016 年 7 月 22 日）〉。
3) NHK 高校講座ライブラリー「化学基礎」〈http://www.nhk.or.jp/kokokoza/library/tv/kagakukiso/ （最終閲覧日：2016 年 7 月 22 日）〉。
4) http://www.nhk.or.jp/kokokoza/library/tv/kagakukiso/ （最終閲覧日：2016 年 7 月 22 日）

上の得点を目指して繰り返して解答するように伝えています。理解度チェッククイズには少なくとも15題以上が登録されていて，それらがランダムに出題されます。この学びの応援サイトには，さらに用語解説を書き込む欄を設けています。ここで学生は任意に選んだキーワードについて解説文を作って書き込みます。同じ用語について何人もの学生が書きこむので，それらをすべて読むと，必要な情報はほぼ得ることができます。ウィキペディアでは，後の書き換えにより（履歴は残りますが）前の記述が表面的には消えてしまいますが，ここではすべての書き込みが残るようにしています。

　授業内の演示実験は，あるときは5円玉にひもをつけて回転させたり，風船を両手にいっぱいもったりするなど，身近なものを使い，感覚的に理解できるような演示実験を実践しています。もちろん化学薬品を使うものもありますが，派手な実験は一般教室ではできませんので，それはビデオ映像資料などで代用しています。

　毎回の授業の締めくくりは，リフレクションシートへの記入です。厚手のA4用紙表裏に，15回分のコラムとその中には4行の罫線が印刷されています。教室での授業が始まる前に，教卓におかれた各自のシートを取り，おわりには3-4行，授業の振り返りを記入して提出します。内容をまとめる者，感じたことを書く者，質問を書く者など取り組み方はさまざまですが，やはり時限中に周りの友達と話して理解できたという記述は，教師としてはうれしいものです。このシートの便利なところは，15回分の出席カードの機能をもっていることです。学生は受け取る度に自分の出席状況が確認できますし，教員は最終回に集計するだけで済み，毎回出席を取る時間と労力が省けます。他の先生から代筆はありませんかという質問をよく受けますが，3行以上の振り返りを書いてあげるほど，親切な友達はいないようです。

　この他に，化学と産業・実社会との関連が書かれた指定図書の読書感想文，新聞記事やニュースをみた後に感想文を課すことで，これから学んで行こうとする化学が決して紙の上に書かれただけのもではなく，人の生活を豊かにしてくれるものということを理解することで学びの動機を高めるように計っています。

　さらに期末には，一学期の学びの省察をレポートとして出してもらっています。しかし単に書くように言っただけでは，数行で終わってしまうでしょう。そこで土持ゲーリー法一のアイデアを頂き，問いかけに答える形で書くように指示しています（土持，2012；ズビラレタ，2015）。これらの課題レポートは，すべて電子ファイルとして学びの応援サイトを通して提出してもらいます。これにより教員はレポートを収集する手間や紛失の心配が無用となり，負担が軽減されます。

表 6-2 反転授業「基礎化学」の進め方

● 事前学習
1. NHK 高校講座「化学基礎」VOD を視る
2. 教科書の指定箇所を読み，キーワードをノートに書き出す
3. 学びの応援サイトで，予習クイズ（3 題程度）を解答する

● 教室での学習
（前回の発展問題について話し合い発表する場合がある：15 分）
4. プリントの問題を独力で解答する（15 分）
5. 教員による講義（補足事項と発展的事項）を受ける（30 分）
6. 授業の振り返り，隣席と相談しつつプリントの解答を再開する（15 分）
7. 解答例を参照する
8. 発展問題について話し合い発表する（15 分：次回までの課題とする場合がある）
9. 毎回のリフレクションの記入

● 事後学習
10. キーワード解説文の作成と学びの応援サイトで書き込む
11. 学びの応援サイトで理解度チェッククイズ（10 題）を解答する

授業の進め方は，事前事後の課題も含めて，表 6-2 のような手順を詳細シラバスで学生に示しています。教室での配分時間はおよその時間を記しており，学生の様子をみながら適宜変更しています。

受講者はあらかじめ NHK 高校講座 VOD を視聴し教科書を読んだ後にインターネットで学びの応援サイトにアクセスして，予習クイズを解答します。クイズは解答期間中に何度でも再解答でき，最高点が記録されます。

教室では紙で配付されたクイズを解答します。初めは予習に基づいて独力で解答しますが，教員の講義を受けた後は，学生相互の教えあい・学びあいや教員への質問を通して解答を仕上げます。講義室では学生が活発に情報交換できるように教員はファシリテーターとして振る舞います。このような手法は協働学習ということができるでしょう。リフレクションシートには，「一人ではよくわからなかったけど，友達と相談することでよくわかった」「今回は友達に教えてもらったけれど，次回は教えてあげるようになりたい」などといったコメントがいくつも記されており，話し合いによる協働学習が機能していることがわかります。

5-2 授業アンケートと試験評点から見る反転授業「基礎化学」の評価

この授業を円滑に進めることができたのは，シラバスによるところが大きいと思います。授業アンケートでは半数以上の受講者が，シラバスを週に 1- 数回見てい

るとの回答をしており，期待通り大いに活用されていることがわかりました。

また，学びの応援サイトでのクイズとNHK高校講座ビデオの活用度についてみると，クイズ（全56回）については，2/3の受講者が40回以上と解答しており，NHK高校講座ビデオについては，50％程度以上視聴した者が，あわせて48％でした。また役に立ったかという問いについては，いずれも役に立ったが，クイズの方がより役立ったということでした。

さてこのように反転授業を導入することで，試験評点には大きな変化がみられました。平均評点は中間・期末とも70点近くまで上昇し，特に期末試験では実施する前々年までと比べて29点もの伸びを示しました。単位修得率も79％まで躍進しました。この結果には大変驚かされました。無論，授業アンケートでの評価も高いものでした（目標達成度：3.90，教員の意欲：4.70，満足度：4.12，いずれも5段階評価に換算）。

5-3 「生化学Ⅱ」への反転授業の導入

「基礎化学」で思いのほか，よい結果を得たことから，もう一つの担当科目「生化学Ⅱ」でも反転授業を試みてみたいと思うようになりました。「生化学Ⅱ」は，2年次の専門基礎・選択必修科目に位置づけられています。糖と核酸分子の化学的構造と性質，糖代謝によりどのようにエネルギーが発生して生命が維持されているかを理解することがこの授業のテーマです。「基礎化学」同様，基本的な知識習得型の授業だといえます。詳細な紙シラバスを最初に導入した科目であり，パワーポイント資料を虫食い状態とした穴埋め式ワークシート，学びの応援サイトでのキーワード解説集の作成，毎時間の振り返りシートの記入などをすでに活用していました。

しかし反転化するには，授業のビデオが必要です。どう対応するか思案していたおり，四国の大学が連携して夏休みに実施している教育改善の研究会である「SPODフォーラム2014」に，反転授業のワークショップをみつけたので参加しました。そこで高知大学の立川明により紹介された方法は教養課程の化学の授業での実践で，事前学習はビデオ教材を使わず教科書を読むだけ，また授業時限中には一切教員の講述がなく，小テストとグループ活動で演習問題を解くというものでした（立川，2015）。しかもグループでの解答の際はスクラッチカードを使うという遊び心があるものでした，これなら学生は昼寝をするひまもないでしょう。「これはそのまま使える！」「よし，これでやってみよう」と思い，岡山に帰り，さっそくこの手法を取り入れた授業を組み立て，シラバスを作成しました。授業進行を表6-3に

表6-3 反転授業「生化学Ⅱ」の授業進行

- ●事前学習（予習）
1. 教科書を読み，キーワードをノートに書き出す
- ●教室での学習：TBL活動を中心に（授業初回はアイスブレイクとチーム形成）
2. 各人が予習確認テストを解答：教科書・ワークシートより出題（10分）：マークシート（スキャネットシート）とスキャナの利用
3. グループで予習確認テストを解答（10分）：TBL，スクラッチカードの利用
4. 教員のレクチャー（25-30分程度）：穴埋めワークシートの利用
5. グループで予習確認テストの再解答とレクチャーの振り返り（10分）：TBL
6. （時間があれば）発展問題の討論と解答：TBL
7. リフレクションシートへの記入（毎回の学びのポートフォリオ）
- ●事後学習（復習）
8. キーワード解説文を作成し，学びの応援サイトで書き込む
9. 試験問題とその解答を作成して提案する（学びの応援サイト経由）

まとめます。

この授業形式を導入することで，中間・期末試験の形式・内容を改めたため，基礎化学のように試験評点でこの授業法の成果を比べることはできませんが，グループによる学習が理解に効果的であったことが授業アンケートの自由記述から読み取れました。授業評価も高いものでした（目標達成度：3.92，教員の意欲：4.50，満足度：4.10，いずれも5段階評価に換算）。

5-4 反転授業実践で，なぜ効果があがったのか

船守は，学習プロセスは，「1. 知識のインプット」「2. 知識の咀嚼」「3. 理解」の三つの要素からなるとし，反転授業と従来型授業の比較において反転授業の優位な点について挙げ（船守，2014），「3. 理解プロセスにおいて新しく得た知識」の，自分なりの理解体系への統合と省察がなされるか否かが学習プロセスの成否のポイントになることを指摘しています。

そこで，「基礎化学」を例に，船守氏が提案する表にあてはめてみると（表6-4），「3. 理解プロセス」において，クイズの解答とキーワード解説文の作成により知識を定着させ，指定図書の読書により実社会との関連性を理解するという要素が含まれていることがわかります。この「わかった！」はその先への学びの動機になります。

では最初の動機づけはどうだったでしょうか。初めから授業内容に興味をもっている者は多くはありません，受講学生にとっての最大の動機づけは，「単位がほ

表6-4 「基礎化学」にみる反転授業成功の要素

学習プロセス	従来型一方通行の授業形式	反転授業「基礎化学」	利　点
1. 知識のインプット	一斉授業（クラス全員）	・キーワード抽出 ・NHK高校講座VOD ・ウェブクイズ（一人）	学習者のペースで、繰り返し何度でも学習できる
2. 知識咀嚼	宿　題（一人）	・一人でのクイズ解答 ・補充レクチャー ・クイズを題材とするグループ学修 ・毎回の振り返り	・能動的学習が実現 ・わからないときにすぐに仲間に聞ける ・仲間からの多様な刺激
3. 理解（わかった！）		・ウェブクイズ・キーワード解説（ウェブでの共有） ・指定図書読書 ・1学期の振り返り	新しく得た知識の、自分なりの理解体系への統合と省察

しい」「よい評価を取りたい」ということです。このような動機の彼らに「わかった！」を経験させ、能動的な学びに誘う仕組みが必要です。基礎化学では、学びの応援サイトでのクイズ解答後、直ちに正誤と評価がフィードバックコメントと共に表示されます。目の前で「正解」とわかると、その後の励みとなるでしょう。また教室での学びあいも動機づけに効果的だったと考えます（安永, 2006）。友人と話し合っている中での気づきと理解、そして理解できた喜びが動機づけとなります。

この授業ではいくつもの授業時間外の課題が課せられていますが、それらはすべて評価の対象となります。すなわち、日常の学びの過程が評価される仕組みとなっています。大学は学びの手法を学ぶところでもあります。学びの結果と同等以上に、その過程は評価されなければなりません。過程の評価こそが、授業を効果あるものに変貌させるでしょう。大学の授業ではいまだに一回の期末試験やレポート提出に依存しているものが多いのですが、これでは受講者を、理解が伴わない一夜漬けの丸暗記から脱却させることはできないのではないでしょう。

5-5　反転授業の勧め

授業にアクティブラーニングを取り入れると進行が遅れ、大量の知識伝授型の授業には向かないという声をしばしば聞きます。「基礎化学」と「生化学Ⅱ」はともに知識伝授型の授業ですが、反転授業を実践して、まず感じたことは、授業の進行が

スムーズになったことです。これまでは教員が話しすぎて遅れがちであったものが，シラバスの予定通り進行し，余裕ができた時間は演示実験や演習時間，発展課題への取り組みに使うことができるようになりました。

また教室ではグループでの話し合いの時間を設けていますので，そこでお互いに理解を助け合っている様子です。教員としては，教室での演習中に机間を回る時間も増え，個々の学生に目を向ける時間を生み出すことができる一方，熱弁に掛ける時間を最小にすることができ，体力的にも楽になったと感じています。

学生の意見はおおむね好意的ですが，高校までの受身の授業に慣れていることからなじめず，従来型授業を望む声もわずかにはありました。また，「時間外学習の負担が多すぎる」という声も聞かれましたが，驚くことに学生からだけでなく教員の側からも負担増を心配する声が出てきます。現在，ほとんどの大学では年間履修科目数に上限が設定されていて（CAP制と呼びます），1日の授業はおおむね2-3科目です。「1単位には45時間の学修」の徹底が求められている昨今，毎日1-2科目で反転授業が行われ，その時間外学修に数時間かけることは負担が大きいという言葉には，教員も学生も「甘えるな！」とさえ感じます。社会からは打たれ強い学生が求められていますので，しっかりと授業でトレーニングしておくことは必要ではないでしょうか。学生には，自ら学ぶ重要性を折に触れて説くようにしています。

二つの実践例で見ていただいたように，反転授業は予習などの学習者の能動的な学修を中心にすえた授業だということができます。反転授業はここ数年で数多くの取り組みがなされていますから，今後，実践例の報告が急激に増えてくることが期待されます。教員にとって，これまで続けてきた授業スタイルを変更することは，大きなエネルギーを要することと感じられるでしょう。しかし先行の実践例から，できることを取り入れていけば，その壁は決して高くはありません。まずはやってみることが大切です。結果的に，劇的な授業の転換を図ることができ，教育効果も向上し，授業の負担が軽くなることでしょう。

6 教育サロン

私は，科学ボランティアが教育GPに採択されて以来，数多くの教育改革のシンポジウムやFDフォーラム・講演会に参加しました。それぞれの発表で教育への考え方に共感し，そのご苦労に敬意を表し，そして自身の授業に取り入れられる要素はないかと考えながら参加させていただきました。残念ながらGP事業が終了して

からは，そういった場が少なくなってきたように感じます。その中で教育サロンは数少ない貴重な存在です。大学教育改革・授業改善に闘志を燃やして立ち向かう人たちと出会い，授業の実践をうかがい情報を交換できる貴重な場だからです。

教育サロンの特徴は，参加者が情報を得るだけでなく，情報提供者にもなるということです。幸い私の実践についても，教育サロンが縁となり2大学で紹介する機会を得て，共感いただくことができましたが，その場で「このような授業を実践されておられる先生は，他にもおられますか。どのように学内で広められていますか」という質問を受けました。この質問は，一番ずしりときて気が重い質問です。自分だけが学内でがんばっているというのが現実だからです。

学外までこのような授業改善についての講演を聴きに来られている方はしっかりとした意識と目的をもってきていますが，学内にそのような教員が大勢いるわけではありません。いやむしろ少ないといえるでしょう。著者の授業公開を何度か行いましたが，参観に来られた教員は数名です。どの教員も，一方の職務である研究では高い参加費と旅費を払ってまで学会や研究会に出かけます。しかし，もう一方の職務である教育に関する講演会や授業公開には，学内でしかも無料であるにもかかわらず，やって来る方は多くはありません。わずかな工夫ででも，授業が良くなり，自身が楽になるのに，何ともったいないことかと思うのですが……。そのような気持ちをいやしてくれるのが教育サロンなのかもしれません。

7 授業するのは楽しい

大学教員となって30余年，この間に大学を取り巻く環境は大きく変化しています。岡山理科大学では研究偏重から学生の教育を重視する方向へとシフトし，学内設備は学生が心地よく過ごせるように整備が進みました。教員が授業について考える機会も増し，教員のための大学から教員・職員・学生が一体となってキャンパスをつくり上げようという意識が醸成されてきています。ようやく，「授業」は大学教育の中心と認識され，「授業」について大いに語り合える時代がやってきました。

高校教員にこそなれませんでしたが，この頃は大学教員になってよかったと感じています。それは高等学校のように指導要領にしばられることなく，存分に授業に工夫をこらすことが許されるからです。これまで「学生が大学で身につけるべきことは，基本的なものの見方と考え方，調べ方，知識の活用の仕方である。すなわち問題点を見い出し，学びが必要なときに自ら学び，解を見出す能力である」と考え，

それらを培う授業とはどのようにあるべきかを考えてきました。大学教育の場ではそれを実践できるのです。そして，結果が返ってくるのです。なんと楽しいことでしょうか。

この楽しさを，多くの大学教員に伝えていきたいものです。

【引用・参考文献】
井上博樹・奥村春彦・中田　平（2006）．『Moddle 入門―オープンソースで構築するeラーニングシステム』，海文堂
ズビラレタ, J.／土持ゲーリー法一［監訳］（2015）．「ラーニングポートフォリオ―深い学びのための効果的なアイデア」，主体的学び研究所［編］『主体的学び―アクティブラーニングとポートフォリオ』**3**, 東信堂，pp.76-92.
滝澤　昇（2014）．「化学基礎授業におけるNHK高校講座VODと, Moodle, 詳細シラバスを活用した反転授業」私立大学情報教育協会『化学教育におけるアクティブラーニング研究対話集会』（東京）〈http://www.juce.jp/senmon/al/kagaku_03.html（最終閲覧日：2016年6月9日）〉
立川　明（2016）．『高知大学moodle 2016　教養の化学（1-4回までのお試し）』〈https://moodle.cc.kochi-u.ac.jp/2016/course/view.php?id=4898（最終閲覧日：2016年8月8日）〉
土持ゲーリー法一（2012）．「ラーニングポートフォリオと評価基準」，『第1回大学教員のためのPD（職能開発）セミナー，学生が授業を受けたくなるシラバス作り』テキスト，帝京大学高等教育開発センター
バーグマン, J.・サムズ, A.／上原裕美子［訳］（2014）．『反転授業』オデッセイコミュニケーションズ
船守美穂（2014）．「反転授業へのアンチテーゼ」，主体的学び研究所［編］『主体的学び―反転授業がすべてを解決するのか』**2**, 東信堂，pp.3-23.
安永　悟（2006）．『実践・LTD話し合い学習法』ナカニシヤ出版

07 還暦を過ぎて授業を変える！？
大学での「漢文入門」の授業改善

門脇廣文

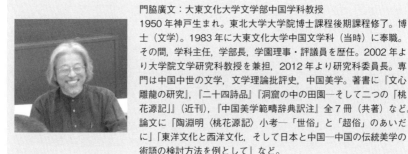

門脇廣文：大東文化大学文学部中国学科教授
1950年神戸生まれ。東北大学大学院博士課程後期課程修了。博士（文学）。1983年に大東文化大学中国文学科（当時）に奉職。その間，学科主任，学部長，学園理事・評議員を歴任。2002年より大学院文学研究科教授を兼担，2012年より研究科委員長。専門は中国中世の文学，文学理論批評史，中国美学。著書に『文心雕龍の研究』，『二十四詩品』『洞窟の中の田園─そして二つの「桃花源記」』（近刊），『中国美学範疇辞典訳注』全7冊（共著）など。論文に「陶淵明〈桃花源記〉小考─「世俗」と「超俗」のあいだに」「東洋文化と西洋文化，そして日本と中国─中国の伝統美学の術語の検討方法を例として」など。

　私は還暦を3年も過ぎて思い切って授業を変えました。2013年度のことです。還暦を過ぎて，なぜ，授業を変えたのか。そのきっかけは何だったのか。どのように変えたのか。その結果，学生にどのような変化があったのか。その時点における課題にはどのようなものがあったのか。そして最後に，現在はどのような授業を行っているのか。本章では，これらのことについて述べたいと思います。

1 これまでの工夫

　いま，2013年度に授業の方法を変えたと述べましたが，それまでに授業方法を工夫してこなかったわけではありません。まずは，そのことについてご説明します。

1-1　2000年度の衝撃
　私が最初に授業のやり方を根本から変えなければならないと思ったのは，15年前，

2000年のことです。そのときのことを自ら「2000年度の衝撃」と呼んでいます。2年生の演習の授業で，前期も終わろうとするころ，一人の女子学生が，「先生，難しくてついていけない」と真剣な顔つきで，そう言ってきたのです。

これまでにも，もちろん，そういうことがなかったわけではありません。それはたいてい予習も復習もあまりしてこないような学生でした。しかし，その学生は私のみたところ，どちらもきちんとしてくる非常にまじめで優秀な学生でした。また，彼女はのちに私のゼミに来ることになったほどですから，少なくとも授業の内容に興味がなかったわけではなかったはずです。なのに，難しくてついてくることができないということでした。そうだとすれば，その他の学生ならなおのことそうだったのでしょう。

それまでも，学生たちに力を付けてやりたいと，いろいろ工夫をしてわかりやすく授業改善をおこなってきたつもりでしたが，もしかすると授業のあり方を根本から変えなければならないのではないか。そんな風に思い始めたのが，そのときでした。

1-2 『成長するティップス先生』との出会い

それから，大学の授業改善に関するさまざまな本を読み[1]，試行錯誤を重ねました。その結果たどり着いたのが『成長するティップス先生』(池田ほか，2001) です。この本でコース・デザイン，シラバス，ティーチング・ポートフォリオ，コースパケット (全回の資料をまとめたもの) などという言葉をはじめて知りましたし，講義要綱，シラバス，講義ノートの作り方もはじめて意識しました。ティップス先生の「授業日誌」に書かれていることは，まるで自分のことのように思えました。

1-3 授業改革の結果

すぐに，ティップス先生の方法を可能な限り取り入れて，授業方法を変えていきました。この成果はすぐに現れました。学期の終わりに自主的な「授業評価」を実施したところ，その結果が予想以上に良いものでした。そこで，この方法でやっていこうと考えました。

---

[1] 須藤敏昭の『大学教育改革と授業研究―大学教育実践の「現場」から』東信堂 (須藤, 2012) に挙げられている本はほとんど読みました。

1-4 それでも……

　そのようなよい評価は，自分の授業改善が上手くいっていることを表しているものと思っていました。そしてティップス先生のアドバイスにしたがって，毎年毎年その年の授業を見直し，次年度にはそれに合わせて修正していきました。

　しかし，それでもどうしても拭えない不満がありました。それは，教えたことの定着率の低さ，学生がいつまでも受け身であること（自主性の欠如），一人で勉強できるようになっていないこと（自立性の欠如）という三つの点でした。

　以下に，それぞれの点について説明します。

(1) 教えたことの定着率の低さ

　まず，教えたことの定着率の低さについてですが，1・2年生で教えた学生が3年生になると，私のゼミに来たり，3年生の授業を受けたりすることになります。そこで毎年愕然とすることが続きました。それは，あんなに丁寧に教え，みんなよくわかった，楽しかったと評価してくれていたのに，1-2年生で教えた内容をほとんど覚えていないのです。

　ずっと，それがなぜなのか，わかりませんでした。「どうしてなんだろう」と，いつもいぶかしく思っていました。いまならわかります。私は，学生たちをわかったような気持ちにさせることは上手かったかも知れませんが，本当にはわからせていなかったということです。それは，この後に述べる二つのことと関係しています。つまり，学生たちは，あくまで受身で私の授業を聴いていただけで，主体的・自主的には授業に参加していなかったということです。そして，自立して学習する力が身についていなかったということです。

(2) 学生が何時までも受け身であること＝自主性の欠如

　30年前に初めて教壇に立って授業をして以来，ずっと悩んできたのは，どうしたら予習をさせることができるかということでした。学生が自主的に予習してくること，それはその当時から授業を行う上での前提でした。

　しかし，30年前からすでにそのような学生は少数でした。何もいわなければ大半の学生は予習してこない。予習をしてこさせるにはどうしたらよいのか。それが，ずっと課題でした。言い方を変えたり，予習してきているかどうかを毎回チェックしたり，予習ペーパーの提出を課したり，いろいろ試行錯誤してみましたが，有効な方法はみつかりませんでした。『成長するティップス先生』にもその点について

は書かれていません。

　要は，学生が自主的に予習し，主体的に授業を受けるようにすることができていなかったということです。いま「主体的に授業を受ける」といいましたが，この表現自体に一種の矛盾があります。教壇から一方的に教授するというこれまでの考えのなかにいると，そのこと自体に気づきません。もっと簡単にいえば，学習するのは教師である私ではなくて，学生自身なのだということに気がつかなかったということです。

(3) 一人で勉強できるようになっていないこと＝自立性の欠如

　ここまでに述べたことからもおわかりかと思いますが，学生が自立できていなかったのです。教師が教壇に立って全てを教えることなどできるはずもありません。学生自身が独力で勉強できるようにならないのです。

　そのためには，教師はどうすればよいのでしょうか。何か興味を覚えることがあったら，学生の一人ひとりが自分で学習できるように教育すればよいのです。じつにあたりまえのことなのですが，教員は教えることが好きで，教員の存在意義はそこにこそあると思い込んでいるので，なかなかそれに気がつきません。その頃の私もそのような状態でした。

1-5　諦　め

　これらの三つの不満を解消するためには，それまでとは異なった方法による授業を展開しなければならないと思っていました。そしてその異なった方法とは，ゼミでやっていた方法ではないかと漠然と感じていました。ゼミでは，30年以上，グループで学習する方法を用いていました。そこでは，先の三つの不満はありませんでした。

　このような授業は，いまでいえばグループワークによるアクティブ・ラーニングやPBL（Problem-Based Learning：課題解決型学習）という授業方法のことで，すでに多くの人が関心をもっていたことだったのでしょうが，当時の私はそのことを全く知りませんでした。

　今から考えれば，ゼミでやっていた方法をそのまま一般の授業にもっていけば，それで三つの不満はおおむね解消されたはずです。しかし，10人ほどで行うゼミの方法を，20–30人，多いときには40–50人の授業でやることはできないと思い込んでいました。それは，1コマの授業内で，複数のグループに同時に平行して活動さ

せる「方法」が思いつかなかったからです。そのため，ゼミ方式の授業を一般の授業でやることはあきらめていました。

2 私の心に火を点けた三つの「出来事」

そのような私のあきらめの気持ちをゆさぶる「出来事」が，2012年度に一気に3度起こりました。それは，学生がみるみる変わっていく光景を目にしたこと，そして多人数授業でアクティブ・ラーニングを行っているという内容の講演を2度にわたって聴いたことでした。

最初のきっかけは，2012年度の前期の終わりごろ，ラーニングバリュー社のAさんが突然，私の研究室に電話してこられたことです。大東文化大学の国際関係学部のO・H先生の紹介だということでしたので，お会いすることにしました。Aさんとお会いして，授業についてのそのころの私の悩みをいろいろ話しているうちに，9月2日に福岡大学で九州教育サロンというものが行われるので，参加しないかと誘われました。すぐさま，ぜひ参加したいと返事しました。また，そのときに北森義明先生（順天堂大学名誉教授）による「自己探求セミナー」の様子を撮影したDVDを貸してもらいました。夏休みになってそのDVDを視たとき，こんなにも学生が変わるものかと，本当に驚きました。これが最初の「出来事」です。何とか自分の学科，自分の大学でも行いたいと思いました。

9月になって，ご紹介いただいた九州教育サロンに参加しました。そのときに二つ目の「出来事」が起こりました。それは，松山大学の熊谷太郎先生の話題提供でした。200人規模の授業で，グループワークによるアクティブ・ラーニングやPBLを用いて授業を行っているという話をうかがったのです。

なんとか自分の授業にも応用したいと思いました。しかし，その年の後期から始めるには，その方法について何も知りませんでしたので，勉強してからにしようと思いました。ただ，根本から授業方法を変えたいという私の心に火が点いたことは確かです。

3度目の「出来事」は，次の年の3月8日に起こりました。それは，私の大学で行ったFD研究会でのことです。目白大学のS・H先生の講演に，九州のときと同じような衝撃を受けました。根本から授業方法を変えたい，私の心に，ふたたび火がつきました。

3 決断できなかった最初の授業

　お二人の講演を聴いて，たしかに私の心には火がついたのですが，決断できないまま新学期を迎えてしまいました。なぜ決断できなかったのでしょうか。それには，初めての試みだったこと，教えなければならない科目であると思っていたこと，講義日程表・授業ノートがすでにできていたこと，という三つの理由があったからだと思います。

　私は，ティップス先生にならって，その年度の授業がすべて終われるとすぐにその年度の反省をするとともに次年度の授業計画を作っていました。ですから，S先生の講演を聴いた時（3月）には，次年度の講義日程表や授業ノートができていただけでなく，コースパケットもすでに印刷済みだったのです。したがって，ここでもし授業方法を変えるとなれば，最初の授業から1-2週間でそれらを作り直し，印刷し直す必要がありました。研究してからにしようか。でも，やっぱり挑戦したい。きちんと準備してからにしようか。でも，あと1年は待てない。何度も何度も迷いに迷いましたが，ついに決断しました。

4 新たな授業方法

　授業をどのように変えたのか。すでにアクティブ・ラーニングによる授業を行っている方からみれば，また，今年度（2015年度）すでに3年目に入っている私から見ても，きわめて不十分なものでしかありませんが，これから授業改善をしようと考えている方に，私が手探りで試みたことをご紹介するのも，それなりの意義があると考えます。

4-1　2013年度に担当していた授業とその目的

　私は，大東文化大学の中国学科の教員ですが，本学科は，名称のとおり「中国学」を専門的に教える学科[2]です。「中国学」とは，中国の近代以前における学問のことを意味します。その中心的な分野は，哲学や文学そして歴史学です。

---

[2] 大東文化大学文学部中国学科のディプロマポリシーについては，次のサイトをご覧ください。〈http://www.daito.ac.jp/information/open/literature.html#A26086 （最終閲覧日：2016年7月22日）〉

2013年度に私が担当したのは、ゼミや卒論指導、大学院の授業を除いて、①1年生の「漢文入門」（例年約30人）、②2年生の「中国文学基礎演習」（約30人）、③3年生「中国文学講読」（約40人）の三つです。これらが今回の授業改善の対象となります。

　これらの授業の目的は、それぞれ次のようなものです。①は、「漢文を読む力」[3]そして「漢文で考える力」[4]の基礎の基礎、特に「漢文を読む力」を身につけること、②は、1年生で身につけた力を基にして、主として「漢文で考える力」を身につけること、③は、前期は、近代以前の文言小説における歴史の概要を理解すること、後期は文言小説の一つの作品を取りあげ、神話論、物語論、精神分析批評、読者反応批評、脱構築批評、マルクス主義批評などの方法を用いて分析し、小説の研究方法を身につけることです。

　①も②も演習科目で、これまでは学生たちが予習をしてきて、教室では教員である私が文章を一文ずつ解説しながら進めて行くという方法でした。この分野の授業はほとんどこのように行われているものと思います。教員が学生を当て、そのあと教員が解説して板書し、学生はそれをノートに書く。日本中の大学でそのように行われてきたもので、私たちにはなじみ深い授業風景だと思います。

　③は講読の授業ですので、本来ならあるテキストを読んで、その内容について教員が解説していくというものですが、私はすでに何年も前から、30-40人の受講生を一グループ5-6人のグループに分けて、それぞれの担当箇所を決めて、毎時間一組ずつに担当箇所について発表させ、そのあとに私が解説するという方法で行っていました。

　これはグループ学習の一種といえなくもないとは思いますが、今から考えればいかにも中途半端なものです。その域から抜け出すことができなかったのは、やはり、授業をするのは私だという意識にとらわれていたからです。この授業の問題点は、先に述べた三つの不満とほとんど同じです。

　この年、この三つの授業を一気に変えました。ただ、それぞれの授業の目的や設置された学年や受講生の意識などに異なったところがあり、それらを同一の方法で一律に変えることはできません。したがって、もし、この年におこなった改善をす

---

[3] 漢文を日本語に翻訳して理解することのできる力。
[4] 漢文で書かれた内容を通して、現在の日本に生きる自分を相対化して捉えることができる力。

べて紹介するとなると，これら三つの授業のそれぞれについて紹介しなければなりませんが，紙幅の都合で，ここでは，①のみを代表例として紹介したいと思います。

4-2 「漢文入門」という授業

「漢文入門」の授業は，1年生で開講され，その目的は，漢文を読む力と漢文で考える力の基礎の基礎を身につけることです。1クラスだいたい20-30人です。

先に述べたように，私の学科は「中国学」を勉強する学科ですので，「漢文訓読法」で漢文を読む力を身につけることが全ての学習の基礎となります。漢文訓読法とは，中学や高校の「漢文」の授業でやっているあの読み方です。漢文を読む力は，これからの4年間の学習のためにはなくてはならないものです。

20年以上前であれば，中学，高校で漢文をしっかり勉強した者が入学してきたのですが，現在の学生は，ほとんど漢文を勉強したことのない者から，毎週1コマ授業で勉強し，さらにはセンター入試のために特別に勉強した者までじつにさまざまです。そのように学生の漢文学習歴やレベルはさまざまですが，それがどのようなものであれ，漢文を読む力は，4年間の学習の最終目標に到達するための必要不可欠な能力です。

4-3 2回目の授業

前期の最初の授業は，ガイダンスでした。いま述べた「漢文入門」とはどういう科目か，なぜこの授業をしなければならないのか，この1年間の授業の到達点はどこか，などについて話し，さらに授業の方法，評価のしかた，授業における約束事，必ず用意しなければならないものなどについて話しました。

このときは，まだ新しい授業方法で行う決断ができていませんでしたので，授業の方法については，従来のやり方に基づいて話しました。

2回目の授業では，最初に授業方法をこれまでとは異なったものに変えることについて，そして，そのためにはグループ作りをしなければならないことを話しました。グループ作りは，簡単にすませるためにあみだくじでやりました。グループに分かれたら，構成員同士のコミュニケーションをはかるために，「記者会見」方式の自己紹介[5]を行いました。そしてそれが終わったら，グループごとにチーム名を決めてもらいました。チーム名を決めるのは，構成員のそれぞれがチームの一員であると自覚し，いま集まっているのは単なるグループなのではなく「チーム」なのだと自覚してもらうためです。

4-4 2回目の授業の最後に言ったこと

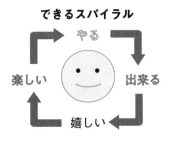

図7-1 できるスパイラル

2回目の授業の最後に言ったのは、この授業の目標の再確認と次の2点です。一つは、みんなでできるようになろうということです。グループで学習し、みんなで漢文ができるようになろうというのは、もちろん、これからの4年間の大学での学習をみのりあるものにするためです。「一人の落ちこぼれも出さない」。これを今年のこの授業の目標とすることを確認しました。

もう一つは、「できるスパイラル」に入ろうということです。何の科目でもそうですが、「できるスパイラル」に入ると自然にできるようになるものです。それは、図7-1のようなスパイラルのことです。

あたりまえのことなのですが、この図を学生に示して私が言いたかったのは、まず「「やる」がなければ何も始まらないよ。そのことを意識してほしい。授業でも、クラブ活動でも、アルバイトでも、いつもそのことを意識してほしい」。そのようなことだったのです。

4-5 3回目の授業

3回目の授業は、ノートの作り方と漢和辞典の引き方を行いました。これからの授業で自主的に、かつ自立してやっていくには、それらを知っておくことが不可欠だからです。

(1) ノートの作り方

私は、漢文用のノートの作り方を次のように指導しています。図7-2に例を示します。

---

5) まず、5-6名で一つのグループを作ります。次に一人ひとりの学生がネームプレートに、自分の基本情報や自己PRとなる情報（趣味、特技、部活、サークル、アルバイト、好きなタレントなど）を書き、キャスト席（質問に答える人）と記者席（司会進行、質問をする人たち）を決めます。ネームプレートの情報をもとに記者たちが順番に質問していき、キャストはそれらの質問に答えます。本人が一方的に話す自己紹介とは異なって、この方式の自己紹介には双方向のコミュニケーションがとれるという特徴があります。

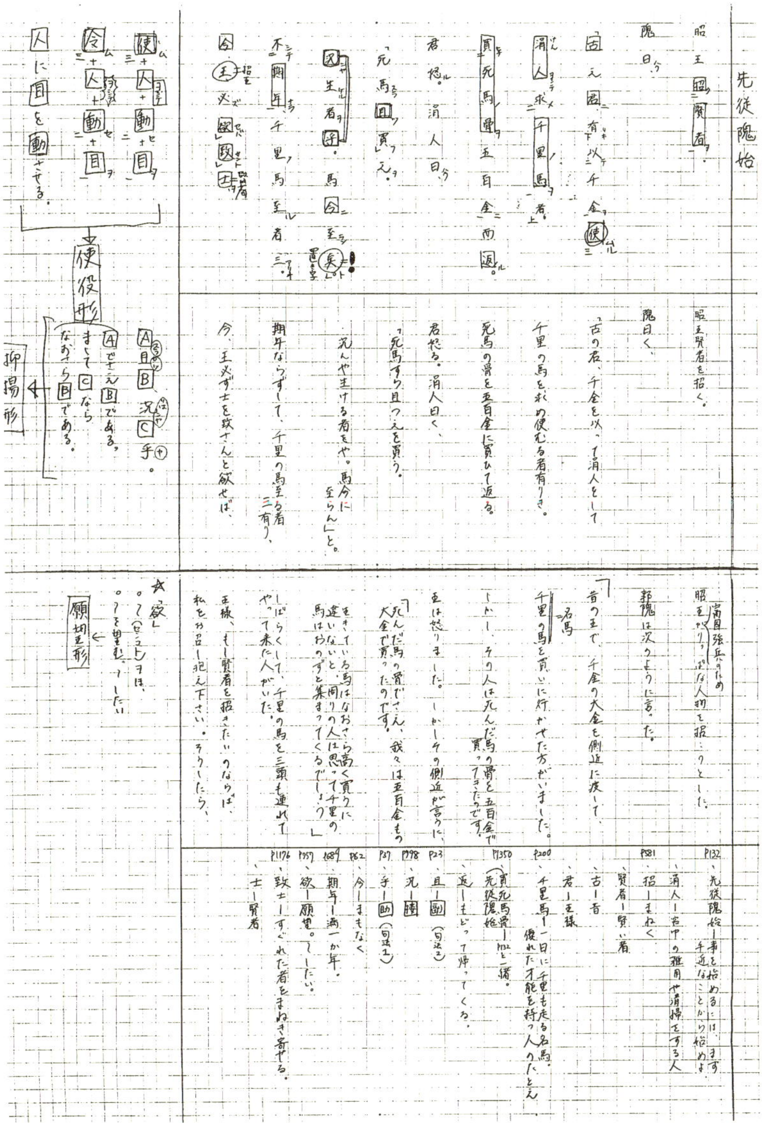

図 7-2　ある学生のノート

① ノートの表紙に「漢文入門」と「学籍番号」「氏名」を書く。
② ノートを開いて、見開きで使用する。
③ 線を引き、見開き分を横に4段と縦1行の五つの部分に分ける。
　☆横に分けた一番上の段は漢文の「原文」(返り点・送り仮名を含む)、次の段は「書き下し文」、三つ目の段は「現代日本語訳」、一番下の段は「漢和辞典などで調べたこと」、縦の欄は「板書したこと」を書く。
④ 題(「先従隗始」と書かれているところ)を右の欄に書く。
⑤ 一番上の空白に、2行目から、3行置きに「・」をつける。
⑥ 「・」を付けた行に漢文の原文を、1マス置きに書く(「,」も「。」も1マス使う)。
⑦ 返り点、送り仮名を付ける。
⑧ 書き下し文を、2段目に書く。
⑨ 一語一語、漢和辞典を引き、それでわかったことを、一番下の段に書く。
⑩ ⑨で調べたことに基づいて現代日本語訳を考え、3段目に書く。

このようなノートが作れるようになると、漢文を読む授業なら、その他の授業でも、また2年生以降の授業でも十分に対応することができます。

(2) 漢和辞典の引き方

次に漢和辞典の引き方ですが、私は一つの漢和辞典を指定し、全員に買ってもらいました。それは『全訳 漢辞海』(戸川, 2011)という辞書です。この漢和辞典は漢文を読むために作られた辞書で、現在のところ最も新しく、最も信頼できるものです。なお、すでに漢和辞典を持っている者には、それでもよいことにしましたが、これからの4年間使うということを考えれば、指定した辞書を買った方がよいとも言いました。

みんなで同じ辞書を使うことにしたのは、グループの者がお互いに教え合うことを考えてのことです。大半の学生は、これまでにほとんど漢和辞典を引いたことがありません。中には一度も引いたことのない者もいます。これらの学生が、お互いに教え合って漢和辞典をスムーズに引けるようになることが、漢文を読めるようになるための第一歩です。それには、みんなが同じ辞書を持っていた方が教え合うことができるということです。

学生の中には、漢文がかなりできる者もいます。しかし、彼らもほとんど漢和辞

典を引いたことがありません。なぜなら，いまの高校の漢文の授業ではもちろんですが，センター入試においても，難しい言葉はすべて説明がつけられているからです。英語の勉強をするときに英和辞典が不可欠であるように，漢文を勉強する時には漢和辞典は不可欠です。そんなことは，私たちには常識ですが，残念ながら，現在の学生には常識ではありません。ですから，漢和辞典の引き方を一から教えなければなりません。それには，学生たちがお互いに教え合うことが最も効率的だと考えました。

4-6　4回目以降の授業の構成

4回目からがこの科目の本番で，1コマの授業は，次の八つの部分から成り立っています。　① 出席をとる，② 「4点セット」を確認する，③ 今日やることを板書する，④ 今日やることの中で留意してほしいポイントを板書する，⑤ グループで学習する，⑥ 「質問・解答用紙」を配布する，⑦ 解答を板書させ，補足説明する，⑧ ミニットペーパーを書く。改めていうまでもないことも含まれていますが，これらについて説明したいと思います。

(1) 出席をとる

今回の改善した三つの授業は，いずれの授業も 20 人から多くても 40 人ほどの授業ですので，以前から毎回必ず出欠を取るようにしていました。今回からはグループに分かれて座っていますので，必ずそのグループの座席の近くまで行って行いました。そして，名前を呼ぶときに，次の二つのことに注意しました。それは，必ず目を合わせること，そして声を出して一人ひとりに挨拶することです。最初は，少し照れる学生もいますが，すぐに挨拶を返してくれるようになりました。これが，毎回の授業のスタートです。

(2) 「4点セット」を確認する

次に，必ず持ってくるようにと言った「4点セット」の確認です。それは，① ノート，② 漢和辞典，③ ファイル，④ 「緑の本」です。

① のノートは，2013 年度のときは A4 の 5mm の方眼ノート[6]を指定しました。

---

[6] KOKUYO Campus S5 方眼罫（ノ-201S5N）。2015 年度は，Logical ノート（Nakabayashi Logical Swing notebook A7mm×36 行 A4・40Sheets（ノ-A403A-G））を指定しました。

先の図7-2に示したように，漢文を勉強するには，方眼ノートなどの，漢字一字一字をマス目入れることができる形式のノートを欠かすことはできません。
　②の漢和辞典ですが，漢文の学習は「語学」という側面をもっていますので，これも欠かすことのできないものです。私は，『全訳 漢辞海』を指定しましたが，それについては先に書いたとおりです。私が指定した漢和辞典以外のものをすでに持っている学生にはそれを使ってもらいます。それは，漢和辞典の内容を比較するためです。結果的には，『全訳 漢辞海』がいかにすぐれた漢和辞典であるかがわかることになるのですが，そのことを納得するためにも，他の辞書と比べることは有効だと考えました。
　③のファイルですが，毎回，授業における質問を書いたプリントや参考になることを書いた印刷物を配布しますので，それらをとじるためです。私は二穴のA4ファイル[7]を薦めていますが，透明のポケット式のものを用意する者もいます。要は，配布されたプリントを綺麗にファイルできれば，それでかまいません。細かいことのようですが，ファイルを用意するように言わなければ，プリントをそのままバッグの中に突っ込んでぼろぼろになっても平気な者が必ず出てきます。なお，私は2穴のファイルを薦めていますので，プリントを配布するときには，必ず先に穴を開けてから配布するようにしています。そうしておけば，すぐにファイルにとじることができるからです。
　④の「緑の本」は，学科で作成した漢文学習の必携書のことで，『漢文入門』と名付けられています。科目名と同じで紛らわしいので，私は「緑の本」と呼んでいます。表紙が緑色だからです。この本は，「1. 訓読について」（ここには，漢文訓読とはどういうものか，なぜ訓読を学ぶのかなどについて書かれています），「2. 漢文の基本構造」（ここには，漢文の基本文型が書かれています），「3. 書き下し文について」（この部分では，返り点の種類や用法，返り点の付け方，書き下し文のきまりなどについて説明しています），「4. 特殊な読み方をする漢字」（この部分では，再読文字，置き字，接続詞，有と在，多少難易，決まった読み方，特殊な読み方などについて説明しています），そして「5. 否定形」から「15. 倒置形」までの，いわゆる「句法」を説明した部分からなっています。授業ではその都度この本を参照しますので，必ず持って来なければならないものとしました。
　授業を始める前に，必ずこの4点セットを持ってきているかどうかをグループご

---

[7] Nakabayashi A4-S型（フF-J80）。

とに確認させます。そして，グループの全員が持ってきていれば，「アンパンマン」のシールを一つ与えて，グループ名とメンバーの名前を書いた三角柱の立て札に貼ることにしています。子どもだましに思えるかも知れませんが，学生たちはけっこうそれを楽しんでいます。また，グループの一人でも「4点セット」がそろっていないとシールがもらえません。したがって，学生の話によると他の人に迷惑をかけてはいけないという気持ちになるようで，朝にきちんと確認してから出てくるようになるとのことです。

(3) 今日やることを板書する

さて，これからがいよいよ授業の本番で，最初に，その日の授業でやることを板書します。今日はどこまでやるのかを明確に示しておくことは，非常に大事なことだと思います。勉強しようと思っていても，その日の終わり（到達点）がみえないとその意欲が途中で切れてしまいかねません。その日にやることがはっきりしているということは，終わり（到達点）がみえているということなので，学生たちはその終わりに向かって一歩一歩進んで行くことができます。したがって，その日の到達点を板書して確認させるのは不可欠のことだと考えます。

(4) 今日やることの中で留意してほしいポイントを板書

次に，今日やることの中で留意してほしいポイントを板書します。それは，一つの漢字や漢語であったり，句法であったり，事項であったり，さまざまです（図7-3）。

図7-3　板書例

図7-4 授業風景

(5) グループで学習する

　学生たちは，私が板書したものを目安に，漢和辞典や「緑の本」を使って調べていきます（図7-4）。そして，学生たちはグループごとに一文ずつ確認して，ノートを作成していき，最後にはその日本語訳を作ります。この作業が毎時間の授業の中心部分になりますが，これが，この授業での「漢文を読む力」を身につける部分です。

(6) 「質問・解答用紙」を配布する

　授業の中で，どうしても知っておいてほしいこと，考えてほしいことについては，毎回「質問・解答用紙」を用意し，上記のグループ学習がおおむね終わったところで，グループごとに配布します。その用紙には，教師からの質問欄と学生たちが書く解答欄が設けてあります。漢文だけでなく，外国語を日本語に訳すという勉強は，ともすれば当該の文章を単に日本語に訳すだけで満足してしまいがちです。しかし，本当に重要なのは，そこからその文章が書かれた時代背景やその当時の文化，その文章を書いた人の意図や心情を読み取ることです。ここで配布する「質問・解答用紙」の質問欄には，そのことを考えるための質問やヒントが書かれています。その質問事項について，グループ全体で考え，話し合って，グループとしての解答を作成します。ここが，「漢文で考える力」を身につけるために設けられた部分になります。

(7) 解答を板書させ，補足説明する

　次に，グループで考えたものを，グループごとに板書させます。そして，それらについてグループごとに，グループの代表が，なぜそのような解答になったかについて説明します。さらに，その説明に対して私が質問し，グループの代表が答えるということを繰り返したり，私が補足説明したりするなどして，質問事項の内容を掘り下げ，その文章の背後にある文化や，その文章を書いた人の心情や意図を読み取っていきます。

　場合によっては，その日は「質問・解答用紙」の提出を課し，次回の冒頭にこの部分の解説を行うこともあります。

(8) ミニットペーパー

　最後に，15分から20分かけて，ミニットペーパーを書きます。ミニットペーパーでの質問事項は次の三つです。それは，①今日の授業で最も重要なことを三つ，②今日の授業で心に浮かんだ疑問，③その他（感想・思いついたことなど）です。

　ミニットペーパーはA4の用紙で作ってありますので，書くスペースはかなりありますが，ほとんどの学生がびっしり書いて提出します。もちろん，これもグループ学習の一貫ですので，グループで相談して書いても構いません。

　私は，その日のうちに全員のものを読んで評価し，コメントを加えて次の時間の冒頭に返却します。多くの者がまちがえていたり，わかっていなかったりした部分については，次回の授業で必ず少し時間をとって解説します。

　なお，ミニットペーパーの評価は，「S：めっちゃええ」「A：ええやん」「B：まあそんなもんやろ」「C：ぎりぎりセーフや」「D：あかん」「E：はなしにならん」と決めています。最初は，比較的甘く評価し，少しずつ辛くしていきます。また，それに合わせて書く内容もレベルの高いものになるように考えて評価しています。学生にとってSの評価はやはりうれしいようで，一生懸命書いてS評価をもらえた時は大喜びで，次もSをもらおうとさらに頑張るようになります。

(9) マンネリにならないための工夫

　基本的には，上に述べたことのくり返しで，半期の授業が行われます。しかし，同じことを10回もくり返すと，どうしてもマンネリに陥ってしまいます。そこで，4回に1回の割合で中間試験をすることにしました。したがって，試験は中間に2回，学期に最後に1回，全部で3回行うことになります。授業内容は，それに合う

ように工夫しました。

　ちなみに，2015年度の前期の授業回数は14回で，定期試験が1回で，全部で15回です。そのうちガイダンスが1回，グループ分けと「記者会見」などが1回，さらに，漢文のノートの作り方と漢和辞典の引き方などで1回，その他の12回は，授業（3回）と試験（1回）のセットが3セットということになります。

5　改善の成果

　このように授業を改善した結果，どのような成果があったのでしょうか。まずは，2013年度前期を終えた時点で，私が気づいたのは次のような点です。

- 4点セットを持ってくるようになった。
- 漢和辞典を引くようになった。
- 予習をしてくるようになった。
- 活き活きと学習するようになった。
- 積極的に質問をするようになった。
- 毎回，授業の内容を確認するようになった。
- 集中の度合いが変わった。
- 楽しさの質が変わった（受け身→主体的）。

　これらの改善点を総合していえば，最初に述べた三つの不満（教えたことの定着率の低さ，学生が何時までも受け身であること＝自主性の欠如，一人で勉強できるようになっていないこと＝自立性の欠如）のうちの二つが解消されたことを意味しています。

　もう一つの，教えたことの定着率の低さについては，その後の検証を待たなければならないものでしたので，2013年度の前期の時点では解消されたかどうかわかりませんでした。ただ，そのときに教えた学生は現在3年生になっていて，私の一般の授業やゼミを受講しています。その授業では，私が何も言わなくても，5mm方眼やLogicalノートを持ってきてノートを取っていますし，必ず漢和辞典を持ってきます。また，ときおり1年生でやった句法や語彙の意味内容について質問すると，だいたいはすぐに答えられます。たとえすぐに答えられない場合でも，みずから漢和辞典などを引いて答えをみつけてきます。

6 前期の課題，そして後期になって前期とは変わったところ

　ただ，そのときに課題がなかったというわけではありません。そのとき，私は次のような課題が残されていると感じていました。「①「学び合い」のレベルには至っていない」「②「漢文入門」という科目には，自主勉強だけでは学べないところがある」「③「学ぶ」部分と「教える」部分の組み合わせの度合いに工夫の余地がある」ということです。

　その後，夏休みを終えて，このような課題の解決を目標として，後期の授業を始めました。しかし，それは杞憂ともいうべき課題でした。

　後期になって授業を始めると，学生の姿勢が明らかに前期とは変わっていました。それは次のひと言に集約できると思います。「いちいち指示しなくてもやれるようになった」。学生が慣れたこともあるでしょうが，それよりも重要だったのは，前期の方法でやれば漢文を読む力がつくと，自らの体験を通して彼ら自身が学んだことだと思います。

　もちろん，後期において，前期の経験を踏まえて，その日の到達点の示し方やそこに到達するための質問の出し方などに，私自身がより時間を使って工夫をしたことは確かです。しかし，そのことよりもより重要だったのは，彼ら自身が自主的に勉強するようになっていたこと，そして自立して勉強できるようになっていたことだと思います。その結果，教師である私は本当に楽になりました。ほとんど自習の時もあります。そんなとき，私は心の中で，ひそかに思っています。「教師なのに，教えなくて良いのかなぁ……？」と。

　さて，2015年度になって，今もこの授業方法を継続して行っていますが，これまでの2年間とは大きく変わったところがあります。近年，「反転授業」が新しい授業方法として話題になっていたり，また，単位は事前・事後学習等教室外での自主学習も含んで与えられることになっていますから，あまり大きな声ではいえませんので，小声でこっそりいいますが，それは「基本的なことは1コマの授業を授業時間内で完結させる」ということです。重要なことは，この授業の間にすべて終わらせるし，もちろん宿題も課しません。その代わり，この90分間，集中してやろう，ということです（もちろん単位の実質化の話もあるので，この授業を取っているやる気のある学生たちは，ふだんから必要十分な時間の自習はしていると信頼しています）。

　今年は，前期の最初の授業でそのことを学生たちに言いました。それからの2-3回は授業の最初に改めてそのことを確認させました。それからは，私がホワイトボ

ードに今日やる範囲を書き始めると一気に集中してやるようになりました。

　ただ，試験の時の雰囲気をみると，授業時間外にも，確実にしっかりと必要な復習しているようです。ただ，私が「教える」ことをしなくなったので，試験の成績が下がってしまうのではないかという不安がありました。ところが，前期が終わって3回の試験の結果をみたところ，これまでの2年の平均と大きく変わるところはありませんでした。むしろ，わずかですがよくなっています。後期になってどこまで伸びてくれるか，いまからそれが楽しみです。

【引用・参考文献】
池田輝政・戸田山和久・近田政博・中井俊樹（2001）.『成長するティップス先生―授業デザインのための秘訣集』玉川大学出版部
須藤敏昭（2012）.『大学教育改革と授業研究―大学教育実践の「現場」から』東信堂

08 日本の大学入試を今一度せんたくいたし申候
― 一人ひとりと向き合う「育成型」入試への挑戦

志村知美

志村知美：追手門学院大学入試部アサーティブ課課長・アサーティブオフィサー
2013年1月学校法人追手門学院入職。2013年3月名城大学大学院大学・学校づくり研究科大学・学校づくり専攻修士課程修了。修士（教育経営）。2014年4月入試部入試課課係長（アサーティブ担当）。2016年4月入試部アサーティブ課課長。大好きな言葉は，「今ある常識はひっくり返すためにある！」。受験生や学生の成長が原動力となり，パワフル志村を形成している。将来の夢は，学生寮を建て寮母になること。寮の建設費は，宝くじに託している。

1 はじめに

　7年ほど前になりますが，高知県にある桂浜に初めて行った時のことです。穏やかな土佐の海を眺めながら，坂本竜馬の名言である「日本を今一度せんたくいたし申候」について考えた時，初めて大学職員として大きな目標をみつけました。「日本の大学入試を今一度せんたくいたし申候」。本気でそう考えたのです。

　目標がみえれば，あとはそこに向かって動き出すだけです。それには知識と経験だけでなく，理論も必要だと考えました。大学職員としての実践では，福島一政氏（現追手門学院大学副学長）に師事していましたが，理論を学ぶのであれば，ぜひとも池田輝政先生（以下，必要に応じて「師匠」）に師事したいという思いから，2011年4月，私は名城大学大学院大学・学校づくり研究科修士課程に入学しました。

　その当時から学生募集の部署に在籍しており，職場での実践事例を大学院の学びで理論化し，翌日からその理論を踏まえ実践していました。このような理論と実践の繰り返しによる学び方は，たいへん有意義でした。議論すること，考えること，

調べること，学ぶ楽しさの本質に触れたと思える2年間でした。池田先生は，名前の通り「池輝(イケテル)」先生であり，いつしか私の中では，とにかく尊敬してやまない「仙人のような人」になっていました。人と本の出会いは，人間の成長に大きな影響を与えるのだということを実感しました。

本章では，多くの人との出会いから学び，考え，行動へとつなげてきた私の熱い思いをお伝えできればと思っています。

2 私にとっての教育サロン

教育サロンは，居心地のよい場所です。空気がおいしいですし，出会う人が「あ，この人好き！」と思える人ばかりなのです。しかし，参加のきっかけは不純な気持ちでした（ごめんなさい）。2013年，私は愛知県民から大阪府民となりました。些細ですが土地柄による言葉や文化の違いがあり，新発見と驚きの日々でした。そんな新しい生活が落ち着き始めるとたいへんなことに気がついたのです。大阪には池田先生がいませんでした。「師匠に会いたい」「議論をしたい」「相談をしたい」そんなフラストレーションが大きくなったところで，教育サロン＠関西が開催されるというご連絡をいただき，ウキウキ・ワクワク・ルンルンと会場である関西大学に向かったのです。教育サロンへの初参加の動機はこのようなものでしたが，師匠に会いお話をしたことで心に余裕ができ，サロンの出会いを思い切り楽しむことができました。

教育サロンは，教育に熱い想いをもっている人たちが集まり，自由に気さくに話ができる「知的な」サロンでした。繰り返しますが，とにかく居心地がよいのです。何度目かのサロンの懇親会では，ある大学の医学博士の学長と向かい合わせの席になりました。学生募集の話から高校生の現状へと話に花が咲き，最後はDNAの話にまで広がりました。後日メールが届き，学長が使用している高校生向けの講演資料と私が自分から絶対に手に取ることのないDNAに関する書籍のタイトルを頂きました。一介のひら職員が，他大学の学長と「公」の場でご一緒することはめったにありません。でも，教育サロンはこれが実現してしまうのです。「非公式」なコミュニティのすばらしさです。

教育サロンでは，人との出会いのみならず，学びとの出会いもあります。「非公式がなければ，公式は成り立たない」という池田先生の教えがありますが，まさに私にとって教育サロンは，公式の場での私を作るための非公式の場所なのです。

3 「選抜型」入試から「育成型」入試への転換

　2013年1月，私は，入試改革に取り組み始めた追手門学院大学に着任しました。大学事務を派遣からはじめ，契約職員となり，念願の専任職員となったのです。それまでに出会った多くの高校生の現状や彼らの気持ち，そして，それまでの私の経験と知識を結集し，入試制度の改革に着手するためには，専任職員として業務に関わることが必要でした。40歳を目前にした契約職員だった私に，専任職員としてフィールドが与えられたのですから，学校法人追手門学院に対して感謝と敬意の気持ちを忘れず，仕事でご恩返しをしようと決意し取り組みました。「理論と実践」という池田先生の教えを守り，導き出した入試改革の経緯をご紹介します。

3-1　自分とお話をしてごらん

　中学生の頃から好奇心が強かった私は，当時，あこがれと未知の世界であった女子高校の受験を決めていました。女子短大と女子大学を有する女子高校への進学は，みずからが経験し体験することの大切さを教えてくれました。しかし，入学後すぐに，女子の世界を突きつけられた私は，私のような性格と考え方の人間にとっては，女子だけのコミュニティは息苦しい環境だと感じ，内部進学ではなく他大学への進学を考え始めました。そこで私は，生まれて初めて人生と向き合ったといえるかもしれません。

　その頃に出会ったパット・パルマー（P. Palmer）原作の『おとなになる本』（パルマー，1994）は，今でも大切な宝物です。何度も何度も読み返したこの本は「私は私である」と前へ踏み出すことを教えてくれました。今でも私は人生の岐路に立つと，この本と対話をするようにしています。答えが自分の中にあるのであれば，私は私に問いかけるしかないのです。自分がどうしたいのか，どうするべきなのか，わからなければ自分と話し合うしかないのです。そして私は，いつしか進路に悩む高校生に「自分とお話をしてごらん」と，伝えるようになっていました。

3-2　入試改革の背景

　学校法人追手門学院は，こども園から大学院までを有する総合学園です。追手門学院大学は，1966年に経済学部と文学部の2学部体制で開学しました。現在は，6学部8学科を設置する文系総合大学です。入学定員1,420名，在学生数（2015年5月1日現在）6,465人です。1990年には志願者が約28,000人となったものの，2012年には志

願者が 6,400 人まで落ち込み，マネジメント改革や入試改革に取り組み始めました。

　いくつもの大学に勤務した経験から，着任後にまずすべきことは，その大学の学生の実態を知ることだと思っています。彼らを取り巻く社会の動向，彼らの育ってきた環境や高校の進路指導の内容など，ありとあらゆる情報が大切です。その情報を得るための絶好の場所の一つに喫煙所があります。多様な学生が狭い場所に集まってくるからです。私は遠慮なく彼らに「ねぇ，ねぇ，今月からこの大学で働くことになった志村っていうの。わからないことばかりだから追手門学院大学のことを教えてくれないかな」と話しかけていきました。驚いたり，警戒されたりもしますがおかまいなしで，約2週間のうちに20人ほどと話をしました。

　非公式なので，所属も名前も尋ねませんしその場ではメモも取りません。イメージは井戸端会議です。このような私的な調査から独自に考察した結果，追手門学院大学の学生の第一印象は「おとなしい」と「自分は不本意入学だと答える学生が多い」と感じました。そこから，追手門学院大学での入試改革の鍵はこのあたりにあるのではないかと仮説を立てました。自らを不本意入学という彼らは，どのような気持ちなのでしょうか。あきらめることに慣れてしまったのでしょうか。少し古い調査ですが，日本青少年研究所が 2008 年に実施した『中学生・高校生の生活と意識—日本・アメリカ・中国・韓国の比較』による調査結果では，日本の中高生の「自分をダメな人間だと思う」割合は他国に比べてたいへん高いと述べています（一般財団法人日本児童教育振興財団内日本青少年研究所，2009）。この頃の中学生が，現在の大学生になっているのです。このような学生たちのメンタルモデルを変容させるには，「育成」を重視しなければならないと確信しました。

　「学力だけではなく多面的な評価を踏まえた総合評価をする」との宣言のもとに，1990 年に慶應義塾大学湘南藤沢キャンパス（SFC）が導入した AO 入試の感動が私の入試改革への情熱の原点です。なので入試改革に着手するのであれば，まず AO 入試しかないと考えていました。しかし，20 数年の月日が流れ，高校の現場や保護者，そして受験生自身までも AO 入試に対する認識が違う方向に向かっていることも実感していました。

　「受けやすい入試ですよね」「受かりやすい入試ですよね」「ALL OK 入試じゃないですか」と言われたのです。何度も心が折れそうになった私を「教育はアートである」という池田先生の言葉が支えてくれました。「アートなのだから自由に創造をすればいい」と自分に言い聞かせ，育成の理念にかなった全く新しい入試制度の設計を試みようという思いをあきらめませんでした。

しかし，いったいどこから手をつけるべきでしょうか。すでに学生の声は聴きました。高校側の声も聴きました。中央教育審議会答申も肝に銘じました。しかし，まだ肝心なことがありました。追手門学院大学の歴史をおさえなければ，方針を定めることはできません。ということで，ひっそりと一人で，追手門学院大学の歴史（＝自校教育）を紐解きはじめました。これがまた楽しくておもしろくて，大学の10年史・20年史とどんどん資料を読み漁りました。大学で働く誇りも歴史を知れば知るほど大きくなり，受け継がれる伝統を愛おしくさえ思えるようになりました。

追手門学院の創設者である薩摩藩出身の高島鞆之助中将は，これからの日本には，社会に貢献し独立心をもって努め励む，国際的視野をもった人材が必要だと考え，1888年に西日本初の私立小学校を創設しました。100年以上も前から，グローバル人材の育成を考えていた人が創設者だったのです。紆余曲折もありましたが，長い歴史を刻んできた追手門学院の教育理念は「独立自彊・社会有為」――自分の考えをしっかりともち，個性を大切にし，自らの成長に向かって日々努力して，世のため人のために尽くすこと――です。すなわち，自主的自立的な精神と確かな個性をもち，同時に他者や社会のことをきちんと考えるゆたかな社会性をもった人間を育てることを目指しています。

ここまで考えて入試改革のキーワードは，「アサーティブ」ではないかと思うようになりました。この言葉には，前出のパット・パルマーの本で出会っていました。改めてアサーティブに関する本を読み直した私は，アサーティブを「相手の意見に耳を傾けながら自分の意見や考えを主張することができる態度のことで，そのためには自分を知り表現することが大切になる」と解釈しました。まさに現代に必要な態度であり，「独立自彊・社会有為」にも通ずるものがあると思えたのです。

アサーティブという言葉をキーワードとした入試改革とはどのようなものか，悩ましい時期が続きました。フロー作りに取り掛かるもののスタートすら描けませんでした。しかし，現状の在学生や高校生の実態から導き出した「どのような受験生にアサーティブ入試を受けて欲しいか」という問いの答は，彼らをみていればおのずと出てくるはずです。机上の空論ではなく，現場に対象者が実在する人物ばかりです。こうして導き出した入学者像ならぬ「受験者像」の定義は，以下の通りです。

- 追手門学院大学で学びたいという気持ちを描き,その思いを伝えられる人。
- 今は確かな希望や理念がなくとも,知的な事柄への興味や活動を通じ,何のために学ぶのかを問い続け,努力する人。
- 高校までの基礎的な知識や技能の習得を見直し,向上しようと努力する人。

　しかし,このような受験者像の受験生とどのように出会うことができるのかと疑問に思われる方もいるのではないでしょうか。確かにそうかもしれませんが,ここで「育成」の理念が登場するのです。高校生をアサーティブ入試の受験者像に育てて入れればいいのです。「どうやって？」に対する答えとして「常識はひっくり返すためにある」という素敵な言葉がありました。この言葉に出会って私は,入試改革の枠に縛られていたことに気がつきました。既存の入試を変えるだけが改革ではないのです。育てる場は何も入試でなくてもいいのです。そもそも入試の枠組みだけには収まらない考えを,入試のなかに収めようとしても無理がありました。育てる場がなければ創ればいいのだとひらめいたのです。こうして「アサーティブプログラム・アサーティブ入試」の枠組みが誕生しました。

　しかし,最後まで頭を悩ませたのは,受験生たちの基礎学力をどう担保するかでした。スクーリングや通信教育は選択肢にはなかったものの,時代の流れや接触してきた受験生・学生の実態を考えると,基礎学力を課さない選択肢はありませんでした。みずからつくった四面楚歌の状況ほど脱出する気力が乏しくなるものです。思考停止の状態が続きましたが,経営学部の篠原健教授に巡り会うことによって解決しました。

　後述する「MANABOSS（マナボス）システム」の開発を担ってくれた先生との出会いは,本当に幸運でした。基礎学力を測ることができ,結果を可視化できるだけでなく,自学自習の習慣を促すこのシステムは,この入試改革の目玉になるはずだと思いました。追手門学院大学独自の基礎学力を育成するシステムとなれば,高等学校学習指導要領が改訂されても,高校基礎学力テスト（仮称）や大学入学希望者学力評価テスト（仮称）が導入されても,揺るぎない追手門学院大学独自の入試制度になり得ると考え,そのように制度設計をしようと考えました。これでようやく入試改革に足りなかった最後のピースが揃ったのです。

4 アサーティブプログラム，アサーティブ入試の誕生

前節で述べたような試行錯誤を経て，2014年4月，アサーティブプログラムとアサーティブ入試は産声をあげました。このときの大きな期待と不安の入り混じった気持ちは，今でも忘れません。アサーティブプログラムとアサーティブ入試の流れは図8-1のとおりです。

アサーティブプログラムとアサーティブ入試は，大学入学後の接続も視野に入れて設計しました。現在，追手門学院大学では「基盤教育科目」と「学科科目」の二つの柱を軸にした教育システムを導入しています。基盤教育科目には，コミュニケーション・リテラシーの基礎を学ぶ基礎科目（学ぶ力），多角的な視野・思考法を磨く教養科目（考える力），行動を通じて主体性と協働性を育むキャリア科目（生きる力）が総合科目と結びつくことで追手門学院大学型のリベラルアーツ教育を展開しています。私は，大学入試の目的は合格することではなく大学教育への接続だと考えていたので，この基盤教育を円滑に導入するための入試を早い段階から意識して

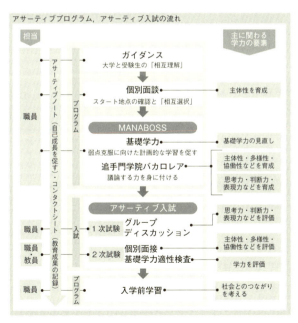

図8-1 アサーティブプログラム・アサーティブ入試概要
(出典：(株)進研アド『Between』2015年6-7月号掲載の図表を加工)

いました。

　以上を踏まえ，アサーティブプログラムによって，「自己を知ること」「考えて行動すること」「他者受け入れの準備をすること」「振り返ること」そして「大学で学ぶに相応しい基礎学力を見直すこと」が，出願前にできるよう促します。アサーティブ入試では，アサーティブプログラムの成果を発揮できるように設計しています。アサーティブな態度と大学で学ぶに相応しい基礎学力を有することは，大学教育に必要（大学教育だけではありませんが）な要素だと考えています。

4-1　アサーティブプログラム

　アサーティブプログラムには，三つの要素があります。それは，(1) 追手門学院大学職員との個別面談，(2) 本学独自開発の学習システム「MANABOSS」，(3) アサーティブノートです。それぞれについて順に説明します。

(1) 追手門学院大学職員との個別面談

　この個別面談は，高校生自身が自分の人生と向き合うように促し，追手門学院大学の受験を必須とせず，進路を考えるきっかけの一つとして位置づけています。自分の気持ちと向き合い，自分に問いかけることにより，何をすべきかを考え始めることを期待します。大きくなくてもいい，一歩でも半歩でも踏み出すことができるように背中を押すことができる面談を想定しました。

　個別面談は，事前に研修を受けた職員が参画します。業務上，学生と接する機会が少ない部署の職員でも，高校生の実態を通して学生の現状も把握できることは，業務改革につながるSD（スタッフ・ディベロップメント）の効果があると期待しています。また，私たちが高校生の現状を踏まえて具体的な話ができる高校訪問が実現すれば，高大接続にかかわる忌憚のない意見交換ができるようになると考えました。実際に，アサーティブプログラムとアサーティブ入試について意見交換をした高校の先生は，「本質的なのはわかります。しかし，このような入試をどうやって指導するのか正直難しいです」と率直な意見とともに頭を抱えてしまうこともありました。

　しかし，目の前にいる高校生と話をしていると，この設計は間違っていなかったと確信ができます。大学に進学したいと相談に来た生徒に，「なぜ，大学へいきたいの」と問いかけます。多くの生徒がフリーズしてしまいます。大学の相談ブースに来て，「どうぞ，どうぞ本学へ」ではなく，「何をしたいの」などと聞かれることは想定していないのでしょう。それでも，何をしたいのかを考えることが一番大切であ

ると伝えると，彼らは真剣に受け止め考え始めるようになるのです。そして，パッと顔を上げて，楽しそうに語り始めてくれます。目がキラキラしてくるのです。やるべきことがみえただけで，彼らは「いっぱい考えることがありますね。考えてみます」とうれしそうに帰っていくのです。最近では，「また，来てもいいですか」と言ってくれる生徒も増えました。友だちを連れてきてくれる生徒もいます。毎回十人十色の出会いが大学職員としての醍醐味でしょう。

　しかし，その反面，人の人生に関わるこの仕事を怖いとも感じています。自分にそれだけの力量があるのだろうか，もっと適切なアドバイスができたのではないかと常に考えさせられます。だからこそ，一人ひとりの出会いを大切にしなければならないのです。一生懸命考え始める彼らを見るたび，こちらも真剣に，受験生としてではなく一人の人間として接することを肝に銘じていなければならないと自分に言い聞かせています。彼らは，決して将来について考えないわけではなく，方法を知らないから考えられなかっただけです。

　面談では方法を教えるのではなく，気づいてもらうことを大切にしています。自分で発見し，「気がついた」という気持ちをもってもらえるようにしなければなりません。さりげない内容の面談が重要になります。自分で考えるためには，自分の気持ちを知ることが大切です。誰かに言われてではなく，自分で踏み出す道を決められるように育て，その踏み出す道に大学があるのであれば受験してもらえればよいと伝えています。

　こうした考えから，このプログラムは，高校の全ての学年を対象としました。あくまでも受験のためのプログラムではなく，進路を考える教育プログラムとして捉えたからです。

(2) 追手門学院大学独自開発の学習システム：MANABOSS

　追手門学院大学独自開発の学習システムであるMANABOSSシステムには，「基礎学力」と「追手門学院バカロレア」があります。「基礎学力」は，言語能力問題12領域と非言語能力問題14領域の約600問でスタートをしました。現在の問題数は約1,400問となりました（2015年5月現在）。

　このシステムでは，登録者が自分のペースで学習に取り組むことができ，自分の得意分野や弱点などが可視化され，漠然とした勉強ではなくピンポイントでの学びが可能となります。勉強の方法がわからないと相談する高校生には，このMANABOSSの利用を推奨しています。方法がわかれば，学習計画を立て，自学自習のスタイルをもつことができるようになると考えています。

また,「追手門学院バカロレア」は,答えが一つではない問題にじっくり向き合い,考える力を養い,SNSを活用して登録者同士で議論ができるようにしています。自分の意見を発信する力と他者の意見を受け入れる姿勢を育成することが目的です。

(3) アサーティブノート

アサーティブノートは,進路を考えるプロセスを記録・整理できるよう独自に開発したノートです。個別面談など進路について話をした内容をまとめ,興味・関心を広げるために気になったことなど書き留めるよう勧めています。ただし一つだけ,どんなことにも自分を主語にして書くというルールを作りました。

自分の気持ちを聴き自分を理解する,広い視野で周囲の状況を見極め自分で感じたこと・考えたことを相手にしっかり伝える準備ができるようにと制作したものです。振り返ることは成長をするために必要なことだと伝えながら,一人ひとりに手渡しをしています。

これらアサーティブプログラムを経た望ましい入学者像は,シラバスを活用でき,講義や課題活動に意欲的に参加する学生です。なぜ大学へ進学をするのか,何のために学ぶのか,入学前にしっかりと考え入学してくることを前提にできれば,これらのことが十分に期待できるのではないでしょうか。

4-2 アサーティブ入試

アサーティブ入試は,アサーティブプログラムで養った力を発揮できるように設計したため,アサーティブプログラムを受けていることが出願条件となります。

1次試験では,学部学科を分けず5-6人のグループディスカッションを実施します。与えられたテーマに沿って自分の意見を述べ,他者の意見を受け入れるアサーティブな態度を評価基準としています。評価者は,アサーティブ面談職員が二人一組で行います。評価シートを点数化し二人の平均値で合否判定します。

受験生からは,グループディスカッションに対して「イメージができない」「高校の授業にはない」など不安の声は確かにありました。では,大学の授業はイメージできているのでしょうか。大学の授業は高校の授業にあるのでしょうか。こうした考えから,この入試が不安なのであれば自分の力が存分に発揮できる入試形態を選択するように伝えています。そのために大学には多種多様な入試制度があるのです。

私も実際に評価者としてグループディスカッションの席に着きましたが,驚き

と喜びの入り混じったたいへん貴重な体験となりました。初めは不安いっぱいの顔をしていた彼らも，自分の意見を述べ始めると落ち着き始めるのです。しっかりと相手の意見を聴き受け入れようとする姿勢，自分の意見を伝えようとする姿勢に私たちも期待が膨らみます。学習意欲の低下や学ぶ意欲が乏しいなどマイナスな受験者像が目立つことも否定はできませんが，少なくともこのアサーティブ入試の受験生は，大学側が求める受験者像に合致していると感じました。高校に対しても，求める受験者像のような生徒に受験をしてほしいとこちらの要望を伝えることにより，新しい高大接続の扉が開きそうな予感がしています。

1次試験に合格した受験生は，2次試験へと進みます。「基礎学力適性検査」と「個別面接」です。前者は，大学で学ぶに相応しい学力の有無を測るものです。MANABOSSの基礎学力問題に何度もチャレンジをして試験に臨むことができます。後者は，追手門学院大学で学びたいという意欲の確認をします。志望学部の教員1名とアサーティブ面談職員1名がペアとなり，こちらも評価シートを点数化した平均値で合否判定します。ある学部の2次試験の分析では，基礎学力と個別面接の結果に相関は認められませんでした。相関があればどちらか一方の評価で十分ですが，バランスよく多面的に評価するという観点からみて効果的な評価であると思います。

将来的には国際バカロレア（IB：International Baccalaureate）のように，プログラムを学び資格を授与するような形をイメージしています。アサーティブプログラムでグループディスカッションと基礎学力適性検査も組み込み，一定基準を満たせばプログラム修了証を授与し，これを出願書類とすれば面接試験のみの入試にできるのではないかと考えています。

4-3　入学前学習

アサーティブ入試合格者には，大学入学までの過ごし方を考える課題を送付しています。高校から，年内入試で合格した生徒の浮かれた気持ちが，一般入試やセンター入試を受ける受験生の士気を下げることがあったり，大学から出される課題の指導を生徒から求められたりと，受験指導で忙しい高校の先生が悲鳴を上げていると聞いたことがありますが，もっともな声だと思います。

そこでアサーティブプログラムでは，高校の先生方の手をわずらわせることなく，高校生活を楽しみながら取り組める課題を考案しました。まず，合格者の生まれた日の新聞記事を「記念日の新聞」として送ります。若者の活字離れや新聞を読むこ

とが少なくなった彼らに，新聞に興味をもってもらうきっかけになることを期待しています。そして，毎年年末に発表される10大ニュースを，自分が生まれた年から高校2年生まで毎年分調べ，各年の10大ニュースから自分の興味のあるニュースをそれぞれ三つ書き出します。人の人生は，たとえ意識していなくとも社会の影響を大きく受けているので，社会との関わりとこれから大学で学ぶことについてしっかり考えてもらい，800字以内にまとめてもらいます。将来的には，10大ニュースから選んだ三つのジャンルを参考に，基盤教育科目の履修相談に活用できないかと考えています。

4-4 まとめ

　初めて入試業務に携わり，高校生と話をしたときに自分の大学受験と明らかに時代が違うということに愕然としたことを今でも覚えています。これがジェネレーションギャップなのかと諦めもしましたが，高校生とたくさん出会い，話をすることでみえてくるものもたくさんありました。「好きにしていい」と言われて「どうしていいのかわからない」と戸惑っている生徒，「やるときはやれる子です」と根拠のない自信に満ちた生徒，進学理由が，「自分の成績レベルの中で知名度があるから」と志望をしてくる生徒，彼らは，彼らなりに考えているのです。
　大人からみて「何も考えていない」とか「考えが甘い」ということは簡単ですし，彼らの頑張りを褒めるどころか否定をする大人もいます。しかし，それでは彼らは，「どうせ，無駄だし」とか「自分なんか」と自尊感情をますます失っていくのです。「あなたの気持ちは？」と声をかけると「どうせ（言っても否定されるから）無駄だし，間違っているから」と悲しそうな顔をした生徒もいました。そんな彼らに両手を広げて受け止める姿勢をみせると，こちらの反応を見ながらですが話し始めてくれます。私は決して否定はしません。とにかく受け止めることから始めるのです。もちろん初めからしっかり進路について考えている生徒もいます。その場合は，違う視点から考えることや関連する話を伝えるなど，臨機応変に対応します。
　「自分のことを話すって気持ちがいいものですね」と言った生徒がいました。このように「考えたことを聞いてほしい」とか「考えると疑問が出てきて質問に来ました」などと，「とにかく聞いてほしい」「話したい」「褒められたい」いろいろな思いをもって2度目，3度目の面談にくる生徒がいるのだと確信をしました。
　こうした高校生の現状を受け止め，彼らが大学へ入学する前に何ができるのだろうかと考えます。そして，在学生の現状も受け止め（私は，学内の公開授業には張り

切って参加をしています。90分も学生の実態を業務として調査できる最高の業務であると考えています），高校生から大学生になる時に必要なものは何なのかと考えた答えを形にしたのが，アサーティブプログラムとアサーティブ入試なのです。

　2015年5月末から，アサーティブプログラムを受講し入学をしてきた（アサーティブ入試以外の入学者を含む）学生にインタビュー調査を実施しています。一人ひとりと話をすると，あたりまえのことかもしれませんが，それぞれ入学までの軌跡があるのです。しかも，入学後のミスマッチは少なくとも現在では確認はされていません。彼らがたくましく学生生活を楽しんでいる様子を次のような声から聞き取っていただけるでしょうか。

- アサーティブプログラムについては，受験に対する不安を面談で解決できる上，思いもしなかったことをアドバイスしてくれることもあったから安心できた。
- 学力の不安はあったが，とにかくMANABOSSに一生懸命取り組んだ。アサーティブ入試に合格したということは，少なくともグループディスカッションはできるという自信になり，グループディスカッションの授業で戸惑っている友達を見ると，アサーティブ入試を受けてよかったと思った。
- 高校の先生に受験を無理だと言われたが，悔しさをバネにグループディスカッションの練習やMANABOSSを何度も繰り返し取り組んだ結果として，合格できたことが自信になった。

　このような声を直接聞くからこそ，手間暇かけて頑張ることができるのです。彼らの言葉と笑顔が私を動かし支えてくれています。彼らのために自分ができることは何なのか，もっともっと探し続けたいと思ってしまうのです。彼らには，「追手門学院大学で学びたいと思い，アサーティブプログラムとアサーティブ入試を経て合格を手に入れたのはあなた自身なのだ。胸を張りなさい」と伝えたいのです。根拠なしの自信ではなく，しっかりと頑張ったプロセスがあり，面談をした職員がそのことをちゃんと知っています。だからこそ入学後の彼らのがんばりをみたときに，成長をしたと感じることができるのです。付かず離れずの距離を保ちながらも，見守る姿勢は持ち続け，彼らの成長を見守りたいのです。4年後，卒業式で大泣きをするかもしれないくらい彼らの成長と思い出話を楽しみにしている今日この頃でもあります。

コラム①　神様からの贈物（余談）

　2014年4月1日，入試部入試課アサーティブ係が組織配置され，係長を拝命しました。大学の世界に飛び込んで10年になります。係長までの道のりをしみじみと振り返るひまもなく，目まぐるしい勢いで物事が動き始めました。私のすべての経験と知識を駆使し，福島一政氏（追手門学院大学副学長）と議論を重ね，池田輝政先生に相談をしながら作り上げたアサーティブプログラム・アサーティブ入試を「平成26年度大学教育再生加速プログラム」テーマⅢ（入試改革）の公募に応募することが学内で承認されました。

　人生で初めて文部科学省の説明会にも参加しました。正直なところ申請の条件を十分に満たしているので大丈夫ではないかと，申請業務のたいへんさを知らない私は高を括っていました。実際，その申請業務は時間との戦いでもあり本当に過酷でしたが，立ち上げたばかりのアサーティブ係にさしたる予算があるわけでもなく，交付金は挑戦するに値する魅力的な予算でした。なにより「予算がないなら，外部資金を取りにいけ」という福島副学長の教えを実践できるチャンスが到来したのです。

　書類審査通過の連絡が届き，入試の合否発表を待つ受験生のような気持ちで待っていた私はうれしくて舞い上がりましたが，学長や副学長は，これまでの経験から「良くて採択，悪くても面接まではいけるだろう」と考えており，想定内の通過だったとうかがい驚きました。採択の連絡までは本当に長く，8月も終わる頃に採択のメールが届きました。入試改革では採択校が全国で3校（お茶の水女子大学，岡山大学，追手門学院大学）のみという結果には，正直驚きました。私立大学では追手門学院大学だけだったのです。

　私ごとですが，8月は私の誕生月です。この採択を少し遅くなった「神様からの最高のお誕生日プレゼント」だとポジティブに解釈をして一人祝杯をあげました。多くの人に出会い，学ぶ楽しさを知り，人を育てる責任の重さを実感し，試行錯誤しながらも辿り着いた自分なりの入試改革への答えが形となり文部科学省に採択された（すなわち認められた）のです。責任も大きく重いものだと自覚しています。それでも，何歳になっても認められるということはうれしいものです。アサーティブプログラム・アサーティブ入試で，多くの高校生を精一杯認めることができるように，さらに発展させていきたいと思いました。

5　今後の課題（AP科目生との出会い）

　前例のないアサーティブプログラムとアサーティブ入試を終え，現在は振り返りながら修正をしている時期です。まだまだ発展途上ですから，今後の展開を楽しみにしています。今後はアサーティブ入試で入学をしてきた学生や面談職員のみんなで，この取り組みを検討できるようにしたいと思っています。

　「平成26年度大学教育再生加速プログラム」に採択をされた当時は，うれしい反面，苦労して生み出したアサーティブプログラムとアサーティブ入試が，急速に私の手から離されていくような気持ちにとまどってしまいました。それなのに，池田

輝政先生の一言であっさりと解決したのです。「そろそろ伝えなければいけないと思っていたのだが，My（志村）アサーティブから Our（追手門学院大学）アサーティブへの転換をしなさい」と告げられたのには参りました。なんでもお見通しです。やっぱり仙人だと思いました。「先生ってやっぱりすごい」と素直に受け入れられたので，みんなと一緒に育てていこうと考えられるようになりました。

心の葛藤から解放された頃，ご縁があり追手門学院の AP（Advanced Placement）科目に関わることになりました。追手門学院大学に進学が決定している併設高校茨木校9名，大手前校14名の高校3年生が，追手門学院大学の科目を先行履修，すなわち単位を先取りする制度です。茨木校は，大学と同じキャンパスにあるため，高校の教室から大学の教室に各自移動をします。大手前校は大阪市内にあるため，AP 科目の日は大学に通学することになっています。

時間割の関係で空き時間ができることもあり，私はホームルーム教室代わりの控室で点呼をしたり，授業に送り出したりすることになりました。生徒たちは授業の空き時間を使って自分の興味のあることなどを課題研究として取り組み，学期末に発表をします。この課題研究や授業で出されるレポートに取り組む姿を目の当たりにし，現役高校生と長時間過ごしたことで，新たな発見がたくさんあり，めったにない楽しく貴重な経験をしました。

彼らには「私は先生ではないから，先生ではなく志村さんと呼んでね」と最初に約束してもらいます。彼らは「先生」に対して無意識に線を引きますから，私は「先生」ではない大人として彼らに受け入れて欲しかったのです。お互いに慣れない環境ではありましたが，一緒にお弁当を食べたり受けてきた授業の感想を聞いたりしながら，彼らとの時間を過ごしました。教師でも教員でもなく教員免許もない私にとって，14名のクラス担任の体験はとても貴重なものとなりました。

生徒たちは授業に慣れ始めると，「小テストがわからない」とか「ノートの取り方がわかならい」と話し始めてくれたので，どこがわからないのかを知るために一緒に授業を受けに行きました。私なりにノートをまとめ小テストにも範囲があることを知りました。アカデミックスキルが形成されていない彼らには，大学でのノートの取り方は確かに難しいものがあったと思います。しかし，テスト範囲だけでも復習をするように促すと，点数が取れたと喜んで控室に戻ってくるようになるのです。

そんな彼らをみていると，根本的にはアサーティブプログラム・アサーティブ入試の考え方と同じく，一人ひとりきちんと向き合っていくことがとても大切なのだと確信しました。小さな成長かもしれませんが確実に彼らは成長をしているのです。

授業で課せられるレポート指導はたいへんでしたが，私の大好きなフルーツサンドを買ってきてレポートの相談を持ち掛けてくるあたりなど，なかなか生きる力をもっているではありませんか。もちろん，フルーツサンドの御礼に相当するアドバイスはしました。提出時には「うちの子のレポートが一番」という気持ちになっているのです。

こうして一緒に考え，調べ，達成感を共有することは，高校生の視点を常に意識できます。彼らと過ごした体験は，アサーティブプログラムとアサーティブ入試の今後の発展に大きな影響を与えると思います。今はまだぼんやりとしかみえていませんが，アサーティブプログラム，アサーティブ入試の発展はもちろんのこと，追手門型 AP 科目プログラムとしてアサーティブ的な要素を取り入れた新しい高大接続の形を提案したいと考えています。

半年間という時間は，彼らに愛着をもつには十分な時間でした。アサーティブプログラムで面談をした高校生にも愛着はありますが，やはりこれは時間の長さに比例する感情なのかもしれません。AP 科目の単位が取れたと報告をもらえばうれしいですし，落としたと聞けば落胆もします。

大手前校の校長に頼み込み出席した卒業式では，立派な姿に涙がでました。入学式でスーツ姿を見て目を細めました。時間割の相談に来たら，教務の勉強にもなると一緒に奮闘しました。顔を見せに来ないと寂しくなり「子離れの準備はできています」などと子離れできないメールを出してしまいます。彼らを通じてたくさんのことを学ばせてもらいました。

コラム②のような話を高校の先生にお話をするととても喜んでくれます。卒業

コラム② 追手門グッズコンテスト

ある日，学内のエレベータで見つけた「第 2 回 追手門グッズコンテスト」の案内を，経営学部に入学をした AP 科目生の O 君と K 君にチャレンジしようと持ち掛けました。職員は応募資格がないので表に出られませんが，サポートをするのでエントリーしてみようと優勝賞品 2 万円のクオカードをチラつかせ説得しました。また，AP 生の K さんと S さんも応募することがわかり，よきライバルが出現したことにより（私が一番）張り切ってしまいました。彼らは経営の先生を尋ねて相談をしながら，応募書類のエントリーの準備を進めていき，サポートをする必要がないほどしっかり取り組んでいました。チーム名の欄に「しむしむ」と書いてあるのを見たときは，ひっそりと涙しました。彼らの気持ちが温かくうれしかったです。残念ながら優勝はできませんでしたが，奨励賞を頂きました。優勝していたらクオカード 2 万円を換金して，焼肉に連れて行ってくれるはずだったそうです。

図 8-2　追手門学院大手前高等学校 AP 科目生と

した生徒でも気にかけている先生たちの気持ちがよくわかります。そこで，アサーティブプログラムで入学をしてきた学生の様子をまとめて地道に高校訪問を始めました。学生たちについての抽象的な話ではなく，具体的な話をしながら，その学生（生徒）を挟んで高校と大学が協力して彼らの成長を考えることが，本当の「高大協働」であり，「高大協働」があってこその「高大接続」になるということを確信しました。今年はどのような AP 科目受講生に出会えるのかとても楽しみにしています。

6　おわりに

　2015 年 6 月 1 日より，学術的な知見を踏まえてアサーティブプログラム・アサーティブ入試の研究開発を行うためにアサーティブ研究センターが設置され，センター長には池田輝政先生が就任されました。私も研究員の一人となりました。アサーティブプログラム・アサーティブ入試の企画・開発・実施までの全工程に携わる者と定義したアサーティブオフィサーとして「日本の大学入試を今一度せんたくいたし申候」。それが，今でも私の壮大な夢でございます。

【引用・参考文献】
一般財団法人日本児童教育振興財団内日本青少年研究所（2009）．『中学生・高校生の生活と意識─日本・アメリカ・中国・韓国の比較』
梅村　修・藤本祥之・山本直子（2015）．「追手門学院型 AP システムについて」『一貫連

携教育研究所紀要』1, 21-56.
学校法人追手門学院（2012）.『マンガ追手門の歩み』追手門学院
進研アド（2015）.『Between』（2015 年 6-7 月号）
パルマー，P.／eqPress［編訳］（1994）.『おとなになる本—Self-Direction Manual』径書房

【引用・参考ウェブサイト】
文部科学省（n.d.）.『国際バカロレアについて』〈http://www.mext.go.jp/a_menu/kokusai/ib/（最終閲覧日：2015 年 7 月 10 日）〉

第2部
これからの教育サロンを展望する

09 「学びの空間」に足りなかったものを探しながら
教育サロンに予感する未知のなにか

山口住夫

山口住夫：福岡大学工学部機械工学科教授
主な経歴・専門は第1章参照。
主な論文に，文中に引用されたもののほか，「低スロートピッチ比の遷音速タービン翼列の特性に及ぼす後縁処理の影響」『日本ガスタービン学会誌』第10巻39号，32-39（1982年），「局所排気用三次元フードの形状が吸い込み流れ場に及ぼす影響」『日本機械学会論文集』第58巻第552号（B編）（1992年），Maximum Circulation of A Vortex Ring Generated by A Pulsating Jet. *Proceedings of 4th International Conference of Jets, Wakes and Separated Flows.* ICJWSF2013/1019, 1-6.（2013年9月）などがある。

　「キャンパスが乾いている」。教員として再び出身大学に戻った時にこう感じました。学部卒で国立大学に助手で入り，自分のすべての体力と時間とを注ぎ込み，汗と涙と笑いと怒りにまみれながら研究と格闘して11年間，何かがわかりかけ，何かが自分の中にでき上がりかけた頃，出身大学に戻ってみて感じたことは，「何かが足りない」。

　それから35年，それが何なのかがようやくぼんやりと感じられている今，教育サロンの活動はその解決策の一つだったように思います。私が感じたその問題は他の大学でも共通だったらしく，多くの大学職員の共感と支持を得た活動へと展開して，大学を超えた集まりとして広がっていきました。

　本章では，発起人の一人として，教育サロンのこれまでの流れを振り返り，何をしたかったのか，これから何ができるのかについて考えてみます。

1 教育サロンの生い立ち

大学の中でさまざまな活動をしていく中で，徐々に形成されていった学内の「教育サロン」の構想から，大学間の教育サロンに展開するまでの想いについては，対談（第1章参照）でも一部お話しましたが，詳細を振り返ってみます。

1-1 「こんな会ができたらいいね」

10年ほども前のことでしょうか，春の土曜日の午後，福岡市の西のはずれの吾が家の庭に，それぞれが気に入ったおつまみの品を手にさげて，地図代わりの無責任な案内メールの文章を頼りにして，福岡大学の先生方5-6名が集まりました。

メンバーは気心の知れた大学内の知人でした。福岡大学の学務系ICTシステム（山口, 2008b）の構築プロジェクトで総リーダーをしていた私の勝手な指名を快く引き受けて，頭と体と時間を駆使して関わっていただいたみなさんを，5年を要した構築作業の終わりが近づいたころに，自宅に招いた私的な慰労会でした。

学部もそれぞれ異なっており，互いにあまりなじみのない方もいらっしゃったはずですが，話題は，それぞれの分野の知識や考え，若かった昔のやんちゃな行動や武勇伝，趣味のうんちくなどを披露しあいながら，そして時には真剣な大学論や教育論になり，また笑いに戻ったりして，陽気な笑い声が，のどかな春休みの午後，ほの暖かい曇り空の田んぼの中に吸い込まれていました。私の妻と，当時学生だった娘も話に入ったりして，ふだんは聞けない大学の先生たちの，本音の話を聞きながら，夕方までの楽しい時間を過ごしました。

「こんな集まりが学内でできたらいいね」という誰かの言葉に，みんな即座にうなずいたことを憶えています。なぜなのでしょう，先生の殻を取り去って，一人の人間として，心を完全に開いて，愉快な雰囲気で気楽に話せる場は，学内には意外に見つかりません。学内で話すときには，みな先生の顔で，先生の立場での，論理的で意見陳述的な会話になってしまいます。ちょっとした雑談にも，大学内の問題を意識する生真面目さがしっかりと見えてしまいます。まして会議の場であれば，それぞれの立場からの意見を戦わせるばかりで，本音を素直に発言できることはほとんどありません。終わった後も，何かすっきりしない感情が残ることが多く，会議ではない場所でこの人ともう一度ゆっくり話をしてみたいなと思うことも少なくはありません。

1-2 足りなかったものは

キャンパスに「何か足りない」と感じたもの，それは大学の中での，職務を越えた人と人との心のつながり，仲間意識の希薄さだったのかもしれません。教職員同士のつながりがあまり緊密ではなく，お互いに個人の想いを知る機会が少ないために，それぞれが自分の考えにしたがって思い切った行動をとりにくく，職務上で必要な対応だけで接するにとどまっているようです。その結果として，学生に対しては，口では創意工夫や挑戦を求めながらも，暗に問題になりそうな行動を慎ませる雰囲気を伝えているような気がします。学生にのびのびとした躍動感が今一つ感じられない原因はそこにあるのかもしれません。

学内のどこかに，誰もが気兼ねなく，本音で気楽に会話できる場所があればいい。そこで自由に雑談を交わすなかで，学びや生きることの意味，教育で伝えたいこと，教員間であれば授業方法のコツや細かいノウハウなどの意見交換ができれば，その中のいいものが次々と伝えられて，よい意味での伝統となり，仲間意識や大学への帰属意識が育っていくのかもしれません。

そのような空気がキャンパスにあれば，心にゆとりも生まれ，会議や業務その他の協働ももっと効率よく滑らかに動くような気がします。また，教職員相互の間にできた信頼の空気は，学生にも伝播し，学生から教師への親密感が高まって，教室で教師の話への興味もわき，授業の効果は自ずと向上するようにも思われます。そんな学内の自由な語り場，暖かい家庭のような場所のことを，誰言うともなく「教育サロン」と呼んでいました。

数年前，我が大学にも FD を担当する組織「教育開発支援機構」を設置することになり，その準備委員会に私も招集されました。役割は「教育サロン」の構想です。委員会幹事の先生が，前述の慰労会のメンバーだったので，その時のことを記憶されていたのでしょう。

こうして福岡大学に「教育サロン」が，学内の制度として誕生しました。大学の構成員である教員，職員，学生のだれもが，その職種や職位，立場を意識せずに，それぞれが一個人として対等な関係で，自由な対話の輪を広げることを目的とする組織ができたのです。

1-3 「それ，いいですね」で大学間に展開

教育サロンマスター（規定上の名称は「教育サロン長」）を始めてすぐに，教育開発支援機構の事務部長から紹介されて，（株）ラーニングバリューが開催する「大学ト

ップセミナー」に参加するために大阪まで出張しました。そこで出会ったセミナーの講師の池田輝政先生（本会発起人のひとり）に，「教育サロン」を簡単に説明しただけで，即座に「それ，いいですね」と賛同いただき，また帰りの新幹線で一緒だったラーニングバリュー社の本田貴継氏とは，大学と大学の間で教育に関わる人たちをつなぐ企みで盛り上がって，新しいかたちの教育サロンのアイデアはこの時にほぼ固まったように思います（この時の顚末については1章の対談を参照ください）。

その後，本田氏から池田氏へ教育サロンのアイデアが伝わり，「おもしろそうだ」という返事を得て，まずはやってみようとさっそく準備を始め，その年の9月1日に第1回の会合を福岡大学で開催しました。

1-4　権威をもたない会

教育サロンをどんな会にしようか，と相談になったときに，集まった人の誰もが自由に気楽に話せるというコンセプトをまず考えました。学会や研修会，あるいは講演会では，その分野での権威や業績のある方の講演があり，質疑応答，懇親会という形をとることが多いようです。これでは，初めて参加した若年のメンバーは，なかなか雰囲気が読めず，素直に自分の意見を述べにくいことがよくあります。学会の懇親会などでは，その場の権威に顔を覚えてもらう会のように感じることもあります。

この教育サロンは，授業や教育に関することを話し合う会なので，メンバーは，それぞれが授業や教育制度や事務に責任をもつ立場にいる人たちです。その意味では皆が対等な立場ですから，そんな権威を一切感じさせない会にしたい。そのために教育サロンでは，学長であろうと新任の事務職員であろうと，所属組織や社会での地位，職種，職位は一切忘れて，一個人としての対等な立場で話せる会にする，ということを確認しました。

さらに「会自体に権威をもたせない」ことも意識しました。教育サロンに参加することも，話題提供することも，学会とは違って一切評価や業績の対象にはならないことにする。参加者は「純粋に一人の教育に関わる個人として，それぞれの経験を自分の感覚のままに本心で話し，共有してもらうことだけを目的に参加する会」にすることとしました。

会の内部にも，指導者や長がいれば，必然的に上下関係が生まれます。会では，役割の上下構造を作らないために，会長も役員も明確な組織も何も定めず，すべて参加者有志の自由意志だけで動かしています。ただ，事務局的連絡の役割は（株）ラーニングバリューの方々に無報酬でやっていただいています。

1-5 みんなで決める会

こんな無茶な「組織」を作ってすでに3年が経ちました。しかも地域を変えながら年間9回もの会合を開催し，毎回充実した内容で少しずつ成長していることは驚きです。毎年，夏季には有志で合宿を行って，次の一年の活動方針を話し合うことも恒例の行事になっています。合宿に参加した人は自動的に幹事とみなすという，無茶なルールがいつの間にかできていても，誰も文句をいわないのもこの会の特徴でしょう。

合宿の話し合いには特に原案が用意されているわけでもなく，その場でいきなり始まる自由討論で，笑い声もまじめな話もごちゃ混ぜにして，思いついたことをまとめるだけで進めます。どこまでが冗談なのかわからないような話し合いのなかで生まれるアイデアは，毎回奇抜で斬新です。

2014年の第1回の幹事合宿では，「教育サロンとは何なのか」というゆるいテーマで話しているうちに，この会の基本理念である「5つのやくそく」が誕生しました。次の年の第2回幹事合宿では，「教育サロンを広めよう」というテーマで話し合いが行われました。このなかで広報の方法として，今はやりの音楽をみんなで踊っている映像をネット配信しよう，という案が年配の先生から出されたりしています。その場では，この教育サロンの性格を見事に表現した発言がありました。

- 全員がリーダーであり，そのアイデアに全員がただ乗りするフリーライダーの会
- カリスマのいない会，カリスマをもただの人にしてしまう会

この雰囲気は毎回しっかり定着してきています。最近は学生さんが多数参加する回も増えてきましたが，学生の立場からでも，年配の先生たちと全く対等に，正直な批判や感想を出す事ができていて，その新鮮な視点からの意見に，参加者は一様に驚きと感謝の気持ちを感じています。

2 大学ってなに？ 何を教える？

教育サロンは，授業をよくする，教育を改善することを目指しています。とはいっても，そもそも我々は「何を」教えようとしているのでしょうか。「教育」って，「大学」ってそもそも何なのでしょう。そこを考えておかないと，道に迷ってしまい

そうです。この問題を自分の教育姿勢の根本問題として，私は以下のように考えてみました。

2-1 「学習」ではなくて「学修」？

「高校での「学習」と違って，大学の勉強は「学修」と言います。習った事を覚えるだけでなく，習った事をもう一度自分で考え直して，関係する資料や文献を自分で探して読み，さらに広く深く学ぶことが必要です」と，ガイダンスなどで新入生には必ず告げられる言葉です。その言葉を聞いて新入生は，最初の授業で，緊張しながら教室で待っています。チャイムが鳴り，教師が入室して，始めから終わりまで一人で喋って「講義」して，時間が来たら退室していきます。高校のように宿題もほとんどありません。授業に出席するのに，特に予習していなくても困ることもありません。ほとんどの先生が出席も取りません。試験までの間に，特に勉強法を指示されることもないので，「高校より楽じゃん！」そう思う新入生も多いことでしょう。

大学ではほとんどの科目で，担当の先生が専門とする分野の「知識」を詳細に説明する講義型の授業が行われています。授業内容は高校よりも深く専門的で難しくはあるけれども，本質的に高校と同じ方法で行われているに過ぎません。いや，むしろ学生にとっては，高校よりも「気楽な勉強」になっています。しかも高校のように卒業後に大学入試という関門が有るわけでもなく，成績が悪くてもいざとなれば卒業させてくれるという噂を聞けば，ますます「安心して「遊べる」学校」になっていくのはやむを得ないでしょう。「学修」はあくまでも自主的に行うものだとしても，学生が「自分で学修」する方法を知らないのであれば，「学修」せざるを得ない環境をつくるしかありません。それを訓練し，習慣づける教育も必要だと思われます。

2-2 課題を多くして，勉強せざるを得ない環境を作る方法

一昔前には，「日本の大学はレジャーランド化しているが，アメリカの大学生は必死に勉強している」と言われていました。日本の学生はなぜ勉強しないのか，と多くの評論がなされていましたが，視察してみると，「アメリカの大学生は，毎回大量の課題が出され，そのレポートを提出しないと単位が取れないので，勉強せざるを得ないのだ。先生もそれを評価するのに多大な労力を注いでいる」(川本, 2001)。

私はこの本からヒントを得て，1回の講義について予習と演習（復習）の2枚のレポートを課し，さらに演習の不合格者には再提出のレポートを課して，計3枚の

レポートを提出させ，すべてのレポートを細かくチェックし，コメントを記載して，次回までに返却する方法を始め，今も続けています（山口, 2008a；2010）。

すべてのレポートの様式と記載方法や提出のルール，採点の方法と評価の基準，成績評価への配点割合などを詳細に記載した「レポート作成要領」を第1回目の授業で配布しており，特にレポートを作成する際の説明や数式の書き方について細かく規定して，守らせています。これは，将来に社会でも通用する報告書の書き方の訓練を意図しています。

その基準にしたがって，次の授業までに採点と記帳と集計を終わらせるのは教師にとっても大変な仕事量です。少し複雑な計算問題では，1回分のレポートをチェックするのに10時間ほどを要することもたびたびあります。しかし，提出したレポートに，毎回一字一句，すべてのミスを指摘されて，それが返却されることは，学生にとっても「真面目に取り組むべきだ」という意識をもたせるらしく，1か月もすると見違えるほどにレポートが見やすくなります。「レポートは人に読んでもらうために書く」という意識は十分育っているようです。

この方法は教師にとってかなりの労力を要しますが，やりがいも感じます。特に予習レポートでは，課題のキーワードについての説明で1枚の紙を埋めることが条件ですが，毎回十数人は2，3枚を提出し，中には毎回10枚近く詳しい記述で提出する学生もいます。また多くの学生から，予習レポートを提出することで授業が理解しやすくなったという感想を得ています。

この方法を何人かの親しい先生に紹介しましたが，継続できる人はいなかったようです。

2-3　理論は極意書の文

そもそも「教える」とは何でしょうか。そういう議論を学内で聞いた事はありません。問題提起したこともありますが，誰にも関心を示してもらえませんでした。大学で行われる「講義」の内容としては，「新しく深い知識を与える」授業と，「理論を理解させる」授業が考えられます。前者は，一般に流布されている断片的な知識ではなく，専門家による研究の成果として得られた正確な知識を，系統立てて学び，考えさせること。これは，大学教育の特長といえるでしょう。

後者の「理論」は，大学教育で特に重視されるようです。ここで理論とはいったい何でしょうか。個々の現象に対しての確立された考え方や，各専門分野で行われている情報の分析や整理の方法であると考えられそうです。したがって理論だけ

知っていても意味はなく，理論を実際の現象に展開して考えることができなければ，あるいは理論を通して未知の事象を推察できなければ，理論を知っている意味がありません。

　たとえていえば，剣術における「極意書」は，入門者がいきなりこれを読んで暗記したとしても，剣術が上達したことにはなりません。初心者が入門して，まず掃除等の下働きを務めながら全体の雰囲気を体で感じることから始めて，次に実際に剣を持って稽古しながら，身体のさまざまな動きを体得し，十分に上達した後にこの極意書の文を読めば，それまで体で学んだ技術のすべてが，意識の上できれいに体系化されて，身についた技術が一層洗練されたものとなるばかりでなく，精神的にも強くなることが期待できます。すなわち，多くの事象を経験し，事実を認識したうえで，さらに問題意識をもつことによって，初めて理論の意味を理解できるし，これを自分の思考や行動に応用できるものだと思えます。文系のゼミや，理系で行われる実験には，このような手順を実感的に学修させる意図があると考えられます。

　いっぽうで，講義で聞いた理論に関心をもって後々まで記憶に残しておくことができれば，後日になって遭遇した事象の経験が，この記憶していた理論と即時に結びついて，その時に初めて理論の意味が理解できることがあることはよく聞く話です。しかし，現在のように情報過多の社会では，逆に若者の社会経験や，事象，現象に接する機会が少なくなっているので，教師の役割は，学生に思考実験として，いろいろな事象に気づかせながら，理論の必然性を実感させることが求められているのかもしれません。アクティブラーニングが注目されている背景には，そのような理由が考えられます。

　これらのことに加えて，教師がその知識を得る過程で，自分自身のなかに形成されてきた，知識人としての自分自身の人間性を，そのまま学生に見せることができれば，知識を得ることで身につくもの（＝教養）を，身をもって示すことにもなります。これが教育の過程で，学生に本当に伝えるべきものかもしれません。そのときに教員自身が感じた学びの歓びを伝えることができれば，学生に学びの欲求を呼び起こし，学生が自ら学ぶ「学修」の姿勢も身につけさせることができるのであり，本来の「大学」での教育はこのようなものとも考えられます。

2-4　「考える」のが大学

　「高校では「公式」の使い方を教えます。しかし，大学は「公式」を創るところです」。高校生に「大学」を説明するときに，理系学部に所属する私はこう言ってい

す。

　理論とは，ある共通の条件を満たす事象群に当てはまる体系的な考え方であり，それを数式で表したのが公式，それを見つけ出すのが研究です。大学を卒業した「学士」とは，そのような考え方を，自分自身でできる人たちのことだと考えられます。その学修の過程で，「すでにある知識」や「過去にみつけられた理論」を学ぶことは必須です。しかし目的は，その先にあるように思います。

　大学教育は「教養教育」だとよくいわれます。「教養」とは，知識を広くもっていることだけをいうのではありません。いろいろな知識をもち，それを結びつけて考える方法を知ることによって，同じものを見ても見え方が違ってきますし，さらには見えなかったものが見えるようになります。そのうえで，さまざまな事象を見聞きし経験して，それらに共通する論理や法則に気づき，それを他の事象から推測して，将来の現象を推察する「思考の方法」を実践できることを「教養がある」というのだと思います。この思考過程を自ら実行してみることで，その「思考力」を鍛錬する，これが「学修」であり，教養教育さらに大学教育の目的のような気がします。

　ここにいわゆる「教養科目」や「専門科目」の区別は無用でしょう。そしてこの「自ら思考する力」を育てる方法のひとつがアクティブラーニングだと思います。

2-5　アクティブラーニングの考え方

　授業時間を「学修」する時間に変える方法として，最近流行しているのがアクティブラーニングです。学生自身が調べ，自分の頭で考え，理論や知識の必然性を自分の力で発見していく形の授業のなかで，学生たちは理論が成立する過程を自ら体験できることになります。知識や理論は「習うもの」ではなく，「自ら創るもの」に変わるのです。

　第1部には，さまざまな分野において，教育サロンのメンバーが授業方法を改革した実践例を掲載しています。すべてアクティブラーニングですが，学生自身が「考える」ということは共通でも，授業の進め方はさまざまです。どれもが，理解をより深めるために，担当者が苦悶し，工夫を重ねた結果です。学生が，自ら問題に気づき，いろいろな知識を探して組み合わせて考察することで，手探りで答えを作り出していけるように，すなわち「学修」を進められるように，うまくプログラムされていることがわかります。

　アクティブラーニングの効果はさまざまに論じられますが，重要な要素の一つは，

自分で説明するプレゼンテーションやレポート作成を繰り返し行うことにあるように思います。聞くだけの授業と違って、考えてそれを整理し、順序立てて説明するには、膨大なエネルギーが必要です。私がやっている「発想力を鍛える授業」では、徹底的に頭を働かせる授業をしていますが、「頭が熱くなってきた」と叫んだ学生もいたほどでした。

　学生について「日本語力が弱い」「基礎学力が不足している」「質問しない」「コミュニケーション力が足りない」などといわれますが、そのすべてが「自分の口で説明する力」ができていないためであって、さらにそれは「頭のなかで考えがまとまっていない」ことが根本的な原因だと思います。したがってそのような学生に対して、日本語を教える、プレゼンテーションを指導する、コミュニケーションの指導などといった対策はあまり効果がなく、「自分の言葉で言う」ことを「習慣づける」教育が不可欠なのです。自分の言葉で説明することを目標に考えることがアクティブラーニングを活用する真の意義であるという気がします。

　この授業方式で特に大切なことは、極力指導せずに、学生が自ら道を発見していくように、学生の思考に寄り添いながら、ともに考えて歩くことでしょう。この意味で、池田氏が話題提供した「教師からは何も説明せずに、学生からの質問に答えるだけで授業を構成する」方法で、想定していた以上の効果を上げることができた授業の意味するところは非常に大きいと思いました（第26回教育サロン in 松山、2015年6月）。

3 「教育サロン」が果たしている役割

　「教育サロン」には、大学教育に関わっているさまざまな人が参加します。教員、事務職員の方、一般大学だけではなく、看護師や保育士を育成する大学の先生も、キャリア教育が専門の方も参加されています。学長や学部長の方が参加されることもよくあります。学部も職種も職位もこれだけ多岐にわたる方々が一堂に会し、顔をつきあわせて対等に意見を交わす会は、他にはあまりないのではないかと思います。

　参加者は一様に「とてもいい会だった」「人にも勧めたい」という感想をおっしゃるのですが、「その良さをなかなか人にうまく伝えられない」のもまた共通の感想になっています。この会のどこが、どんな風によいのでしょうか。そのことについて考えてみます。

3-1 「教育サロン」会合の概要

教育サロンの例会では，初対面の方も多いので，まず始めに場作りのために，ラーニングバリュー社の『自己の探求』というプログラムの一部を使って，学習スタイル（学びの特性）がなるべく異なるメンバー同士で構成されるようにグループをつくります。その後，約1時間かけてグループ内の相互の親睦を図ります。

次に，グループ討論のきっかけとしての話題提供を行います。ここでは，研修会でよく行われるような，その道の権威や官庁職員による大所高所からの話はありません。制度や理論の話もありません。ほとんどの場合は，現実に教室で手探りしながら自分の授業を作り上げる事に腐心してこられた教員や，事務室で大学運営の実務を工夫しながら担当しているメンバーなどの中から，交代で話題提供をしていただいています。今，現場で直面している課題がどんなものであり，それに対してどのように考えて，どのような方策を工夫して，実施した結果の学生の反応がどうだったか，などが中心です。

話題提供に対する簡単な質疑のあと，グループ討論を1時間あまりをかけて行います。ここでの討論では，何を話してもいいことが特色です。通常の研修会などであれば，提供話題のテーマに沿って，それと自分の考えとの比較や感想，あるいはテーマへの疑問などが議論されるのですが，そんなことはいっさい気にせず何を話してもいいことを原則にしています。

もちろん，初めは話題への感想を述べることから議論がスタートするようですが，議論が進むにつれて，グループメンバーの思いや考え，それぞれが工夫して実施している教育方法，それに対する他のメンバーの経験談，その場でのアイデアなど様々です。各グループ内で交わされた意見は，最後にそれぞれのグループの代表者から，全体に対して簡単に発表していただき，話題を共有します。

ここで会はいったん解散し，その後，街の居酒屋で「情報交換会」という名の懇親会を行います。じつは，この飲み会が本当の教育サロンだといえるかも知れません。分野も立場も仕事も異なる，今日初めて会った人同士が，これだけ親密になれる会も珍しいでしょう。本心のままに，教育とはまったく無関係な話題やプライベートの話をも含めて，本当の悩み事や相談事が解決される場合や，新しい人のつながりが始まることも多いようです。

3-2 「教育サロン」での話題提供

教育サロンでの話題提供（その一部を第1部に掲載）は，授業の改善という観点か

ら，アクティブラーニングを実践する事例の紹介が多かったようです。ほとんどの分野で授業形態を変革する試みがなされています。科目によっては，従来型の授業で基礎知識や原理の知識を講義する方法しか考えられないという意見もよく聞かれますが，そのように考えられていた「中国文学鑑賞」や工学部の「基礎化学」でも，アクティブラーニングの手法で授業を行い，学生の興味を刺激し，しかも授業効果がはるかに向上したという実践例の報告もありました。

これらの報告のほとんどで，授業の改善においては同様のプロセスが見受けられました。まず始めに，先生に対して学生から，自分の授業についてのきびしい批判の気持ちや，悩みの本心がレポートなどで提示される。これがきっかけとなって，先生自身が授業のやり方や学生の気持ちについて考えるようになり，自分が行っている授業に存在している問題の本質に気づく。そしてやり方を少しずつ変えながら試行錯誤を重ね，改良を積み重ねて今に至っている，というものです。そこには例外なく，担当の先生が，学生が喜びを感じながら理解に至ってほしい，という強い思いをもっておられることが感じられます。

これらの報告を聞いている参加者の意識は，授業方式の詳しい説明はもちろんですが，むしろ，あわせて語られる学生の意識や反応，それによって少しずつ変化してきた先生ご自身の思いや感情に向いているように感じます。ある回で話題提供された先生が，ご自身の改革の過程を説明しながら感極まった表情で話されたときには，参加者全員が強烈な印象に打たれていたことは，まだはっきりと記憶に残っています。

授業の変革を意識し，行動を決意しながら，そのことについて学内で話しかけても，なかなか共感をもって聞いてもらえない多くの「個立」した教師にとっては，自らの意識に対して他の参加者からこのように共感してもらえることが，実は最も大きなヒントになるのかもしれません。自身の意識を修正し，決意を鼓舞されて，勇気づけられて帰っていける，教育サロンはそんな場になっているようです。

3-3 見えないもの，説明できないものを伝える

「この会に参加すると，勇気を与えられたような，すがすがしい気持ちで帰ることができる。ほかの人も誘いたいが，会の良さを説明しようとしても，うまく伝えられない」と，多くの人がいつも言っています。しかし，教育サロンの特長は，まさにそこにあるような気がします。

講演会や研修会であれば，話題の主旨は明確であり，そこで聞いた考え方や手法をそのまま他の人に伝えられます。またそこで出された質問や疑問点についても，

他人に伝えることはそう難しくはないでしょう。しかし教育サロンの参加者が聞いているのは，考え方や手法のテクニックではなくて，話者自身の，教育や学生に対する想いや，その変遷が中心であるように思います。

話題提供において話者が伝えたいことの中心は，簡単な一つの言葉で表せないので，直接的な言葉で述べられることはありません。代わりに，話者はその時々の状況や事実のなかに感情の流れや思いをこめて話されるので，聞く方も，それぞれの発言を自分の経験や想いと重ねながら聞いていて，その相互作用で自分のなかに生じた感情が結果として残る，そんな感情の化学変化がそれぞれのメンバーのなかに生じているように思います。

その後に続くグループ討論では，参加者から，さらに多くの事例や感情が披露されて，混沌の中にも大いに共感できる「大きな感情」が自分のなかに形成されて残り，それが自身の次のステップへと向かって自分の背中を押してくれる。感情に似た「複雑で大きなもの」は，簡単な言葉の並びでは表現できません。これが，じつは，一番大切なものなのだと思います。大学の授業で具体的に「教える」ものは知識そのものや，知識を通して考える方法であるとしても，本当に伝えたいものは，それらを通して「得られる何か」であり，その「何か」があるから学生は学ぶ意味を感じることができる，というのが大学での授業のあり方ではないでしょうか。

そのような深い意図をもって工夫される授業テクニックが，池田氏のいう「アート・オブ・ティーチング」なのだと思っています（第26回教育サロン in 松山 2015年6月）。それがあってこその「大学の授業」であり，単なる知識以上の「それ」を得られる場所であるからこそ「大学」であるような気がします。「大学という文化」はそこにある，と。メンバーがそれぞれ「何か」を持ち寄って，教育サロンでそれを交換して，受け取って，自分の「何か」を大きくして帰っていく。教育サロンはそんな場になっているのです。

4 「教育サロン」のこれから

本章を書きながら，じつは多くのことに気づかされます。今までもやもやと気持ちのなかにあったものが，少しずつみえるようになってきました。教育サロンは，じつはとんでもなく大きなことを始めているのかもしれません。けっして一人ではできないこと，また，組織的に上から施策として実施するのではとてもなしえないことに取り組み始めているのかもしれません。それが何かはまだはっきりとはわか

りませんが，少し想像をめぐらせてみます。

4-1 教師自身のアクティブラーニング

「ここでは，私たち教員がアクティブラーニングをしているんですね」。最近「教育サロン」でよく聞かれる言葉です。ここに集まる人たちは，「授業をどうやるか」「何を教えるのか」「教育とはどうあるべきか」などのテーマについて，自身の経験を踏まえながら，意見交換し，経験を結びつけて考え，仮説を立て，帰って実践してみて，また集まって話し合う。その作業を繰り返しています。そして毎回，少しずつ考えが変わってきて，成長していきます。教わる会ではなく，考える会なのです。

最近では，みんなの考え方がだんだん同じになってきた，とも感じます。教育サロンでは，考えを統一することも，まとめることもしませんし，それは好ましいことではありません。しかし，それぞれ異なる立場で，異なる経験をもつ人々が，それぞれ自由に考えて，その結果が同じになるのであれば，それは普遍的なものではないかと仮説を立てることができます。そして，それは学問の方法論にも共通するものでしょう。

4-2 教師，職員が自分自身で考えて工夫している

教育サロンに集まる人たちは，自身で自分の教育や業務を工夫し，改善しようと悪戦苦闘している人が多いようです。しかしながら，みなが異口同音に，自分の所属する大学内でそのことを話しても，共感を得られることは少なく，自分は孤立しているように感じることが多い，と言っています。このことから，それぞれが，相当の勇気をもって改革の意思を貫こうとしていることがわかります。教育サロンではこのような人たちを，敬意を込めて「個立」する人と呼んでいます。

「個立」する人は，官庁からの指示のままに行動するのでも，先例をそのままに倣うのでもなく，それらを参考に自分の経験を交えて，もう一度ゼロから方法論を組みなおして実施しようとしています。このことは，たとえ結果は同じであったとしても大きな意味をもっています。

大学の先生は，研究の方法論が身についているためか，何かを始めようとするときに，先行研究や事例を綿密にサーベイし，そこから考え始めることが多いようです。一見確実な方法ですが，こと教育に関しては，自大学の環境，学生の特性，教員自身の性格特性，そして自分の教育観によって，方法は全く異なるはずであって，このことを無視して方法論はありません。

まず，自分の教育観を確認し，「何を，どうしたいか」という教育の目的と，一つひとつの手段や自らの行動によってどのような効果を得ようとしているかをしっかり知ることが必要です。方法の調査は，その方法の意図するところをも含めて，その後に行うべきでしょう。

同じ意味で，権威の著作や学説も，参考にするとしても，とらわれる必要はないはずです。すべては自分自身の教育の目的に沿って，自分自身で考え，設計し，自信をもって実行しつつ修正しながら，独自の方法を築きあげることが大切です。方法の意図は自分が隅々まで熟知しているので，効果的に運用できますし，自分で創ったものは，不具合があっても自由に修正できます。教室では教師に自信が感じられるので，学生も安心して授業を受けられます。この授業に対して学生が抱く信頼感が，授業において最も大切なのです。

4-3　教育サロンという「共感の会」への招待

教育サロンに参加すると，何かが解決したような気持ちになるという効用は，参加した人はみな知っています。でも，他の人に参加を勧めようとしても，教育サロンの特長やよさについて，なかなか説明が難しいことも事実です。

新しいメンバーが参加して，また違った考え方を教育サロンに持ち込んでくれることは，全体の向上につながります。そして，その大学内で勇気をもって改革に取り組んでいただけると，大学界全体がまた少し元気になります。一つの大学が良くなるためには，個人や大学の改革にとどまらず，大学教育全体で意識と方法を共有し，それぞれの活躍を他へ波及させて，教育界全体を元気づけ，向上させる必要があります。

根本的に考えが異なる人たちは，ここに参加してもやがて去っていくことはやむをえません。教育サロンは，出入り自由です。この会とは違った考え方の存在も重要だと思います。しかし，自分で何かを考え，何かをやってみようという考えをもっているけれども，さまざまな条件のために行動を躊躇している人や，賛同が得られずに自らの存在に不安を覚えている人たちにとっては，教育サロンは大きな支えになれるでしょう。何でも話せて何でも聞ける場所という特長は変えずに，このまま続けていこうという方針は，2015年の第3回幹事合宿でも確認されています。

4-4　その他の活動として教育サロンができそうなこと

活動を3年間も続けていると，毎回の集まりにも慣れてきて，このままでも毎回

いい会なのですが，何かを少し前に進めたくなります。各回のテーマを決めて開催することや，年間の課題を設定した活動方法の案も提示されました。

　教育サロンの活動を通じて，授業のいろいろな方法に関する資料を参加者で共有できました。学生の予習を助ける詳細なシラバスの書き方，レポート用紙やミニッツペーパーの様式，ルーブリックの例，討論の進め方，授業プログラムの例など，メンバーが工夫を重ねた資料が配布されています。

　これらの情報や資料を広く公開してみなが利用できれば，それを参考に授業改革を行うことも可能になり，教育の向上に貢献することができるという提案も出されました。手法の紹介と解説を行う研修会を開催することもできそうです。教室での言葉の使い方や表情，ジェスチャーのちょっとしたテクニックで，教室の雰囲気を変えられる，そんなことが得意な先生もいます。たった一人で考えて，どこにもなかった入試のやり方を始めた人もいます（第8章参照）。

　一人の若者は，大学に限らず，幼稚園から大学まで通して教育を経験するわけですから，それらの教師たちが，保護者も含めて，思いを語り合うことも必要でしょう。まだまだ，いろんなことができそうです。あせらず，教えず，少しずつ，「本当の教育」をみんなで考えていく，そんな活動が教育サロンから始まりそうな気がしています。

5　やっと少しわかってきました

　20数年前，初めて東京八王子のセミナーハウスでの一泊のFD研修会に参加した折，ICU学長の絹川正吉教授（当時）から『大学教授職の使命』（ボイヤー，1996）を紹介されました。この本を何回も読んでみて，それでもはっきりとは理解できなかった言葉がありました。ファカルティ（Faculty：教授団）とスカラシップ（Scholarship：学識）です。

　ファカルティは通常「学部」と訳しており，「教授」はわかりますが，「教授団」という集団としてのあり方を意識したことはありません。それ以来FDの言葉を聞くたびに，この言葉が疑問符つきで浮かんできていました。しかし最近になって，もしかすると自分たちが教育サロンで行っているのはこのファカルティ，すなわち教授団の形成にほかならないのではないかと感じています。学部という枠組みの中で，一定の目標（ディプロマポリシー）にしたがってカリキュラムを準備し，首尾一貫した教育を行おうとすれば，教育に対する姿勢の根本のところで考えを共有する必要

があります。しかしながらこれを簡単にはできないのが今の大学です。

担当する科目の内容に関しては，教員個人が責任をもつという考えは根強く，他者から意見を言われれば，反論の姿勢を取りがちな研究者気質もあって，教員にはなかなか協調することがむずかしいといった事情もあるようです。しかしながら学生に対して，自分の人生の目標や大学に来ている目的を考えることを求めるのであれば，教員自身が大学の意味や教育の意味について答えられる必要があるのではないでしょうか。ゆっくりと時間を取って，楽な気持ちで，本音の考えを交換することで，教育に対する考えの一部が共有できたそのとき，教授団が構成され，チームとして教育に当たれるのではないか。教育サロンでできあがるのはそれではないか，と思い始めています。

また，スカラシップという言葉についても，考えさせられます。これは，単に知識を論理的に体系づけたものとしての「学識」に留まらず，それを会得させる方法や技術，つまり「アート・オブ・ティーチング」までを含めたものとして考えていくべきではないでしょうか。

6 努力は限りなく

教育サロンとそのメンバーの挑戦は，何が究極の目標かもわからないけれども，まだ始まったばかりです。でも，努力は一つ実行して，すぐに効果がみえるものではありません。一つでは効果がなくても，力を合わせ，7個の努力のボールを集めれば，世界は大きく変わるかもしれません。見たこともなく形も知らないドラゴンボールを集める活動は，これからが本番です。

【引用・参考文献】

川本卓史（2001）.『なぜアメリカの大学は一流なのか―キャンパスを巡る』丸善
ボイヤー, E. L.／有本　章［訳］（1996）.『大学教授職の使命』玉川大学出版部
山口住夫（2008a）.「大学の授業方法改善の試み―平常点の考慮と演習の実施形態」『福岡大学工学集報』**81**, 1-13.
山口住夫（2008b）.「福岡大学学修支援システムの構築を終えて―構築の意図と，学び得たこと」『福岡大学工学集報』**80**, 61-78.
山口住夫（2010）.「大学の授業方法改善の試み―ポータルを活用した授業方法」『福岡大学工学集報』**84**, 1-7.

10 まなびのコミュニティとしての教育サロンで参加者の学びを眺める
参加者ときおり傍観者として学習論の観点から

松本浩司

松本浩司：名古屋学院大学経済学部准教授
主な経歴・専門は第1章参照。趣味は30歳からはじめたギター。主な論文に，文中に引用されたもののほか，「〈ともに歩む〉キャリア―方法論的間人主義的関係性アプローチに基づくキャリア発達・進路指導理論の新しいパラダイム」『名古屋学院大学論集社会科学篇』第51巻第1号（2014年7月），「大人数授業におけるアクティブ・ラーニングの実践開発とその教育効果に関する検討―異なる形式のアクティブ・ラーニングを採用することによる差異に注目して」『名古屋学院大学研究年報』第25号（2012年12月，秋山太郎との共著）。

1 はじめに

　授業実践の開発など，教育サロンの中心的なテーマにかかわりの深い研究をしている私は，共編者であり，学生時代から長らくメンターである池田先生のお誘いで，教育サロンに途中からかかわることになりました。はじめのうちは，少し距離をおいて様子見をしていました。ここになにかがありそうだとなんとなく感じてはいたものの，それがなにかはっきりとはみえていなかったからです。しかし，最近になって教育学者としての自分の立ち位置との接点が見い出され，ようやく教育サロンのもつ魅力を実感しました。

　本章では，そのように「参加者ときおり傍観者」としてかかわってきた私が，参与観察者のように，学習論の主要概念を用いて，教育サロンにおける大学教員を中心とした参加者の学びを意味づけてみます。

2 教育学者としての私の立ち位置

まず，教育学者としての私の立ち位置について述べておきます。参与観察者の特徴を明示するとともに，本章の論題ともかかわってくるためです。

2-1 私の研究分野について

私の専門は，教授・学習開発学です。認知・学習科学をはじめとした，関連する学術研究の成果を学際的に総合しながら，教育実践の個別特殊性を志向した，よりよい教授・学習法の開発を理論・実践の両面から考えています。また，よりよい教授・学習法をより多くの教師が利用できるようにするために，教師の実践知の体系化と開発方法も探究しています。ごく簡単にいえば，多様な学びの創造が仕事なので，一般の人向けには「まなびクリエーター」と自称しています。

教授・学習開発学としているのは，教授・学習の性質を探究するだけでなく，その具体的な方法を創造するという，教育学が実践知・技術知を扱う学問であるとの自らの立場を明確に示す意図があります（松本, 2014a）。

そこにはまた，実践開発から距離をおいてきた（少なくとも日本の）教育学の主流への違和感も含まれています。教育方法や教授・学習過程を対象とする教育学研究は多くありますが，それらは実践を対象としていたとしても，哲学的・歴史的・分析的アプローチが主流です[1]。私は，教育学の学部・大学院で学生時代を過ごしましたが，そこで開発研究の方法論を学んだ記憶はありません[2]。

対して，心理学や脳科学などの経験的・実験的アプローチに基づく認知・学習科学は，ひとが環境との能動的な相互作用を通して，能動的にプランを立てて行為することを明らかにしてきました[3]。この知見が，アクティブラーニングを理論的に支えます（松本, 2016）。そのうえ，認知・学習科学は，そのアプローチの性格から教育実践開発に急速かつ大きく接近してきています。

---

1) 例えば，教育方法学会の学会誌『教育方法学研究』における近年の目次を参照。
2) 同様の指摘を，西之園が日本の教員養成教育についてしています。「教職専門家となるべき教師に教育思想史や教授学は講述されているが，新しい学習指導法を開発する方法論を組織的に教育していないのが実態である。（中略）現在のように学習指導が困難な時代にあっては，そのような演繹的発想で教育実践の実態に適用できる教育方法が開発されることは期待できない」（西之園, 2000：188）。
3) 安西（2011），佐伯（2014），白水ほか（2014）による概観を参照。

しかし，そこに教育学者がいないこともあり，認知・学習科学では教育学の議論がなおざりにされているように感じます。その逆も然りで，認知・学習科学に関心をもっている教育学者もほとんどいません。教育学は学際的であるべきですから[4]，このような両者の断絶は残念なことです。

このような状況に直面する私は，認知・学習科学者のいる進歩した「外国」に魅力を感じて，教育学のなかでひとり「出島」で細々と交易しているようなものです。「鎖国」のように理論研究に閉じこもっている教育学は，認知・学習科学という「黒船」にいずれ襲撃されるのではないかと危機感をもっています。そのとき攘夷運動が起こらないことを祈るばかりです。

ところで，認知・学習科学では計量的な研究が主流です。私が認知・学習科学の文献をそれなりに読めるのは，教育学者にしてはめずらしく計量心理学にふれたからだと思います。学部生時代に一番勉強したことかもしれません。開講されていた計量心理学の授業は，演習を含めてすべて受講した記憶があります。

それは，大学1年生の基礎セミナーの担当だった村上隆先生（現中京大学現代社会学部教授）のご専門が計量心理学だったことに大きく影響されていると思います。思い返せば，池田先生と引きあわせてくれたのも村上先生でした。

2-2 教師（としての大学教員）の資質に対する見方＝ティーチングマインド

このような背景をもって教授・学習開発を研究している私は，専門職としての教師の資質に対する新しい見方を反映した，教師の実践に関する先行研究を総括する枠組みとして，「ティーチングマインド」を概念化しました（松本, 2015）。

それは，専門職としての教師が身につけるべき具体的な個別事例における実践的能力であり，熟慮，設計，実践，省察のサイクルを通じ，教育的価値を実現するための価値意識の原理に方向づけられた，価値意識・知識・技能の組織化プロセスを伴う，身体の制御を含めた認知と情動の用い方と定義されます。

ここでの教師とは，初・中等教育のそれを想定していますが，大学教員にも応用できると思います。ただし，後に述べるように，大学教員は教育以外の職務も担うことを考慮する必要があります。

[4) 佐藤学は「教育学研究としての授業の研究は，特定のスペシャリストの専有領域ではなく，すべての領域の研究者の総合研究の場である」と述べていますし（佐藤, 1992：72），ヴォルフガングも「実践的教育学」の構想において同様の主張をしています（ヴォルフガング, 1990）。

ティーチングマインドの基本的枠組みを図 10-1 に示しました。

このティーチングマインドは，熟慮，設計，実践，省察を一つのサイクルとした循環的な過程です（図10-2）。教育実践におけるそれらの段階それぞれで，教師は，自らの経験や教育学理論などを通じて得られた価値意識・知識・技能のすべてを組織化しながら，目の前の事象に即興的に対処していきます。

例えば，教師の実践における有効性を左右する重要なポイントの一つは，直接みることのできない学習者の認知過程を適切に把握することにあります[5]。このことを達成するために，教師は，教育学理論はもとより，学習者の観察，教科内容の知識，授業内外でのさまざまな経験など，もっている能力すべてを総動員して，学習者の認知過程を推測し，それと教材とをつなぐ方法を創造的に構想したうえで，この構想を即興的に実践します。

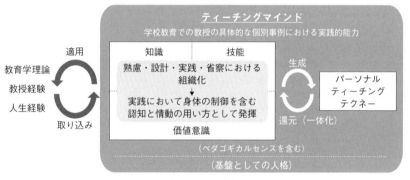

図 10-1　ティーチングマインドの基本的枠組み（松本, 2015）

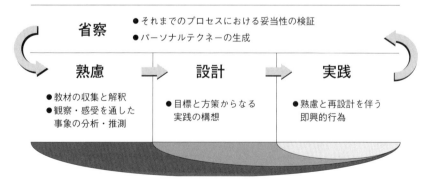

図 10-2　ティーチングマインドのサイクル（松本, 2015）

このような教師のすがたは，従来の教師教育が前提としていた，教育学理論を正確に習得し，それを現場で応用することを意味する「技術合理性」(コルトハーヘン，2010) に基づく教師像とはまったく異なります。教師の実践は，複雑な認知を伴う創造的なものです。

それは「即興芸術」ということもできます。芸術において，音楽ではポップスやヘヴィメタル，絵画では印象派やキュビズムといった流行のなかで，それぞれの音楽家や画家が自分の持ち味を活かして作品を創り出します。教育実践も，(近年で言えば) アクティブラーニングという時流にのりながらも，個々の教師が自らの個性や学習者の特性に合わせて創造するという意味において芸術です。

このような即興芸術的な実践とその省察によって，教師のティーチングマインドは熟達化するとともに，その個人に特有の技術知であるパーソナルティーチングテクネー (以下パーソナルテクネーと略) が生成されます。それは，ノウハウを含む知識，技巧を含む技能，価値意識など多様な形態で，形式知・暗黙知いずれの形式でも存在します。いわゆる「教師の勘」もこの例です。

後述することにかかわる，ティーチングマインドの重要な特徴は次の二つです。

第1に，ティーチングマインドの基盤は，教育学理論ではなく，個々の教師の人格であり，その特徴はティーチングマインドに反映されることです。創造性[6]と一貫性[7]との相互作用に特徴づけられるひとの学びの性質[8]を反映して，私たち人は，他者から教えられなくても，生活のなかでの観察や経験を通じて概念や理論を身につけていきます。これを素朴概念／理論と呼びます。それが科学的概念に反する誤概念を誘発したり，科学的概念の理解を妨害したりすることは，理科や数学の学習場面で見られる典型的な事例です。このことは，既有知識と新規知識と (つまり，認知) の再構成なくして，知識の定着は見込めないことを端的に示しています[9]。つ

---

[5] この点において，目に見えない学習者の認知過程を外化するアクティブラーニングは，重要な役割を果たします (松本, 2016)。
[6] 鈴木は，認知が「当面必要なものも必要でないものも含めて，いくつもの小さな認知的部品が相互に内部的に，あるいは身体を通して外部と相互作用を行うことにより，協調的な，しかし揺らぎをもったパターンをつくり出す」創発的性質を有すると述べています (鈴木, 2003：376)。
[7] 認知に首尾一貫する安定した理論を保持しようとする傾向が存在することは，認知的不協和にみることができます。
[8] より詳しい議論は，松本 (2014b) を参照。
[9] より詳しい議論は，松本・人見 (2016) を参照。

まり，教師の認知を構成する人格や経験のなかに教育学理論が適切に位置づけられなければ，教師の成長はありません。

　第2に，教師の発達は，ティーチングマインドの熟達化であり，人格の個性化であることです（その逆も然りです）。多くの職務を担う大学教員であれば，なおさら個性化は進んでいくはずです。専門職として最低限の資質を求めることは否定しませんが，個性化せずに教師の成長は見込めません。

2-3　FDに対する見方

　ティーチングマインドの見方をふまえると，FDについて，FDのDはDevelopmentであること，すなわち，他者からの介入による開発であると同時に，本人の主体的な働きによる発達でもあるという両面をバランスよく捉えることが重要だと私は考えています（松本, 2014c）。それは，組織からみた外的キャリアと個人からみた内的キャリアとの相互作用を捉える「キャリア開発の視点」（シャイン, 1991：1）でもあります。

　このとき，大学教員のキャリアにおける特質を理解しておくことも重要です。それは，その職務の多様性に伴う客観的・主観的関与の多様性です。人生における大学教員という役割とその他の役割とのあいだ，および，研究・教育・学内行政・社会貢献という大学教員の四つの主要職務のあいだには，時間的・心理的トレードオフがあります。その度合いはライフステージによっても変化します[10]。

　しかしFDに関する現実の議論では，大学教員はかくあるべきという外的キャリアに関するものがほとんどで，当の大学教員がどう職務に向きあい，どう成長したいのかという内的キャリアに関するものはまず見受けません。

　この内的キャリアをゆたかに描くことを，私は編者として第1部の執筆者にお願いしました。本書が大学教員をはじめとした大学教育にかかわる人びとの内的キャリアに関する議論や研究に資することができればうれしい限りです。

---

10) スーパーは，人生における役割の結合と連鎖をキャリアと捉えて，役割のあいだで時間的占有や主観的関与の比重が異なることをライフ・キャリア・レインボーによって示そうとしました（Super, 1980）。

3 教育サロンの学習論的特徴とそこから生じる参加者の学びのすがた

以上をふまえつつ，教育サロンの学習論的特徴とそこから生じる参加者の学びを分析してみます。

3-1 教育の「型」をまなびほぐすワークショップとしての教育サロン

教育サロンは，話題提供と同じかそれ以上の時間をグループディスカッションに費やします。第1章の対談で感じていただけたと思いますが，そこでは，参加者が，他者の実践や見識に触発されたり，授業や教育がめざすべき目標やそのための方法を議論したり，自らの仕事について開陳することを通して自らの仕事を内省したりします。

これらの学びは，イノベーション，センスメイキング，リフレクティブという，企業におけるワークショップの特徴をすべて満たしています[11]。したがって，教育サロンは，教育にかかわる人びとによる対話型ワークショップの実践と表現できます。

このようなワークショップでは，身につけた学びの「型」をまなびほぐし，新たな「型」を獲得する「アンラーン（unlearn）」[12] が起こります。教師を例にすると，教師はそれまで自分が経験してきた授業の「型」を無意識に模倣して実践する傾向があります。いま，新たなかたちの教育実践が求められているなかで，教育にかかわる人びとのその「型」をまなびほぐすワークショップが必要とされています。教育サロンは，その一つの場として機能していると考えられます。

---

11) 企業のワークショップには，外部との接触を通して革新的な商品・サービスを開発・構想するためのイノベーション・ワークショップ，職場メンバー相互の対話を通してめざすべき目標や仕事のやり方について新たに意味生成するためのセンスメイキング・ワークショップ，社員が自らの仕事を内省するためのリフレクティブ・ワークショップがあるとされています（中原, 2012）。

12) 「ワークショップにおいては，人は「あらたな出合い」を経験する。すでになんらかの形では「知っている人たち同士」であったとしても，「知らなかった者同士」とみなして，互いに「新鮮な出合い」を求めるのである。互いが身に付けている「型」を共通の場に投げ出して，相互にぶつけ合うことから，あたらしい「型」の可能性を模索するのである」（佐伯, 2012：64）。

3-2　多声の空間としての教育サロン

　授業をめぐる多様な人びとがそれぞれのストーリーを語りあい，聞きあう場である教育サロンは，「多声の空間」です。

　その特徴は，関係者の相互間における「差異」を引き出し，「複数の声」を呼び出す方向へ向かうこと，そこでの「話しかける」行為と「聴く」行為が，意思疎通には到達できないかもしれないという懐疑のもとで繰り返され，この懐疑こそが意思疎通のための努力を拡大するように働くことにあります（平山，2008）。これは，教育サロンの「5つのやくそく」（第1章参照）にある，違いを楽しむこと，こころを開くことに対応します。

　このような多声の空間では，「ある状況下における他者の言葉がべつのコンテクストにおいて新たな輝きを発揮すること」（細見，2008：273）が起こります。それは，参加者相互に互いの経験をゆたかに意味づけあうことであり，ティーチングマインドをはじめとした参加者それぞれの職能の熟達化に寄与します。

　また，対話におけることばによる交流とは，「意味内容の伝達をし合っていると同時に，ことばを通して感情や情念をも伝え合」うことです（佐藤，1999：14）。「面白かった。いろいろな視点が聞けたが，その裏には教育・学生への熱いものを感じることができた」という参加者のコメントがこの例です。

3-3　パーソナルテクネーを共同化・表出化する場作り・対話としての教育サロン

　教師を含めた専門職の実践に関する議論において，その対象の中心は，形式的で外在的な理論から，個人に内在的な技術[13]（アート）や認識，すなわち実践知へと変化していると私は考えています（松本，2014a）。私がパーソナルテクネーを概念化したのも，このことをふまえてのことです。

　この実践知は，暗黙知的特徴をゆたかに含み，曖昧さと冗長性を伴う比喩や象徴が多用された対話や議論によって共有され，集団的に生成されます[14]。

　教育サロンは，対話を通して，個々人のパーソナルテクネーあるいは集団でもっている暗黙知を客観化して意味づけ，形式知として取り出すことに寄与します。このことは，第1部における各人のストーリーにおいて，教育サロンとのかかわりに

13）渥美は，アリストテレスの思想をふまえて，制作における技術知と実践における思慮の性質をもつ，中世以前における技術をアートと呼んでいます（渥美，2009）。
14）これは野中・竹内（1996）が企業における知識創造の特徴として述べたことです。

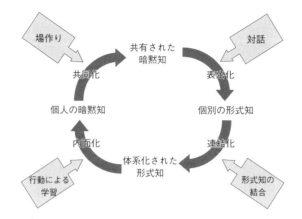

図 10-3　実践知の知識変換サイクル（野中・竹内（1996）に基づく松本, 2014a）

言及されるなかで具体的に述べられています。

このような教育サロンは，実践知の開発に携わる場だといえます。実践知の知識変換サイクル（図 10-3）に位置づけると，場作りと対話，すなわち，暗黙知的なパーソナルテクネーの共同化・表出化の場といえます。

3-4　実践のコミュニティとしての教育サロン

私たちの学びには，アイデンティティが形成されたり，意味ある生と世界を経験したり，社会的実践に関わっていたり，コミュニティの中心的メンバーになっていったりするという社会性の発達が伴っています（Wenger, 1999）。

実践のコミュニティ（community of practice）（レイヴ・ウェンガー, 1993；Wenger, 1999）[15] は，この学びの社会的側面を捉える概念の一つです。この実践のコミュニティは，成員性（membership）に基づく「相互的関与（mutual engagement）」，交渉によって相互に参照される行為の目標と手段を示す「共同の企て（joint enterprise）」，実践の繰り返される性格とさらなる関与の可能性を示す「共有されたレパートリー（shared repertoire）」という三つの要素が複雑に相互作用しあうことで成り立っています（Wenger, 1999）。

「凹んだときに「OK」して欲しい→凹んだ人に「OK したい」」という参加者のコメントにあるように，参加者相互にエールを交換しあうことは，実践のコミュニテ

---

15) より詳しい議論は，松本（2009）を参照。

ィとしての教育サロンにおける重要な実践の一つです。それはまさに「共有されたレパートリー」であり、ともに授業・教育の改善・改革を進めるという目標を意識させ、そこに向けて互いを鼓舞するという手段を伴う「共同の企て」であり、相手をメンバーとみなす行為を伴った「相互的関与」であるからです。

このとき、個々の参加者における参加の度合いはそれぞれです。深くかかわる人もいれば、ときどき忘れた頃にやってくる人もいます。個々の参加者が教育サロンを含めた複数の実践にさまざまな度合いで関与することは、それぞれ独自のアイデンティティ形成を促し、ひいてはティーチングマインドをはじめとしたそれぞれの職能の熟達化に寄与します[16]。

3-5 ノットワーキングとしての教育サロン

実践のコミュニティとしての教育サロンの輪郭は、あいまいです。参加者を固定せず、そのつど集まった人びとと語りあい、学びあうからです。

これは、必要に応じて即興的に人びとを結びつけるノット（結び目）をつくり、そこで協調的に生産的な集団活動を行うノットワーキング（knotworking）とみなすことができます[17]。

そのノットワーキングの意義は、「生活活動の現場に分散している人々の多様な「声」（ものの見方や立場、生活様式）に応答し、互いの経験を共有していくような協働の語り合いを通して、ボトムアップの集合的な意味生成を実行していくこと」（山住、2008：50）にあり、そのことが「人々の組織や仕事の活動、チームやネットワークを発達的に転換させる上で重要な役割を果たし」（山住、2008：50）ます。

つまり、教育サロンがこのようなノットワーキングであることは、ボトムアップの教育改革をめざすことにおいて効果的であるといえます。

---

16) ウェンガーは、複数の実践のコミュニティにおいて「重複して成員であること（multimembership）は学習の重要な資源である」と述べています（Wenger, 1999：128）。その関与するあり方（すなわち成員性）には、十全的参加、周辺的参加、周縁的（marginal）参加、非参加という質的な多様性が見られます。
17) ノットワーキングを、エンゲストロームは、「多くの行為者が活動の対象を部分的に共有しながら影響を与え合っている分かち合われた場において、互いにその活動を協調させる必要のあるとき、生産的な活動を組織し遂行するためのひとつのやり方」（エンゲストローム、2008：ⅰ）、山住は「実践の現場において瞬時に相互行為の「ノット」（結び目）を紡ぎ出し、ほどき、ふたたび紡ぎ出していく」「即興を交響させる（improvised orchestration）」協働のあり方とそれぞれ表現しています（山住、2008：49-50）。

また，ノットワーキングの即興性に付随する曖昧さ・冗長さは，先に言及した，実践知が生成される過程に共通してみられる特徴であり，ノットワーキングの創造性を担保します。

3-6　重なりあうzpdの継続的な創成の場としての教育サロン

ある参加者のコメントに，「教育について真剣に考えていらっしゃる先生方との出会いは本当にうれしかったです。特に教育の上で大先輩にあたる先生に自身のおかれている状況を話した時，非常に同調，共感していただき，ベテランの方でもそのような道を通ってきたのだと感じ，自信につなげることができました」というものがありました。これは，年長者から年少者が学ぶという意味で学びの典型例です。ここにはまた，多声の空間において，他者の言葉を自分の文脈に置きなおして意味づけなおすという行為もみて取れます。

もっとも，学びは，年少者にのみ起こるのではありません。「若い方の若い感覚を本音で教えてもらいとても勉強になり楽しかったです」との参加者のコメントは，教育サロンが年長者にとっても成長の契機になっていることを示しています。

このように教育サロンでは，多様な特徴をもった他者とのあいだに学びが生じています。

この現象を端的に捉えた概念が，発達の最近接領域（zpd）です。zpdとは，個人の現年齢において成熟しつつある機能と次の年齢段階との間にある発達可能性の範囲を意味するとともに，模倣のメカニズムを通じた発達の社会的側面を前提にしつつ，学習者の主体性を強調する概念です（Chaikin, 2003）。つまりzpdは，他者とのあいだに生まれ，学びを生み出し，発達を促すものです。

教育サロンのように，多様な人びとがかかわる場においては，「実に多くの重なりあうzpdの継続的な創成」（Holzman, 1999：67）が起こります。そこで参加者は，個人の力とその限界を実感し，教育サロンのいとなみを作りあげていく活動に参画するようになることで，成長し，いきいきと元気になっていきます[18]。実際に，参

---

18) ホルツマンは，自らが取り組むソーシャルセラピーのプロセスについて，「人びとは自分で創造できたもの，そして創造できることを実感するようになり，同時に個人的な学習と発達の限界にも気づくようになる。グループがこのことを理解するなら，それにつれて，メンバーは（それぞれ違うときに）グループ作りのプロセスに参加することによって成長がもたらされ，そのなかで人は生き生きとなれることを実感する。このヴィゴツキーのzpd的な新しい学習は，発達を再活性化する」と述べています（ホルツマン, 2014：54, 傍点ママ）。

加者のコメントには，勉強になったという以外にも，「同じ方向を向いた人にたくさん出会えた気がして，とても有意義でした」「楽しかったですよぉ。久しぶりに本音トークできたし。どこも一緒だということもわかって少しうれしかったですね。自分だけじゃないからまた，頑張れそうです」など，仲間が増えたとか元気をもらえたという記述が多くあります。

このような，多様な人びとのかかわりあいが生み出す学びの価値を，均一集団での学校式学習に慣れきってしまった私たちは，改めて捉え直すべきときに来ていると思います。

3-7 集団的パフォーマンスとしての教育サロン

教育サロンは，この書籍を制作するプロジェクトや，参加者の授業実践をデータベース化する構想などを通じて，成果物を創り出そうとしています。それは，教育サロンが，パーソナルテクネーの共同化・表出化を超えて，実践知の連結化である形式知の結合に寄与しようとする新たな段階へと踏み出したことを意味します。

それらのプロジェクトや構想には，サロン外への情報発信という意味ももちろんありますが，より根本の目的は，教育サロンにかかわる人びとや自身が，自らや教育サロンの実践を捉え直し，自らや教育サロンがより成長しようとするところにあります。そこには，新しい教育のかたちを希求し，それを実現する自分，すなわち，〈これからの自分（being に対する becoming）〉が存在しています。

教育サロンにおけるこのような学びのすがたは，ホルツマンのいうパフォーマンスそのものです[19]。すなわち，〈いまの自分〉ではない，〈これからの自分〉をめざして行われるこのパフォーマンスは，集団的に行われることで，そこにいくえにも重なる zpd を通じた学びが生まれ，人びとの成長や認知的・物理的道具などの成果物が産み出されます[20]。

このようなパフォーマンスを通じた学びは，〈これからの自分〉や成果物の生産

---

[19] 「発達は，自分（すなわち〈いまの自分〉―引用者注）ではない人物をパフォーマンスすることで，自分が何者かであるかを創造する活動となる」（ホルツマン，2014：27）。つまり，発達とは，〈いまの自分（being）〉と〈いまの自分〉ではない「何者か」である〈これからの自分（becoming）〉とのあいだに生じるものです。

[20] 「人間は，自分たちを制約する環境を作りなおし，何者かになろうとパフォーマンスし，文化を創造し，世界を転換するのである。この活動の「産物」は結果ではなく，「プロセスと産物」，つまり道具と結果の統合体の一部なのである」（ホルツマン，2014：29）。

を伴わない，個人の認知に閉じ込められた，学校式学習へのアンチテーゼです。

また，zpdでは学習者の主体性が強調されますから，〈これからの自分〉には，それへの意志，すなわち，〈これからなろうとする自分〉が当然に含まれます。学びにおけるその重要性は，これまでにもキャリア教育やそこでの「文脈的教授・学習」を論じるなかで，私がくり返し強調してきたことです（松本，2009；2013）。

4 まなびのコミュニティとしての教育サロンにおけるアクティブラーニング

本章では，参加者ときおり傍観者として教育サロンにかかわってきた私が，学習論の主要概念を用いてそこでの参加者の学びを意味づけてきました。

まとめると，その学びには次のような特徴をみることができます。すなわち，関与の度合いが異なる多様な参加者が，互いに互いの経験をゆたかに意味づけあう，ノットワーキングとしての対話型ワークショップを通じて，それぞれがもっているパーソナルテクネーを共同化・表出化させ，新しい教育の「型」を獲得する〈これからの自分〉へと成長していきます。また，参加者は，実践のコミュニティとしての教育サロンのいとなみを作り上げる活動への主体的な参加を通じて，いきいきとなれることを実感します。そこでは，多くの重なりあうzpdの継続的な創成がなされ，集団的なパフォーマンスがうまれることで，個々人の成長だけでなく，集団としての成果物が生産されていきます。

これらの特徴は，アクティブラーニングを創るために参加者自身がアクティブラーニングを通して学ぶ「まなびのコミュニティ」として教育サロンが存在することを示します。それと同時に，これらの特徴は，アクティブラーニングとして私たちが教育のなかで実現すべきことでもあります[21]。

5 これからの教育サロンに示唆すること

ここまでの議論から，教育サロンがより発展していくためのいくつかの示唆が得られます。

まず，第1に，教育サロンの成否は，参加者同士がいかに教育的関係にならずに，

---

21) 詳細な議論は，松本（2016）を参照。

個々の参加者が成長し，それを実感することができるかにあるということです。

参加者は，個立する他者を応援して励ましてあげたいとは思っていますし，自分の経験や見識を話すことが他者の役に立つことを願うものの，あからさまに教えるつもりはありません。また，参加者の主体性に重きをおけば，自分の学びを第一に考えることは自然なことです。

教育サロンでめざす対話とは，自分の人生を背負って語ること，あるいは言葉だけを用いた全裸の格闘技（中島, 1997）であり，「他者の他者性」にふれることを通して自己と向きあうこと（佐藤, 1999）です。

しかしながら，そのような対話を好まない人たちがいることは事実です（もちろん，教育サロンの参加者がそれに耐える強さをもっているといっているのではありません）。教育サロンはこのような人たちまで面倒をみる場としては機能していないように思います。

つまり，自発的な参加を強調することは，多くいるであろう受動的な学習を期待する人びとや授業を開きたくない（＝語りたくない）人びとをそれだけ排除していくことになります。このことは教育サロンにとって困難な挑戦になりうると思います。

もっとも，そもそも教育サロンだけでFDをはじめとする教育に関するすべての問題を解決することはできませんし，その必要もありません。あくまで参加者にとって独自のアイデンティティの成長とそれぞれの職能の熟達化における（唯一ではなく，たくさんあるうちの）一つの機会でありつづけることが，教育サロンの存在意義になると私は考えています。

だからこそ，教育サロンは，対等な対話を行う場として，参加者同士がいかに教育的関係にならずに，個々の参加者が成長し，それを実感することができるかを考えていく必要があります。教育サロンは，対話を好まない人たちを積極的に排除する必要も積極的にケアしてあげる必要もないと思います。ただ，相互にエールを交換しあう行為によって，対話を好まない人びとを少しずつ勇気づけることができればいいのではないでしょうか。

第2に，第1の点と関係することですが，長く続ける取り組みほど内容や成員性のマンネリ化や制度化による硬直を招く傾向があります。それは，教育サロンのよき特徴を失わせ，参加者の学びに対して教育サロンがもつ効果を低下させる要因となります。

それらを防ぐためには，即興的なノットワーキングをしつづけることによって多声の空間を維持することが，一つの効果的な方策として考えられます。

第3に，実践知を開発・体系化する場として教育サロンを捉えると，いまのところ，実践知の変換サイクルのうち内面化（＝実践における行動による学習）だけが欠けています。それは，実践を通じてしか熟達化しないというティーチングマインドの性質からみてとても重要な問題です。アクション・リサーチを取り入れるなどして，この問題に取り組めば，教育サロンのなかで実践知の変換サイクルが完結することになり，その求心力がより高まることが期待されます。

6　おわりに

　これからの教育改革・改善には，質保証と質文化形成の二元的方法論の最適な組みあわせが重要であり，後者のアプローチには，大学人個々の内発性を源とすること，学習者一人ひとりと向きあう教師のアート（技量）と実践の原理，すなわちペダゴジー（教授学）と親和性が高いこと，教師自らが授業改善にかかわるアクション・リサーチとの適合性が高いことなどの特徴があります（池田，2014）。

　本章の議論から，教育サロンは後者の質文化形成アプローチに位置づけられます。また，その特徴に大学教育にかかわる人びとによる対話があることをつけくわえることもできます。

　さらに，授業改善・教育改革を担う教育サロンは，日本の教育学研究のあり方にも一石を投じることになると私は考えています。

　パーソナルテクネーの一種である，PCK（Pedagogical Content Knowledge：教授のための教科内容知識）は，教師の成長において教育学の知識と教科内容の知識とが個々の教師のなかで統合され産み出されなければならないことと，教師の認識における個別性・多様性を意味しています[22]。つまり，PCK の生成は教育学研究によってではなく，個々の教師によって取り組まれるべきものであり，そこから理論を生成することが教育学研究の発展につながると解釈したほうが適切です。

　この文脈から大学教員を中心とした教育サロンの取り組みを捉えると，教科（学問）内容を追究する大学教員が，教育学理論や実践事例に触れて，自身の手によってPCK 生成に取り組むこと，また，個別特殊性を志向する事例に基づく質的研究

---

[22] シュルマンは，PCK を「教師の職分において特有の，教科内容と教育学との特殊な合成物であり，専門的理解における個々の教師に特殊な形式」と定義します（Shulman, 1987：8）。

によって教育学研究がなされることを意味します。これらの重要性は，前者について専門職としての教師の省察を研究したショーン[23)]によって，後者についてPCK概念を提唱したシュルマン[24)]によってそれぞれ言及されています[25)]。

教育実践が芸術であることをふたたび思い起こせば，美術館が優れた作品を収蔵し展示するように，教育サロンは優れた教育実践事例を収集し，披露し，鑑賞しあう場といえます。美術館では，キュレーターが収蔵品を研究し，展示やワークショップを企画します。必要に応じて作品に解説を加えます。これからの教育学研究における教育学者の役割も，このキュレーターのようなものになるでしょう。

このように，教師自身による個別具体的な事例に基づく質的研究を通じた，学際科学としての教育学研究が実践される場として教育サロンが機能することによって，教育サロンは日本の教育学研究を刺激し，それに貢献することになるでしょう。私は教育学者としてその可能性を強く感じています。

私自身，教育サロンにかかわり，本章を執筆することを通して，教育学者としての自らの立ち位置を再確認できました。それは，私自身にも学びが生じていたということです。

本章を通して，教育サロンにこれまでかかわってきた人びとがその魅力を再確認するとともに，より多くの人びとにその魅力を感じていただけることを祈念します。そして，教育サロンが全国津々浦々に咲き乱れるようになればと思います。

【付　記】
　本章は，大学教育改革フォーラム in 東海 2015 オーラルセッション「教育創造の草の根ネットワーク「教育サロン」活動」（2015 年 3 月）における筆者の報告を加筆修正したものです。

---

23) ショーンは，初・中等教育の教師への教育に携わる研究者を念頭に，その役割として，教師が自身の教授と学習を内省することの支援を目的とした，教師との共同研究を行うことや，その内省を支援する枠組み，道具，実験的な環境を開発することを挙げています（Schön, 1992）。大学教員の開発・発達に携わる教育学者にもそのような役割を果たすことが期待されます。
24)「これからの 10 年における研究の指針では，事例の文献を確立し，その原理，先例（precedent），寓話を集成するために，教師の実践的知識を収集し，対照し，解釈することに大きく注力することになる」（Shulman, 1987：12）。
25) さらに詳しい議論は，松本（2014a）を参照。

【引用・参考文献】

渥美公秀（2009）．「DRH コンテンツの形成—プロセスの技術」第 28 回日本自然災害学会学術講演会講演〈http://drh.edm.bosai.go.jp/Project/post/jp/events/21_youshi/344-Atsumi.pdf（最終閲覧日：2016 年 7 月 31 日）〉

安西祐一郎（2011）．『心と脳—認知科学入門』岩波書店

池田輝政（2014）．「企画の趣旨（大学教育学会第 36 回大会ラウンドテーブル「質文化形成アプローチからみた各大学の教育づくりの取組」報告要旨）」『大学教育学会誌』**36**(2), 56.

ヴォルフガング，B．／小笠原道雄［監訳］（1990）．『教育学から教育科学へ—教育のメタ理論』玉川大学出版部

エンゲストローム，Y．／山住勝広［訳］（2008）．「まえがき—ノットワーキングの可能性」山住勝広・Y. エンゲストローム［編］『ノットワーキング—結び合う人間活動の創造へ』新曜社, pp.i-iv.

コルトハーヘン，F. A. J.［編］／武田信子［監訳］今泉友里・鈴木悠太・山辺恵理子［訳］（2010）．『教師教育学—理論と実践をつなぐリアリスティック・アプローチ』学文社

佐伯　胖（2012）．「「まなびほぐし（アンラーン）」のすすめ」苅宿俊文・佐伯　胖・高木光太郎［編］『ワークショップと学び 1　まなびを学ぶ』東京大学出版会, pp.27-68.

佐伯　胖（2014）．「そもそも「学ぶ」とはどういうことか—正統的周辺参加論の前と後」『組織科学』**18**(2), 38-49.

佐藤公治（1999）．『認識と文化 10　対話の中の学びと成長』金子書房

佐藤　学（1992）．「「パンドラの箱」を開く—「授業研究」批判」森田尚人・藤田英典・黒崎勲・片桐芳雄・佐藤　学［編］『教育学年報 1　教育研究の現在』世織書房, pp.63-88.

シャイン，E. H．／二村敏子・三善勝代［訳］（1991）．『キャリア・ダイナミクス』白桃書房

白水　始・三宅なほみ・益川弘如（2014）．「学習科学の新展開—学びの科学を実践学へ」『認知科学』21 (2), 254-267.

鈴木宏昭（2003）．「認知の創発的性質—生成性，冗長性，局所相互作用，開放性」『人工知能学会誌』**18**(4), 376-384.

中島義道（1997）．『〈対話〉のない社会—思いやりと優しさが圧殺するもの』PHP 研究所

中原　淳（2012）．「企業とワークショップ」苅宿俊文・佐伯　胖・高木光太郎［編］『ワークショップと学び 2　場づくりとしてのまなび』東京大学出版会, pp.95-117.

西之園晴夫（2000）．「教育技術の開発における研究方法論の考察」『教育学部論集』**11**, 187-200.

野中郁次郎・竹内弘高／梅本勝博［訳］（1996）．『知識創造企業』東洋経済新報社

平山洋介（2008）．「多声の空間—島団地再生事業の経験から」山住勝広・Y. エンゲストローム［編］『ノットワーキング—結び合う人間活動の創造へ』新曜社, pp.231-264.

細見和之（2008）．「地震の言語と人間の言葉—季村敏夫論，記憶のノットワーキングのために」山住勝広・Y. エンゲストローム［編］『ノットワーキング—結び合う人間活動の創造へ』新曜社, pp.265-311.

ホルツマン，L．／茂呂雄二［訳］（2014）．『遊ぶヴィゴツキー—生成の心理学へ』新曜社

松本浩司（2009）．『アメリカにおけるキャリア教育カリキュラムに関する研究—「文

脈的教授・学習」の展開を中心に』名古屋大学博士学位論文〈http://hdl.handle.net/2237/16798〉
松本浩司（2013）．「教員養成大学におけるキャリア教育が大学での学習の動機づけに与える効果に関する実践的研究―「教職の意義等に関する科目」におけるキャリアデザインの取り組み」『名古屋学院大学論集社会科学篇』**49**(3), 59-70.
松本浩司（2014a）．「実践知・技術知としての教育学―教授・学習開発学序説」『名古屋学院大学論集社会科学篇』**50**(4), 87-106.
松本浩司（2014b）．「ひとの学びの性質をふまえた授業づくりの原理とプロセス―自身の授業実践を振り返って」『名古屋学院大学論集社会科学篇』**51**(2), 189-219.
松本浩司（2014c）．「質文化形成アプローチにおける授業研究とは―名古屋学院大学でのインフォーマルな共同的アクション・リサーチの事例を添えて（大学教育学会第36回大会ラウンドテーブル「質文化形成アプローチからみた各大学の教育づくりの取組」報告要旨）」『大学教育学会誌』**36**(2), 57-58.
松本浩司（2015）．「ティーチングマインド―教師の専門的能力における基盤」『名古屋学院大学論集社会科学篇』**51**(4), 173-200.
松本浩司（2016）．「パフォーマンスとしてのアクティブラーニング―発達的パフォーマティブな教授・学習」『名古屋学院大学ディスカッションペーパー』**114**〈http://doi.org/10.15012/00000615〉
松本浩司・人見泰弘（2016）．「学生の実態をふまえたノートテイキングの指導方法と授業改善に対する提案―本学文系学部学生へのインタビュー調査に基づいて」『名古屋学院大学ディスカッションペーパー』**113**〈http://doi.org/10.15012/00000614〉
山住勝広（2008）「ネットワークからノットワーキングへ」山住勝広・エンゲストローム, Y.［編］『ノットワーキング―結び合う人間活動の創造へ』新曜社, pp.1-57.
レイヴ, J.・ウェンガー, E.／佐伯 胖［訳］（1993）．『状況に埋め込まれた学習―正統的周辺参加』産業図書
Chaiklin, S. (2003). The zone of proximal development in Vygotsky's analysis of learning and instruction. In A. Kozulin, B. Gindis, V. S. Ageyev & S. M. Miller (eds.), *Vygotsky's educational theory in cultural context*. New York, NY: Cambridge University Press, pp.39-64.
Holzman, L. (1999). Life as performance (Can you practice psychology if there's nothing that's "really" going on?). In L. Holzman (ed.), *Performing psychology: A postmodern culture of the mind*. New York, NY: Routledge, pp.49-71.
Schön, D. A. (1992). The theory of inquiry: Dewey's legacy to education. *Curriculum inquiry*. **22**(2), 119-139.
Shulman, L. S. (1987). Knowledge and teaching: foundations of the new reform. *Harvard educational review*. **57**(1), 1-22.
Super, D. E. (1980). A life-span, life-space approach to career development. *Journal of Vocational Behavior*. **16**, 282-298.
Wenger, E. (1999). *Communities of practice: Learning, meaning, and identity*. Cambridge, UK: Cambridge University Press.

11 学びと教育を変える教育サロンの動きを展望する

池田輝政

池田輝政：追手門学院大学学長補佐・基盤教育機構教授
主な経歴・専門は第1章参照。
主な論文には，「学位授与方針から逆向き設計するカリキュラム・マッピングの提案と実践」『大学・学校づくり研究科紀要』第6号（2014），「授業研究のためのアクション・リサーチ法」『名城大学年報』第8号（2014），共著「学校改革の戦略経営に関する方法論モデル」『愛知学院大学教養学部紀要』第59巻第2号（2011），「FDを持続的に革新するベンチマーキング法の事始」『大学論集（広島大学高等教育研究開発センター）』第37集（2006），「高大接続の諸形態」荒井克弘・橋本昭彦［編］『高校と大学の接続』玉川大学出版部（2005）。

1 はじめに

　学ぶということの全体を捉えることは本当に難しい。なぜなら，人間と学びにかかわる全体の理解には，思想，哲学，社会学，心理学，教育学，脳科学など，さまざまな学問分野からの多角的なアプローチが必要だからです。
　大学教師としての職業柄から，学生の学ぶ態度や姿勢にいつしか注文をつけるようになり，教室で教えることの意味に迷いが生じる時期がありました。いまもそれは私のなかから完全に払拭されてはいませんが，アクション・リサーチ型の授業研究（池田，2014）の視点から，自分の授業を研究と開発の俎上にのせてからは，思い切った改善を楽しむようになりました。それでも，例えば200名程度の大規模クラスの場合には，学生の満足度が8割を超える授業を行うことは私にとって至難のわざです。授業を終えるたびに私の心のなかに反芻されるのが，冒頭に述べた学びの

意味を全体として捉えることの難しさです。

　学ぶことの意味や方法論は，心理学と教育学の専門分野のなかで別々に探究され，その応用と実践は学校教育の枠のなかで，もっぱら教師に任され展開されてきました。学びの主役であるはずの子どもや若者は，学ぶことの意味と方法を体系的に考え，自ら工夫し実践する学習者像からは遠くにいる存在でした。他方，大学は自発的，自律的，そして自立的に学ぶ若者が集う学びの世界として認識されていました。そこでは，「学ぶこと」の意味は学問に向き合う過程において，体系性のある知識と何かをなしうる能力の獲得（コーンハウザー，1995）ということでほぼ十分でした。将来のキャリアを見通す学びなどは，必要ないものでした。

　そこから1990年代を境にして，奇しくも世界的にその前提がほとんど機能しなくなる状況へと一挙に変わりました。学問だけには向き合えない，学び方を学ばなかった子どもや若者が大学にあふれ出した現実を，それまで批判的，傍観的態度であった大学人が直視せざるを得なくなりました。大学人すべてが，状況の大転換を認識し，実践を土台に，若者と共に率先してこの難題に向き合う覚悟を社会から突き付けられ，いまに至っています。

　大学がこの難題をFD（ファカルティ・ディベロップメント）のテーマとして受けとめ，専門職集団として取り組み始めてから，ほぼ20年近く経ちます。この動きは努力義務から義務化へという外発型FDとして始まりましたが，徐々に教育現場に根差した授業の研究と開発による内発型FDへと変化しています。いまや大学のなかでは，それらの外発型と内発型とが相互作用するダイナミックな動きがあちこちでみられます。

　この間，教育学の専門家としての私個人を振り返ると，最大の課題は「教える」と「学ぶ」の二つの概念の構造転換を，自分にどのように納得させるかという点でした。課題解決には随分と時間が必要でした。「教える」＝「伝える」の職業意識は，大学院の博士課程時代に遡る40年前からすでに始まっており，米国の大学制度史を専門領域にしたこともあり，とくに大学における「教える自由」の意味を常に大切にしていました。それは，学問の自由と教授の自由を基に教育研究にいそしむ学者（スカラー）の姿に近いものであったと思います。

　その後，大学の研究部門に職を得てからは，学者というより特定の主題を探究する研究者としての自己意識が強くなりました。学生に向き合う教師としての自己像に目覚めるのはかなり遅く，それはネクストキャリアとして移籍した国立大学，さらには私立大学での経験を通してです。学びを楽しまない学生層の分厚さに向き合

うなかで,教師としての職業アイデンティティと覚悟が問われました。

　この変遷を職業意識としての現在の自己像として括るとすれば,いま存在するのは学者・研究者・教育者の3層からなる自己認識の構造だと思います。若いころに抱いていた自己像と決定的に違う点は,「(教師の)教授の自由」より「(教師と学生の)学ぶ自由」をその根底に置くようになったことです。この構造転換とは,すなわち,大学が生まれた歴史への原点回帰だと思い至りました。このような私個人の内面における自己像の変遷は,私たち大学教師が有する価値観の転換を促す世界的かつ政策的な課題,すなわち,教授中心から学習中心への転換とも重なることになります。

　学習中心への転換の意味を自分なりに納得できたときに,これからのFDと授業のあり方について見えてきたことが一つあります。それは,「自由に学ぶ」を土台にすれば,「教える」ことの意味や方法論は,もっと柔軟で創造的であってよいということです。

　しかし現状では,高度化する国の質保証・標準化策への対応に迫われつつ,教育と学びの形づくりに懸命な大学現場をみずから体験し見聞します。この状況に対しては,質保証や標準化に対応しつつも,自由に学ぶことの意味を自ら問い続ける大学であることを願って,大学外部からの質保証と大学内部の質文化形成の二つのアプローチ[1]を併存させる必要性を,仲間と共にこれまで発信してきました。今後は個別大学の現場で,これら二つのアプローチからの研究と開発に取り組みます。

　以上,FDテーマにかかわる私自身の自己成長を振りかえるところから始めてみました。

　さて前章では,山口住夫氏(第9章参照)が生みの親および発起人として,そして松本浩司氏(第10章参照)が参画者および教育学者として,教育サロンのこれまで(being)とこれから(becoming)を自己成長のストーリーとともに考察してきました。それらのスタンスにならって,本章でも,大学における教育者のあり方に悩みながら,学びへの構造的転換に至った自らの経験を分析的に振りかえりながら,もう一人の教育サロン発起人として,「なぜ教育サロンのアイデアに共感し,出会った人々と学びをどのように深め,どこに向かおうとしているのか」を整理・展望してみます。

---

1) 池田ほか(2013),池田ほか(2014),池田ほか(2015)の大学教育学会ラウンドテーブル報告を参照。

2 大学でも共有すべき学びと指導のペダゴジー原理

　教育サロンの産婆役がラーニングバリューの本田貴継氏だとすれば，そのアイデアを産んだ人が福岡大学の山口氏になります。お二人から声をかけてもらって，発起人の一人となった私の役回りは何だろうか，と常に考えてきました。

　2012年9月2日，福岡大学での第1回教育サロン開催から，これまでの活動に皆勤してきた覚悟はどこから由来するのか。その覚悟をもたらした直接の理由，きっかけは何なのだろうか。その答えが，最初の出会い以来，生みの親の山口氏から突きつけられている課題ではなかったのか。そう思い至るようになりました。

　山口氏との出会いは，「学生1人ひとりの学びの欲求に向き合う大学教育の必要性」を教育学として意味づけをさせてもらった講演会のときでした（大学トップセミナーのこと。第1章参照）。講演会を引き受けたそもそもの発端は，ラーニングバリューの加藤久氏に勧められて，私のゼミ生と一緒に体験した『自己の探求』プログラムにありました。その体験は，ゼミ生と私との心理的な距離をいい間合いにしてくれました。その効果は，ゼミ生の卒業研究発表を記念アルバム風に編集するという私の自然なふるまいに表れました。このことは，その発表会を参観した加藤氏から気づかされました。

　この後，加藤氏から紹介されて本田貴継氏と出会い，そのような私の変容ぶりを講演会で話してもらえないかという話になりました。それが2012年6月1日から16日にかけて名古屋，東京，大阪，福岡の4会場で行った講演会でした。タイトルは「学びの欲求と向き合う教育との出会い―私の教育研究最前線」としました。山口氏との出会いはその大阪会場での出来事です。

　そこでの山口氏の反応（第1章および第9章参照）は，すでに説明されているとおり「何をいまさら」でした。他方，本田貴継氏の反応は，実感を伴って理解できたという好意的なものでした（第1章参照）。本田貴継氏と山口氏両者の共感度の違いは，見事なコントラストでした。そこには企業人と根っからの大学人という，経験してきた世界と期待感の違いがあったかもしれません。

　しかし，おもしろくなかったと率直に述べる山口氏に対して，納得する部分を私はもっていました。その理由は，講演の内容は実験的な仮説の提示だったからです。それは，大学教育の実践については教育的な原理や理論を期待されてこなかったことにあぐらをかいて，自らそれらに向き合ってこなかった教育学者としての良心の呵責に由来します。

「学びの欲求に向き合う」は，幼児教育から初・中等教育までに一貫する教育と学びのペダゴジーにおける原理です。それ自体は新奇なものではなく，それを大学教育で取り上げることは遅きに失したものとさえいえます。その問題意識から，講演の内容は，初・中等教育における教師のための実践の原理であるものを，大学教育の実践にも適用可能だという話にしました。これには大学人が反発こそすれ，納得してもらえないことは十分に予想されるものでした。事実，そうした反発は参加者からも感じることができました。ところが，おもしろいことに，山口氏の場合は反発ではなく，むしろあたりまえという予想外の反応だったわけです。

大学人にも応用できる教育学の実践原理をみつけることは，名古屋大学で出会った仲間と共に世に出した『成長するティップス先生』（池田ほか，2001）における私自身の課題でもありました。この課題の延長線上にあったのが，その講演でした。

その要点を確認するために，当時のスライド資料からもっとも大事な2枚を図11-1に示します。これは日本でいまなお読み継がれているJ. ブルーナー著『教育の過程』（Bruner, 1977；ブルーナー，2010）の一部を私なりにまとめて紹介したものです。

いまなお繰り返し読み直すこの本との出会いは，大学院時代でした。その頃は初・中等教育の子どもたちに適用される原理という頭しかなく，大学生や社会人には無縁のものと考えていました。これが狭く限定しがちな専門の権威に囚われた学びの怖さです。当時の支配的な考え方に，私も何ら疑問をもたずにいたわけです。

その認識の枠組みを打ち破るのに，先にも述べたように相当な時間がかかりました。1995年以降，情報通信を利用した遠隔高等教育の分野で米国や欧州，豪州の大学関係者と交流するなかで，学びを効果的にするペダゴジーの原理の重要性を耳にするようになりました。子どもに限定しないペダゴジーの原理を大学でのみずからの授業の実践原理とするには，そこから10数年経った2010年前後です。2012年の

学びの大部分は，学習者と指導者の双方が注意を高め合い，共同してコトにあたり，社会的関係を認め合い，命題の正しさや確かさや確からしさが成り立つ世界（将来）をつくり出す欲求に大きく左右される。

学習者は，好奇心（curiosity）を通して，知る（discovery of knowledge）というプロセスに魅力を感じ始める。だから指導者は学習者一人ひとりに合わせた教育の技法（skilled activities）を鍛えるべきだ。

図11-1　大学トップセミナーの発表スライド（抜粋）

講演会での山口氏との出会いまでには，そうした歳月が流れています。

　われわれ大学教師すべてがいま共有すべきことは，学ぶことと教えることのシンプルな基本原理であり，自らの授業においてその応用と開発を進めていくべきである，ということを，いま改めて申し上げたいと思います。新しいが断片的である学びや教育の理論に翻弄されないためには，基本の原理に立ち戻って理解することが賢明だということも，これまでの私が蓄積してきた学びの知恵として定着しています。学生にもその知恵は伝えるようにしています。

　身近な書物において，学びと向き合うペダゴジーの基本原理を踏まえているのが，『ベスト・プロフェッサー』（ベイン，2008）だと思います。日本の高等教育関係者にも広く知られている本です。文章の読みにくさが難点ですが，このなかでも，ペダゴジーの原理が大学生や社会人にも適用できる普遍性をもつことは，以下の部分に指摘されています。

> 人は，その答えを気にかけている重要な質問がなされたとき，あるいは到達したい目標を決めたときに，最もよく学習する。もし気にかけないのであれば，人は古い知識に新しい知識を取り入れたり，説明したり，修正したり，あるいは統合したりはしない。新しいメンタル・モデルをもって実体を再構成しようとはしない。（ベイン，2008：40）

　持続的で深い学びが人の内面に生じる。それをメンタル・モデル（認識枠組み）の変容としてケン・ベインは説明しています。既有のメンタル・モデルには個人差が存在するので，教師には，学びの好奇心やモチベーションなどを含む，学習者がもつ自己実現の欲求に向き合う高い力量が求められます。大人と子ども，あるいは学生と幼児・児童・生徒という区分に縛られずに，学びの欲求に向き合うペダゴジーの原理を実践できる大学教師像を実現することこそ，FDのテーマだということになります。

　もっとも，ケン・ベインのこの部分を，以上のように理解するのには，私には時間が必要でした。個人差はあれ，浅い学びから深い学びには移行するには一定量の時間が必要だということも，メンタル・モデルの概念には含まれていると私は解釈しています。

　このように振りかえってみると，教育サロンの発起人としての私の役回りにおける一つは明解です。それは，ペダゴジーの原理を自然に実践できる大学人，そして

幼児教育から初・中等教育の関係者の仲間を増やすことに尽きるのだといまは自認しています。

3 実践のコミュニティ原理からみた「教育サロン」

　発起人として教育サロンに参画した理由はもう一つあります。それは，専門職集団が学びあうコミュニティづくりです。深く探究することに長けた専門家集団は，その世界で通用するジャーゴン（専門用語）でもって効率的に意思疎通を図ります。この効率的思考法の習癖が，異なる分野の専門家集団との学びあいには阻害因となります。ですから，大学人共通のFDのテーマについては，学術系の学会コミュニティとは違った学びあいの場が不可欠です。

　FDは，90年代の終わりから大学執行部が組織として推進せざるを得ない状況になりました。しかし，トップダウンに与えられたFDのテーマに抵抗感をもつ文化が大学にはありました。その状況下で，自主的・自発的にFDのテーマを学びあうコミュニティを大学内に形成することは，至難の業でした。年中行事化した大学のFD講演会に講師として出向くたびに，参加率の低さに直面しました。大学教師であっても，自ら欲する学びでなければ行動につながらないのは同じでした。

　2012年6月に大阪会場の講演会で出会った山口氏の「サロンマスター」の名刺を見た私の反応（第1章および第9章参照），そして本田貴継氏から教育サロンを立ち上げる相談を受けたときの私の言動（第1章参照）の奥底には，この活動が，専門家集団がオープンで創造的に学ぶコミュニティ，すなわち「実践のコミュニティ（コミュニティ・オブ・プラクティス）」（ウェインガーほか，2002）の芽生えになる可能性を秘めているのではないかという意識があったと思います。

　そこで抱いていた期待感の由来には，私が2006年4月に教育経営職のための新たな大学院を名城大学で立ち上げた折に，第1期生として入学した神保（旧姓・近藤）啓子さんとの出会いがあります。彼女は当大学の事務職としてFDを修士論文のテーマに選択した点で，おそらく日本で最初の人ではないかと思います。彼女がFDを選択した理由はここでは触れませんが，その指導をするなかで彼女から新たに刺激を受けたことが，「実践のコミュニティ」という方法原理への着目でした。

　それ以降，この方法原理を適用する実験が，私のなかに始まりました。どのようにすれば，自主的・自発的な学びあいのコミュニティが，大学のなかに生まれるのか。その解決策の方法論が，「実践のコミュニティ」の原理とその具体化です。

非公式なネットワーク型を特徴とする「実践のコミュニティ」とは，特定の実践テーマをもった人々が自発的に集まり，体験知の共有と対話の中から創造的に学ぶコミュニティです。この学びのコミュニティ原理にそって，最初は大学のなかで「実践のコミュニティ」づくりに挑戦しました。が，小さな「実践のコミュニティ」を暫定的につくることはできても，それを運営・維持することは難しいことでした。その大きな理由の一つが，運営をコーディネートする人材を大学の中ではみつけにくいことです。
　そんななか，「教育サロン」活動の構想が花開くことによって，大学，地域，専門，職位，地位にこだわらず，授業の実践に焦点化して学びあう非公式コミュニティが現実のものとなりました。
　しかし，2012年9月の第1回「教育サロン」を福岡大学で立ち上げた際には，このコミュニティの意味づけは，まだ私のなかでは明確になっていませんでした。それから9ヵ月後の2013年6月17日の夕刻に，私の研究室でラーニングバリューの本田貴継氏・加藤久氏と打ちあわせしたとき，「教育サロンなるもの」とはそもそも何かという話になりました。将来の「教育サロン」をどのように成長させ発展させていくかを展望するには，この問いはいずれどこかで議論せざるえないものでした。3名で話しあうなかで，私の頭のなかにあった「実践のコミュニティ」原理による意味づけを提案しました。その内容を本田貴継氏が図に描いてくれたのが，図11-2です。当時の図を若干編集してあります。
　図の右下の囲いのなかにある「教育サロンで話し合われること」，すなわち共有されたテーマから生まれる実践知には，語り合うべき三つの授業フェーズが挙がっています。それらが，①授業のパーツ開発と，②体系化と，③実践事例です。それぞれの授業フェーズに持ち味と強みをもった人の話題提供をきっかけにして，それに共感し学びとった参加者は，自分の既存の認識と照らしあわせ，納得すれば新たな認識の組み直しを始めることになります。
　左下の囲いのなかの「参加する人々」，すなわち学びあうコミュニティのメンバーには，コアとなる参加者とそれ以外の参加者がときおり集い，普段はネットワークとして交流します。対面とネットワークの二つの形で相互交流するのがコミュニティの特徴であり，対面での交流によってコアとなる参加者の厚みが徐々に増えていく効果が期待できます。
　「実践のコミュニティ」原理にそって「教育サロンなるもの」の特徴をいま一度整理すると，①本気で取り組む共通の実践テーマが存在する，②実践者として体験知

11 学びと教育を変える教育サロンの動きを展望する　*201*

図 11-2　実践のコミュニティ原理を具体化する教育サロンの特徴

を交換できる，③対話型のフラットな人間関係を結べる人々がネットワークとして存在する，の3点が挙げられます。そして課題であった「教育サロン」というコミュニティを持続的に運営・維持する役割は，コーディネーター役の本田貴継氏をはじめとするラーニングバリュー社のスタッフが担い，私たち発起人と次節で触れる有志のサロン幹事がコミュニティ全体の活動を役割分担します。

4　実践のコミュニティの進化モデル

「教育サロン」の実践的なコミュニティ活動を支える中心的な人々が，有志の幹事メンバーです。サロンコミュニティの周辺メンバーとして参加し，徐々にコアメンバーとなりつつあるのが，共編者の松本浩司氏ですが，2012年夏の第1回幹事合宿への参加が，コミットメントを深くするきっかけになっています。

1泊の幹事合宿は，2015年夏で3回目となります。懇親を深めながら前回までの活動を振りかえるという「ゆるやかな目的」で集い，毎回予期せぬワクワクする出来事が起きるのが，この幹事合宿の醍醐味です。

大東文化大学内の研修施設で開催された第1回合宿では，このコミュニティが大事にする学びあいの「5つのやくそく」，すなわち教育サロンの思想が生まれてい

す（第1章参照）。

　同じ場所での第2回合宿では，異分野の人々がフラットな人間関係で学びあうユニークな「教育サロン」コミュニティを，社会に発信しようという書籍化プロジェクトが発足しました。本書は，このプロジェクトによる第1号の成果です。

　岡山理科大学の研修施設で行われた第3回合宿では，非公式な学びあいのコミュニティである「教育サロン」活動と，新たに創設する公式の協会活動を組みあわせ，これらを一体的に運営していく知恵が議論され，その構想を共有できました。この構想は，「まなびのコミュニティ協会」として，2016年3月に一般社団法人として設立することができました。

　現時点からこれまでの活動を一言で述べると，実践のコミュニティの原理を応用する実証実験が，幹事メンバーの知恵を紡いで展開されてきたということです。大学の学びと教育を本気で変えたいと思う企業人の参画をテコにすれば，大学人が本来もつ草の根的な学びあいのコミュニティ文化が機能し始めます。合意の手順・手続きにこだわり，権威をかざし既得権を守る狭い組織コミュニティの弊害に苦しんだ経験をふまえると，実践のコミュニティ原理の展開が一つの大学のなかでは大難題であったことが，悲しいかな，よく理解できます。

　「教育サロン」の運営では，互いに素直に感じたことを自由に議論できます。実際，第3回幹事合宿の2日目には，協会化という公式のコミュニティ活動が，非公式の「教育サロン」コミュニティを不活性化するのではないか，という懸念が参加者から提起されました。それは幹事全員の胸の内にもあったと思います。

　それをめぐる議論が尽きてほぼ終了という場面で，大手前大学で情報科学を担当する本田直也氏（本書第4章執筆）が素朴で根源に迫る質問を投げかけました。それは「学ぶことと教えることについて，人々の間になぜズレがあるのだろうか？」というものでした。これは，「学ぶこと」と「教えること」の哲学原理の違いに根差すもので，簡単に答えが出るものではありません。本田直也氏は，授業開発には労苦を惜しまず，対象に誠実に向き合える好奇心旺盛な人です。

　本田直也氏の好奇心に触発されて，その場で一つの回答を試みたのが図11-3です。この図は，私と松本浩司氏が協同して描いたものです。

　これを，実践のコミュニティ原理に立つ「教育サロン」の進化モデルとして，最後に説明しておきます。非公式と公式の学びあいのコミュニティがなぜ必要とされるのか。「まなびのコミュニティ協会」がこの先発展し，二つのコミュニティ活動がかりに離反しそうになったときには，この図が私たちを議論の原点に立ち戻らせて

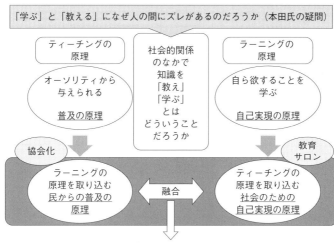

図11-3 「教育サロン」と「まなびのコミュニティ協会」における2つの原理

くれることになると思います。

　図の見方を説明します。最初に本田直也氏が投げかけた問いを，「社会的な関係のなかで知識を「教え」・「学ぶ」こととはどういうことだろうか」と表現し直しました。これを上部中央に配置しています。

　つぎに，右サイドの「教育サロン」に目を移します。そこには「ラーニング（学び）の原理」を配置し，個人が自ら欲することを学ぶ自己実現の原理として意味づけされています。「教育サロン」コミュニティには非公式組織として，社会的に共有されたテーマを「教わり」「学びあう」人々のための自己実現の原理が貫徹することになります。

　さらに，左サイドの「協会化」に視線を移します。そこには「ティーチング（教える）の原理」が配置され，オーソリティ（権威）から与えられる普及の原理として意味づけされています。新たに設立した「まなびのコミュニティ協会」には，社会的に共有されたテーマを公式に「学び」「教わる」人々のための草の根的な普及の原理が底在します。

　最下段には，二つのコミュニティ活動があわさって，新しい教授・学習のかたちとたゆまぬ教育改革の実現に挑戦していくことを示しています。

言うまでもなく，これは完成図ではなく，これからも修正がありえる学びのコミュニティの概念図です。厳しい目をもつ幹事メンバーの知恵を借りて進化・洗練されていくことを期待して，この図を最後に掲げて結びとします。

【引用・参考文献】

池田輝政 (2014).「授業研究のためのアクション・リサーチ法」『名城大学教育年報』(8)，1-8.

池田輝政・戸田山和久・近田政博・中井俊樹 (2001).『成長するティップス先生―授業デザインのための秘訣集』玉川大学出版部

池田輝政・青山佳代・小湊卓夫・黒田光太郎・中島英博 (2013).「質文化形成のペダゴジーに支えられた授業・カリキュラム開発」『大学教育学会誌』**35**(2)，37-41.

池田輝政・青山佳代・松本浩司・黒田光太郎 (2014).「質文化形成のペダゴジーに支えられた授業・カリキュラム開発」『大学教育学会誌』**36**(2)，56-60.

池田輝政・青山佳代・黒田光太郎・秋山 優 (2015).「対話する学びのコミュニティを大学人はどのようにつくりだすのか」『大学教育学会誌』**37**(2)，63-66.

ウェインガー，E.・マクダーモット，R.・スナイダー，W. M.／櫻井祐子［訳］(2002).『コミュニティ・オブ・プラクティス―ナレッジ社会の新たな知識形態の実践』翔泳社

コーンハウザー，A. W.／エナーソン，D. M.［改訂］／山口栄一［訳］(1995).『大学で勉強する方法―シカゴ大学テキスト』玉川大学出版

ベイン，K.／高橋靖直［訳］(2008).『ベスト・プロフェッサー』玉川大学出版部

Bruner, J. (1977). *The process of education: Landmark in educational theory.* Harvard University Press. (ブルーナー，J. S.／鈴木祥蔵・佐藤三郎［訳］(2010).『教育の過程』岩波書店)

あとがき

　本書のタイトルにあるアクティブラーニング（能動的学び）は，いまや時の言葉です。初等・中等教育への導入を提言した 2014 年 12 月の中教審「高大接続答申」が，それに拍車をかけました。

　ただ，本書ではアクティブラーニングを正面切って論じてはいません。それはこの概念の由来や背景，教授・学習の理論や方略（ストラテジー）の位置づけや意味について，多くの解説書が出版されてはいても，いまだ多義的である状況を脱していないからです。唯一共有されているのは，教室での座学による学びを楽しめない「パッシブラーニング（受動的学び）」の状況を何とか変えなければならない，という切実な課題があるという点だけです。

　授業を語る教育サロン＝「まなびのコミュニティ」は，その切実な課題を前提として，アクティブラーニングを定義論の枠内に閉じ込めるのではなく，自らの実践を交換しあう多様性の広がりのなかで理解する方法論を大切にしてきました。

　そのことをふまえた上で，教育学を専門とする私たち編者の間では，読者への関心に応えるために，補遺としてアクティブラーニングの意味を対談形式で整理する計画をもっていました。そのつもりで，編者は，それぞれアクティブラーニングを説く国内外の書籍や文献に目を通し，準備を進めてきました。

　しかし，それはとりやめることにしました。なぜなら，本書の構成と内容の全容が明らかになるにつれて，特に第 1 部の各章で述べられた，「授業を語れば，教育は変わる」の精神を具現化する教育サロンの多彩な体験知の一つ一つに，アクティブラーニングの多次元かつ多面的な実像が表現されていることを改めて確認できたからです。

　とはいえ，その準備の過程で，松本氏は，既存のアクティブラーニング論やその概念に抜け落ちた要素があることに気づきました。その成果は，すでに論文（松本, 2016）として発表されています。彼は，感情（楽しむ）・認知（考える）・活動（表現する）という心身の 3 側面からアクティブラーニングを捉えています。これは，文部科学省や国内外の文献の定義論がすでに出回っている状況にあってもなお，私も納得できる有用な知見です。

　ついでながら，私自身のアクティブラーニング論についても簡単に紹介しておきます。私は，第 11 章で触れた名著『教育の過程』を著した J. ブルーナーの構成主義

学習理論に概念理解の根拠を置いています。彼は1970年代の早くから，学びの原理的命題として「学びとは能動的なプロセスである（Learning is an active process）」ことを明示しています。これを敷衍すれば，ものごとやできごとの現象を自らの好奇心をもって観察し，情報を収集し，文献や資料を読み進めるなかで生じる疑問や仮説を，分析的な方法で検証する，その繰り返しのプロセスにこそ学びの能動性が存在すると言えます。要点を端的に述べれば，アクティブな学びとは，知の探究，あるいは探究する学習者の心の喜びだということです。強制された学びは，学ぶ人の心に受け身の姿勢をもたらします。1990年の前後に登場するアクティブラーニングの概念は，構成主義の出発点に位置づくブルーナーの学びの原理を取り戻す，あるいはそこに立ち戻る，いわば戦略的な概念として提起されたと，私は捉えています。

　教育サロン発起人である畏友の山口住夫氏にこのことを伝えれば，「そんなことはあたりまえでしょう」「私は小学校からそういう自由な学びをしてきました」と，即座に感想を返されるはずです。しかし，日々接する大学生のなかには探究心と学びの楽しさを忘れた人たちが分厚く存在することも，十分に承知されています。現に，山口氏は，パッシブラーナーからの脱却を学生に語りかけ，手間をかけて必要な指導を工夫されています。その工夫の一つが，ウェブ上で所属の工学部生に語りかけるメッセージです。彼にお願いをして，そのなかからお気に入りの一つを選んでもらいました。これはアクティブラーニングを促す小さな実践の好例です。

> 人に聞いてもらいましょう〜工学部生の皆さんへ
> 知っている事は，人に聞いてもらいましょう。
> いろんなアドバイスをもらえて，
> 貴方の知識は，大きく強くなります。
> でも，教えてあげたくなったら，ご用心
> 教えたがる私は　小さな知識
> ほかの知識があることさえも知らないで
> 小さな知識を押し付けたいのかもしれません。
> 人の話を黙って聞いて
> いろんな知識を得られる貴方は
> 外の世界を認められる大きな人
> いろんな知識を，矛盾のままに受け入れて
> じっくりと温めていれば
> いつか大きな事に気づきます，きっと

本書の出版企画は，2014年8月18日に大東文化大学東松山キャンパスで開催した教育サロン第2回幹事合宿に参集し，自由に腹を割って議論した，大学・企業関係者27名の方々から賛同を得てスタートしました。

　その具体化は，教育サロン事務局からは本田貴継氏，若手グループからは松本浩司氏，そして提案者としての池田が中心となって担当しましたが，その当初から，山口住夫氏，熊谷太郎氏，本田直也氏にはご協力をお願いしました。立ち上げからこれまで，事務局として教育サロンの運営に注力していただいているラーニングバリュー社の皆さんには，陰に陽にこの企画を見守り支えてもらいました。

　本書のコンセプトである"授業を語れば，教育は変わる"は，その合宿におけるメンバーの明確な想いが反映されたものです。教育が変わるその先には，人としての成長をストーリーで語る多くの学生が存在します。このコンセプトをともに分かち合える合宿メンバー，そしてこれまでに出会った教育サロンの仲間に改めて感謝の意をお伝えします。

　最後に，本書の出版企画の相談に快く応じていただいた，ナカニシヤ出版編集部の米谷龍幸氏に，企画者および編者を含めた執筆者一同，心よりお礼を申し上げます。すでに多くの出版原稿を抱えていらっしゃるなかで，厚かましくも企画から最短の刊行をお願いしました。にもかかわらず，私たちの希望にそってご尽力いただきました。教育サロンには，授業を語る仲間のコミュニティがいまも広がっています。新たな出版企画が生まれる際には，御社に再びお世話になることを願います。

2016年8月
編者を代表して　池田輝政

【引用・参考文献】

松本浩司（2016）．「パフォーマンスとしてのアクティブラーニング—発達的パフォーマティブな教授・学習」『名古屋学院大学ディスカッションペーパー』**114**〈http://doi.org/10.15012/00000615〉

ブルーナー, J. S. ／鈴木祥蔵・佐藤三郎［訳］（2010）．『教育の過程』岩波書店（Bruner, J.（1977）. *The process of education: Landmark in educational theory*. Harvard University Press.）

【付録】教育サロンの軌跡 2016年7月までの開催記録
◆開催回数：33回 ◆参加者：のべ 1,251名（おおよその参加者構成：教員 70％、職員 25％、その他社会人・学生 5％）

通算回数	名称	開催日	テーマ	会場	参加人数	氏名・所属・役職等	話題提供	題目・内容
1	教育サロン in 福岡	2012年9月2日	「学生と向き合う」とは？	福岡大学	34	熊谷太郎（松山大学経済学部准教授）	自己理解を深めることで気付き、こんなに授業が変化した
2	教育サロン in 東海	2013年3月1日	「学生と向き合う授業展開」の理由は？	名古屋学院大学	20	本田直也（大手前大学現代社会学部准教授）	大手前大学における全学部共通科目「キャリアデザインⅠ～Ⅳ」について、1年間の取り組み経過及び学生について
3	教育サロン in 関東	2013年3月8日	「学生が主体性を発揮する授業について考える一授業のヒントを探る」	大東文化大学	33	佐藤広子（白百合女子大学外国語学部教授）	1年生が対象の授業「表現演習Ⅰ」について、授業に対する思い、考え、授業内容から学生に起こった変容について
4	教育サロン in 九州	2013年3月9日	「学生と向き合う」とは？	福岡大学	49	①浮田英彦（福岡女学院大学人文学部教授）②池田精政（名城大学人間学部教授）	①2年連続九州1位の浮田ゼミ。「授業」「課外」の中で学生はどう向き合い、どう想い、どう授業開発をされているのか ②授業開発に欠かせないという発想から生まれた、池田先生考案の「コースデザイン」「授業」「ポートフォリオ」「コースデザイン」表に至った経緯や想い、また作成のヒントなど
5	教育サロン in 関西	2013年3月16日	学生が学ぶ時	関西大学	34	長谷川伸（関西大学商学部准教授）	学生参画型授業を実践するにに至る経緯や想い
6	教育サロン 幹事合宿	2013年8月19・20日	教育サロン5つのやくそく策定	大東文化大学	28		
7	教育サロン in 九州	2013年8月31日	「学生と向き合う」授業に挑戦	福岡大学	51	門脇廣文（大東文化大学文学部教授）	松山大学熊谷先生が自大学熊谷先生の話に感激し、この4月から「授業を変える」ことを決心。その結果感じるいかに、誰もが自分の授業改革」に向き合い、学生と向き合う毎日をクローズアップをする
8	教育サロン in 関東	2013年9月1日	学びの欲求と出会うために	大手前大学	41	京都文教大学（教務部教務課長）／穴井誠也・高橋知之・真島もとと、松田譲（学生）	授業の「解体"SHIN"書」アウェイからホームへ、生徒と学生の違い一学びの欲求と出会うために
9	教育サロン in 関東	2013年9月6日	学生が「学ぶ」関わり方を考えるーよりよい授業や学生支援のために	大東文化大学	36	山口住夫（福岡工学部教授）	先生が汗をかけば、学生は学ぶ
10	教育サロン in 東海	2013年9月28日	学生の「主体的な学び」を促すチャレンジ	愛知学院大学	36	滝澤昇（岡山理科大学工学部長・教授）	学生の「主体的な授業外学習」へのチャレンジ
11	教育サロン in 岡山コンソーシアム	2013年11月2日	「学生と向き合う」授業を深めることで、こんなに授業が変化した	岡山理科大学	28	熊谷太郎（松山大学経済学部准教授）	自己理解を深めることで、こんなに授業が変化した（第1回話題提供後の経過報告）
12	教育サロン in 梅門コンソーシアム	2014年2月15日	「社会人基礎力が身につく」取り組みとは？	梅光学院大学	38	本間政雄（梅光学院大学理事長）	教職協働で育てる学生の学びと成長ー社会人基礎力を育てる

付録　209

通算回数	名称	開催日	テーマ	会場	参加人数	氏名・所属・役職等	話題提供題目・内容
13	教育サロン in 福岡	2014年3月1日	ディープ・マ・ポリシーから観たカリキュラムマッピング	福岡大学	43	池田輝政（名城大学人間学部教授）	大学人の素養としてのカリキュラム地理学―カリキュラムマッピングする手法を体験する
14	教育サロン in 北九州	2014年3月14日	「学生を惹きつける授業」とは？	北九州まなびとESDステーション	35	①山口圭夫（福岡大学工学部教授）②遠藤隆久（熊本学園大学商学部教授）	①「とらわれない発想力」②「概念をつかって考えること」
15	教育サロン in 関東	2014年6月7日	学生が「学ぶ」授業を考える―授業の方向を考えることを、授業のエ夫や学生支援のヒントを探る	大東文化大学	14	熊谷太郎（松山大学経済学部教授）	学生の「学び」を深めることを考えたらこんな授業になりました
16	教育サロン in 東海	2014年6月14日	学生の背景や学びの性質から私たちにできる学びの支援とは？？	名城大学	24	松本浩司（名古屋学院大学経済学部准教授）	学生の背景や人の学びの性質から、学生の「学び」の様子を探求する
17	教育サロン in 関西（学内 FD）	2014年6月28日	学生と向き合う」授業とは？授業のエ夫や土着的な学びを巻き込む学生支援のヒントを探る	松山大学	47	熊谷太郎（松山大学経済学部教授）	自己理解を深めることで、こんなに授業が変化した
18	教育サロン in 関西	2014年7月5日	教室が現場だ！―社会を巻き込む土着的なアプローチ	追手門学院大学	37	鶴坂貴恵（摂南大学経営学部教授）	学生と社会を結ぶ、泥臭くて土着的な授業のとり
19	第2回教育合宿研修会	2014年8月18・19日	今後の教育サロン活動について	大東文化大学	20		
20	教育サロン in 福岡	2014年9月6日	「新入生の不安を安心と期待に変えるには？」	九州産業大学	44	①山口圭夫（福岡大学工学部教授）②寺西高広（九州産業大学工学部教授）	新入生の「初年次適応」のために教職員がすべきことは何かを考える
21	教育サロン in 東海大学（学内 FD）	2014年9月12日	本当の「アクティブラーニング」とは？	名城大学	44	池田輝政（名城大学人間学部教授）	「学びの欲求」と「モチベーション」に向合う授業とは
22	教育サロン in 松山	2014年10月11日	教員の協働で成し遂げるアクティブラーニング	松山大学	50	梅光学院大学国際言語文化学部アクティブラーニングチーム（樋口紀子学長・小野良美・国本康寿教授・渡邉高明・金井典子・馬載兵准教授）	梅光学院大学国際言語文化学部1年生の必修科目「教養セミナー」についての実践報告
23	教育サロン in 東海大学（学内 FD）	2015年2月24日	学生の学びを深める「反転授業」	松実大学	54	滝本昇（岡山理科大学工学部長・教授）	学生の学びを深める「反転授業」の成果
24	教育サロン in 東海	2015年2月28日	アクティブラーニングの失敗事例をもとに学びなおすとき」を考える	名古屋商科大学	30	亀倉正彦（名古屋商科大学経営学部教授）	文部科学省「産業界ニーズに対応した教育改革・充実体制整備事業（中部圏の地域・産業界との連携を通した教育改革の強化）」の一環で東海A（教育力）チームの成果物である「アクティブラーニングの失敗例」とは

通算回数	名称	開催日	テーマ	会場	参加人数	氏名・所属・役職等	話題提供 題目・内容
25	教育サロン in 関西	2015年5月23日	困難から創造する授業スタイル―素直になれば教室の景色は変わる	大阪商業大学	42	伊東眞一（大阪商業大学経済学部教授）	アクティブラーニングの導入当初は「不真面目だ」「いったい今の授業は何なんですか」と学生にまで苦情を言われていた先生が、今日に至るには自身の目を見るに至った過程の紹介
26	教育サロン in 松山	2015年6月13日	アクティブラーニングとは	松山大学	32	池田輝政（追手門学院大学学長補佐・基盤教育機構教授）	「学びの欲求」と「モチベーション」に向き合う授業とは？ 自身の経験を交え、「アクティブラーニング」の観点から話題提供し、また数年の授業の変革について触れる
27	教育サロン in サロン合宿	2015年8月17日	今後の教育サロン活動について	岡山理科大学	20		
28	教育サロン in 九州	2015年9月5日	「主体性」を育む実践活動とは―大学教育と地域の関係について考える	福岡女学院大学	65	真鍋和博（北九州市立大学地域創生学群長・教授）	地域での実践活動を教育の主軸とした本学群における、①学びの主体性の育成、②効果的な初年次教育、③エンロールメント・マネジメント、④社会人としての「しつけ」、⑤学生の職業的陶冶、⑥教員への接続を自立のための基盤的総合教育体制という意味要性、⑦大学と地域の関係性、の観点から、教育プログラムの構築、実践活動の組織作り、教員のかかわり方などの紹介
29	教育サロン in 関東	2015年10月24日	偏差値39と向き合う「イグナイト教育」の8年間―体系的、継続的なアクティブラーニングの実践から	立正大学	69	中垣元子（いわき明星大学薬学部教授）	「イグナイト教育」は学生の潜在能力に点火する教育であり、[IGNITE]には「生涯にわたって主体的に考え、学び続ける力を育成し、学び教育への接続を図る自立のための基盤的総合教育体制」という意味がある。その取り組み事例の紹介
30	教育サロン in 大分	2015年12月19日	「答え」は目の前の学生から―「アサーティブな態度」をどう活用するかを考える	大分大学	35	池田輝政（追手門学院大学学長補佐・基盤教育機構教授）、志村知美（追手門学院大学アサーティブフェロー）	平成26年度大学教育再加速プログラム【テーマⅢ（入試改革）】に、私立大学では唯一の採択となる追手門学院大学の「アサーティブプログラム・アサーティブ入試」について
31	教育サロン in 九州	2016年3月12日	教育でいかにファシリテーションを活用するかを考える	福岡大学	56	村上剛人（福岡大学商学部教授）	ファシリテーションの技法を使ったゼミや講義でのグループワーク、それを用いしての学生による他大学生グループのレポート作成プロセス体験、企業での問題抽出ワークショップなど、学びの基本形を面面的に活用している取り組み事例の紹介
32	教育サロン in 関西	2016年5月28日	？から生まれるモチベーションの連鎖―授業の場作りの工夫	関西大学	28	下村恭子（先生、ママ、パパサポート研究所　ままごとポケット代表）	学びへのモチベーションの視点から、[あそび] を通して [人間力（心）] を育成することのできる先生を試行錯誤しながら養成できた、幼児教育保育養成校講師としての自身の経験を語る
33	教育サロン in 東海	2016年7月16日	学生の可能性を引き出すコーチング	名古屋学院大学	34	川島美保（日本赤十字豊田看護大学准教授）	コーチングの基本的な考え方を紹介するとともに、それを活かして学生の「自信の芽」を発見し育てる学生指導を行っている自身の実体験を豊富に語る

※所属・役職は当時のもの

執筆者紹介 （執筆順，*は編者）

松本浩司*（まつもと こうじ）
名古屋学院大学経済学部准教授
担当：まえがき，1章，10章

池田輝政*（いけだ てるまさ）
追手門学院大学学長補佐・基盤教育機構教授
担当：1章，11章，あとがき

山口住夫（やまぐち すみお）
福岡大学工学部教授
担当：1章，9章

本田貴継（ほんだ たかつぐ）
（株）ラーニングバリュー常務取締役
担当：1章

熊谷太郎（くまがい たろう）
松山大学経済学部教授
担当：1章，2章

小山由美子（こやま ゆみこ）
名古屋学院大学学生支援課課長
担当：3章

本田直也（ほんだ なおや）
大手前大学現代社会学部准教授
担当：4章

川島美保（かわしま みほ）
日本赤十字豊田看護大学准教授
担当：5章

滝澤　昇（たきざわ のぼる）
岡山理科大学副学長・工学部教授
担当：6章

門脇廣文（かどわき ひろふみ）
大東文化大学文学部教授
担当：7章

志村知美（しむら ともみ）
追手門学院大学入試部アサーティブ課課長・アサーティブオフィサー
担当：8章

アクティブラーニングを創るまなびのコミュニティ
大学教育を変える教育サロンの挑戦

2016 年 9 月 30 日　初版第 1 刷発行

編　者　池田輝政
　　　　松本浩司
発行者　中西健夫
発行所　株式会社ナカニシヤ出版
〒606-8161　京都市左京区一乗寺木ノ本町 15 番地
　　　　　　　　Telephone　075-723-0111
　　　　　　　　Facsimile　075-723-0095
　　　　　Website　http://www.nakanishiya.co.jp/
　　　　　Email　iihon-ippai@nakanishiya.co.jp
　　　　　　　　郵便振替　01030-0-13128

印刷・製本＝創栄図書印刷／装幀＝白沢　正
Copyright © 2016 by T. Ikeda & K. Matsumoto
Printed in Japan.
ISBN978-4-7795-1096-0

本書のコピー，スキャン，デジタル化等の無断複製は著作権法上の例外を除き禁じられています。本書を代行業者等の第三者に依頼してスキャンやデジタル化することはたとえ個人や家庭内での利用であっても著作権法上認められていません。

ナカニシヤ出版◆書籍のご案内
表示の価格は本体価格です。

大学生の主体的学びを促すカリキュラム・デザイン
アクティブ・ラーニングの組織的展開にむけて
日本高等教育開発協会・ベネッセ教育総合研究所［編］
佐藤浩章・山田剛史・樋口 健［編集代表］
全国の国立・公立・私立大学の学科長へのアンケート調査と多様なケーススタディから見えてきたカリキュラム改定の方向性とは何か。　　　　　　　　　　　　　　　　　　　　　2400 円＋税

もっと知りたい大学教員の仕事
大学を理解するための 12 章　羽田貴史［編著］
カリキュラム，授業，ゼミ，研究倫理，大学運営，高等教育についての欠かせない知識を網羅。これからの大学教員必携のガイドブック。　　　　　　　　　　　　　　　　　　　　　2700 円＋税

大学における e ラーニング活用実践集
大学における学習支援への挑戦 2
大学 e ラーニング協議会・日本リメディアル教育学会［監修］
大学教育現場での ICT を活用した教育実践と教育方法，教育効果の評価についての知見をまとめ様々なノウハウを徹底的に紹介。　　　　　　　　　　　　　　　　　　　　　　　　3400 円＋税

大学における学習支援への挑戦
リメディアル教育の現状と課題　日本リメディアル教育学会［監修］
「教育の質の確保と向上」を目指して――500 以上の大学・短大などから得たアンケート結果を踏まえ，日本の大学教育の最前線からプレースメントテスト・入学前教育・初年次教育・日本語教育・リメディアル教育・学習支援センターなど，60 事例を紹介！　　　　　　　　　　　　　　2800 円＋税

学生が変わるプロブレム・ベースド・ラーニング実践法
学びを深めるアクティブ・ラーニングがキャンパスを変える
バーバラ・ダッチほか／山田康彦・津田 司［監訳］
PBL 導入へ向けた組織的取組み，効果的な PBL 教育の準備，多様な専門分野における PBL 実践事例を網羅。　　　　　　　　　　　　　　　　　　　　　　　　　　　　　　　　　3600 円＋税

学生と楽しむ大学教育
大学の学びを本物にする FD を求めて　清水 亮・橋本 勝［編］
学生たちは，大学で何を学び，何ができるようになったのか。個々の教員・職員・学生，そして大学コミュニティがもつ活力を活性化し，大学教育を発展させる実践を集約。　　　　　　　3700 円＋税

学生，大学教育を問う
大学を変える，学生が変える 3　木野 茂［編］
学生・教員・職員の関わる大学教育とは何か――全国の 80 以上の大学に広がった学生 FD 活動の実際と数百人の学生，教職員が集う白熱の学生 FD サミットの内容を幅広く紹介。　　　2800 円＋税

かかわりを拓くアクティブ・ラーニング
共生への基盤づくりに向けて　山地弘起［編］
アクティブラーニングを縦横に活用した大学授業を取り上げ，メッセージ・テキスト，学習の意義，実践事例，授業化のヒントを紹介。　　　　　　　　　　　　　　　　　2500 円＋税

ファシリテーションで大学が変わる
アクティブ・ラーニングにいのちを吹き込むには　中野民夫・三田地真実［編著］
参加者（学習者）中心の学びや創造の場をつくる技芸であるファシリテーションの技術・心構えと大学教育でのリアルな活用法を解説。　　　　　　　　　　　　　　　　　2200 円＋税

身体と教養
身体と向き合うアクティブ・ラーニングの探求　山本敦久［編］
ポストフォーディズムのコミュニケーション社会において変容する身体と教育との関係を大学の身体教育の実践現場から捉える。　　　　　　　　　　　　　　　　　　　2800 円＋税

私が変われば世界が変わる
学生とともに創るアクティブ・ラーニング　中 善則・秦美香子・野田光太郎・師 茂樹・山中昌幸・西澤直美・角野綾子・丹治光浩［著］
学生と学生，教員と学生，学生と社会，社会と大学をつなぐ。大学教育の実践現場から届いたアクティブ・ラーニング活用術。　　　　　　　　　　　　　　　　　　　　2400 円＋税

学生の納得感を高める大学授業
山地弘起・橋本健夫［編］
授業改善のキーワードは学生の「納得感」。学生の自主的な学びの力を引き出す数々の方法や様々なツールを用いた授業実践を集約。　　　　　　　　　　　　　　　　　　3300 円＋税

ゆとり京大生の大学論
教員のホンネ，学生のギモン
安達千李・新井翔太・大久保杏奈・竹内彩帆・萩原広道・柳田真弘［編］
学生たち自らが企画し，大学教育とは何か，教養教育とは何かを問い，議論した，読者を対話へと誘う白熱の大学論！　主な寄稿者：益川敏英・河合 潤・佐伯啓思・酒井 敏・阪上雅昭・菅原和孝・杉原真晃・高橋由典・戸田剛文・橋本 勝・毛利嘉孝・山極壽一・山根 寛・吉川左紀子他　　　1500 円＋税

高校・大学から仕事へのトランジション
変容する能力・アイデンティティと教育　溝上慎一・松下佳代［編］
若者はどんな移行の困難の中にいるのか――教育学・社会学・心理学を越境しながら，気鋭の論者たちが議論を巻き起こす！　　　　　　　　　　　　　　　　　　　　2800 円＋税

学生主体型授業の冒険 2
予測困難な時代に挑む大学教育　小田隆治・杉原真晃［編著］

学生の主体的な学びとは何か？　学生の可能性を信じ、「主体性」を引き出すために編み出された個性的な授業と取り組みを紹介し、明日の社会を創造する学びへと読者を誘う注目の実践集、第二弾！
3400円＋税

学生主体型授業の冒険
自ら学び、考える大学生を育む　小田隆治・杉原真晃［編著］

授業が変われば学生が変わる！　学生自らが授業に積極的に参加し、互いに学び合い教えあいながら、学びの主人公になる。果敢な取り組みの貴重な事例と授業設計を余すところ無く集約した待望の実践集。
3200円＋税

学生FDサミット奮闘記
大学を変える、学生が変える2：追手門FDサミット篇　木野　茂［監］梅村　修［編］

あなたは、どんな大学に通いたいですか？　大学授業の改善について思い悩む300名以上の学生・教員・職員が、大学を越えて、対話を行い、作り上げた第5回学生FDサミット。その開催までの苦難の軌跡と当日の熱気の篭った発表記録を集約！
2500円＋税

大学を変える、学生が変える
学生FDガイドブック　木野　茂［編］

教職員が考え一方的に行われてきたFD（ファカルティ・ディベロップメント）は学生とともに作り上げていく時代に入った——本書は学生FDが望まれる背景、各大学での教員・職員と学生が一体となった果敢な取組みへの挑戦、そして具体的な実践例を参加学生たちの声を交え、余すところなく解説する。
2300円＋税

学生・職員と創る大学教育
大学を変えるFDとSDの新発想　清水　亮・橋本　勝［編］

教員・職員・学生が一体となってFDとSD（スタッフ・ディベロップメント）を推進する——今、ユニヴァーサル化が進む大学にとって必要不可欠な、学生の目を輝かせる珠玉の授業と取組を集約した待望の実践集、ついに刊行！
3500円＋税

学生と変える大学教育
FDを楽しむという発想　清水　亮・橋本　勝・松本美奈［編］

「大学における教育」とは何か？　教員の本音、学生・院生・職員の声、そして新聞記者からの視線も交えながら、大学教育の来し方、行く末を見据えつつ、「学生」の顔が見える教育現場の最前線から届いたさまざまな取組み、実践、そして大胆な発想転換のアイデアを余すところ無く一挙公開。
3200円＋税

ピアチューター・トレーニング
学生による学生の支援へ　谷川裕稔・石毛 弓［編］
大学で学生同士の学びが進むには？　学生の学習を支援する学生＝「ピアチューター」を希望する学生のための基礎知識を網羅。ワークを行い，ふりかえるための様々な工夫がこらされた決定版。　2200円+税

話し合いトレーニング
伝える力・聴く力・問う力を育てる自律型対話入門
大塚裕子・森本郁代［編著］
様々な大学での授業実践から生まれた，コミュニケーション能力を総合的に発揮する話し合いのトレーニングを便利で使いやすいワークテキストのかたちに。情報共有や問題解決のためのグループワークの決定版！　書き込み便利なワークシート付き。　1900円+税

授業に生かすマインドマップ
アクティブラーニングを深めるパワフルツール　関田一彦・山﨑めぐみ・上田誠司［著］
アクティブラーニングを支援し，よりよい学びを深めるために，様々な場面で生かせるマインドマップ活用法を分かり易く丁寧に紹介。　2100円+税

キャリア・プランニング
大学初年次からのキャリアワークブック　石上浩美・中島由佳［編著］
学びの心構え，アカデミック・スキルズはもちろんキャリア教育も重視したアクティブな学びのための初年次から使えるワークブック　1900円+税

3訂 大学 学びのことはじめ
初年次セミナーワークブック　佐藤智明・矢島 彰・山本明志［編］
高大接続の初年次教育に最適なベストセラーワークブックをリフレッシュ。全ページミシン目入りで書込み，切り取り，提出が簡単！【教員用指導マニュアル情報有】　1900円+税

理工系学生のための大学入門
アカデミック・リテラシーを学ぼう！　金田 徹・長谷川裕一［編］
理工系学生のための初年次教育用テキスト。大学生としてキャンパスライフをエンジョイする心得を身につけ，アカデミック・ライティングやテクニカル・ライティング，プレゼンテーションなどのリテラシーをみがこう！【教員用指導マニュアル情報有】　1800円+税

大学1年生のための日本語技法
長尾佳代子・村上昌孝［編］
引用を使いこなし，論理的に書く。徹底した反復練習を通し，学生として身につけるべき日本語作文の基礎をみがく初年次科目テキスト。【教員用指導マニュアル情報有】　1700円+税